礼の心

日本の折形《おりがた》歳時記

飯田猷子《みちこ》

日貿出版社

鎌倉時代
色々威大鎧形
正絹仕立之兜
雄山

折形《おりがた》は日本の美意識

❖折形とは

折形とは、物やお金を贈る際の和紙による包みで、そこには、日本古来の考え方に基づく原則と美意識、相手を思う心が込められています。

今や世界中に市民権を得つつある「折紙」との違いは、折形が用いられる場面には必ず相手がいるということでしょう。折紙でももちろん誰かのために折ることはありますが、自らの楽しみ、芸術的な作品という位置付けも考えられます。しかし折形は、蝶花形など一部の例外を除いて、進物、贈り物を包むために生まれたものなのです。

それゆえ、そこに相手の佳節をともに祝い寿ぎ、悲しみに寄り添い、また日常に心通わせる「思い」「願い」「祈り」がいっそう深く宿るべきであり、心がないものは折形とは言い難くなります。

逆に言えば、心がこもっていることが最も大切で、器用不器用を問うものではありません。老いれば誰でも手先がおぼつかなくなります。折に狂いが出てくることもありましょう。けれども、子や孫の幸せを願って一心に仕上げた折形には、なんとも言えないあたたかみが感じられるのではないでしょうか。

❖礼法とは

折形には、礼法という言葉が続きます。室町幕府の三代将軍足利義満が、折形と書画を「内の礼法」「殿中の礼法」として定めた昔より、折形を用いる時には、「礼の心」が重んじられていたのです。

ではいったい、礼の心とは何でしょう。「礼」と聞けば、おじぎ、お礼、感謝、といった言葉が思い浮かぶかもしれません。形の「礼」があれば、目に見えない「礼」もあります。

剣道、弓道、柔道、華道、茶道、香道、…それらの道場や稽古場、教場に入る際、教わる者も教える側も必ず深々と頭を下げます。学校の授業が始まる時に日直が、「起立・礼・着席」と号令をかけた、その「礼」の形です。

礼にはどんな意味があるのでしょうか。それは、相手を敬う心であり、自らはへりくだる、すなわち一歩下がる謙遜の心です。

道場や教場に入る時だけではなく、これから戦う相手に対しても、試合前に互いに「礼」をしなければなりません。「相手に対する尊敬の念なくして試合は成立しない」と、武道の指南書にもはっきりと書かれています。

それほどその「礼の心」は日本人にとって大切だったのです。自分をどんどん主張して譲らない精神構造を重んじる国や地域もありますが、これも歴史や地域性から生まれた必然の結果であり、どちらがいい悪いを論じるものではありません。

折形は礼法の一つなのです。それゆえに、和紙に向き合う時は手を清め、心を落ち着かせて紙と「正対する」ことが大切です礼法に似た言葉に「作法」というものがあります。礼法では心のあり方に重きを置きます。作法は形から入りますが、そこにもそうする意味があり、その形になった根拠があることを理解して臨まなければなりません。決して形だけを強いるものではないのです。そして、礼法も作法も、たどり着くところは同じと言えましょう。それはやはり相手を思う心、尊敬の念、謙虚なあり方、相手を大切にすればこその礼法であり作法なのです。

❖折形の歴史

元来折形は、武家（将軍・大名・旗本）の秘伝でした。雛型を自分の覚えのために製作することはあっても、家々の中での口伝によって守り伝えられてきたのです。

その昔貴族階級は、布帛《ふはく》と呼ばれる絹の布を組紐で結び、進物を包んでいました。それに対し、台頭してきた武家が、階級独自の包みの体系に使用したのが奉書という和紙と、それを細く切ってヨリを入れた紙縒（こより）でした。

古事記や日本書紀より百年以上前に日本独自のヲシテ文字で書かれた「ホツマツタヱ」には、帝に和歌を献上する際、それを箱に入れて和紙で包み、ミヒキ草（ミズヒキソウ？）で巻いたという記述が出てきます。それほど古くから日本人は、相手のための奥ゆかしい包みの形を持っていたのです。

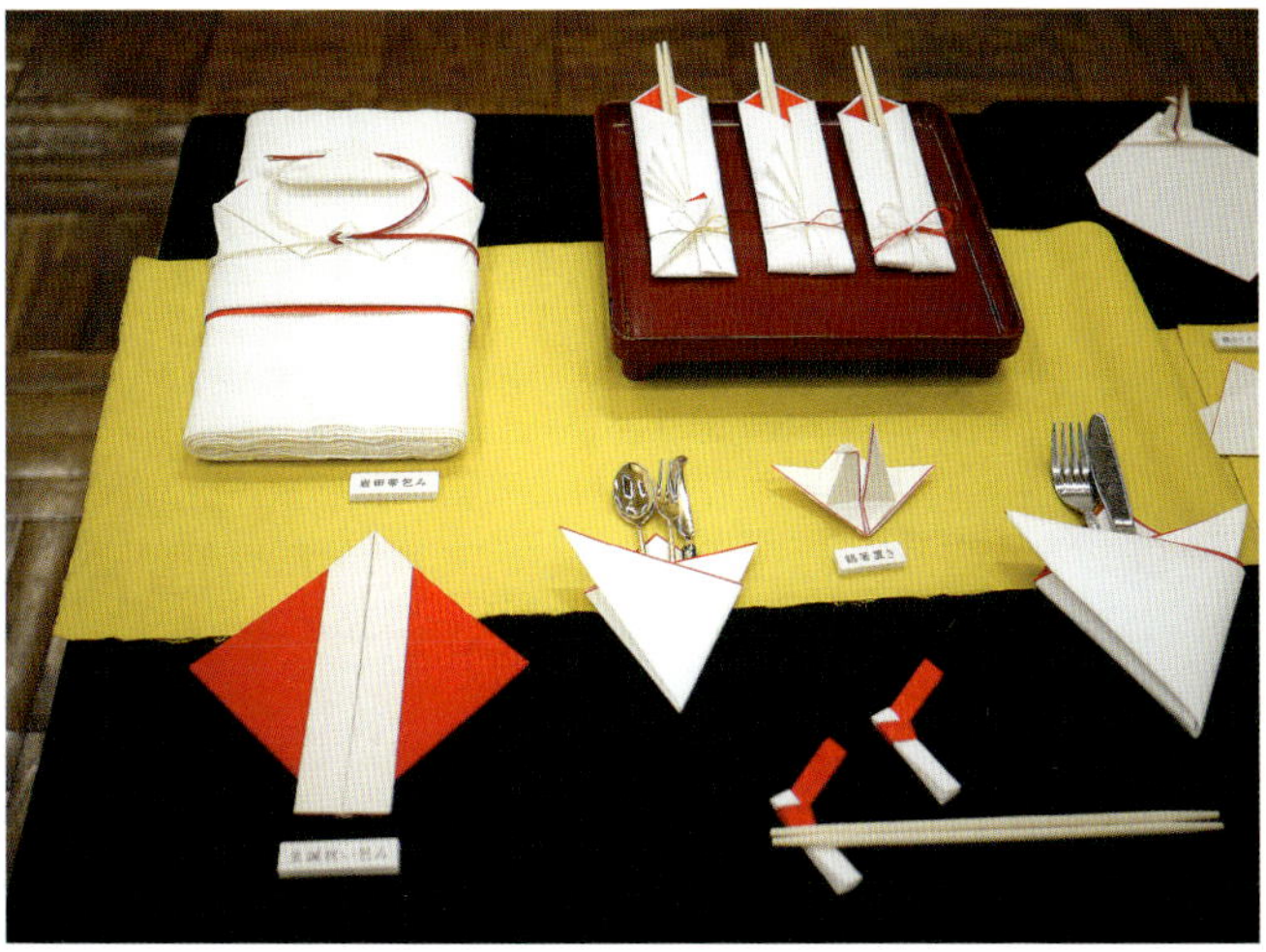

江戸時代になりますと、武家の秘伝だった折形が、時代の移り変わりの中で巷にも普及し、原則からはずれたものも数多く見られるようになりました。

室町時代に幕府の折形礼法を司った伊勢家の末裔である伊勢貞丈はそれを嘆き、「これよりほかに折形なし」と、二十数種類の折形（武家とその家族の日用品を包んだもの）を公開するに至りました。それはやむにやまれぬ気持ちから行ったとはいえ、ご先祖様に対する葛藤があったことは想像するに難くありません。しかしお陰様でわたしたちも、本来の折形を、今日正しく学べるようになったのです。

そして近代、日本が第二次世界大戦に敗れて古来の文化を否定され、かつて女学校でも教えていた折形が、社会から完全に消え去りそうな時期がありました。それを、ご自宅に残っていた雛型から原則に合ったものだけを選択、更に横置きになった紙幣の包みなども数多く考案なさって折形の普及にご尽力されたのが、故山根章弘先生（山根折形礼法教室初代宗主）でした。

このような歴史を経て現代に息づく折形礼法は、目的と中身、その価値によって包みの形や紙の質が異なるという細やかな日本独自の文化です。それが後の世にも正しく伝えられていくよう、また原則を踏まえた上で時代に則した新しい折が考案され、さらに歴史の一歩一歩が積み重ねられていくよう願います。

折形礼法のみならず、日本には昔から様々な形の文化が存在し、時に「道」という文字が付いて体系化されてきましたが、そこには対立や壁、隔たりという考え方はなく、常に相手に対する礼の心が宿り、根底にあるのは受け入れと融和の精神です。

また、作り出されたものや所作には言葉を超えた美しさがあり、無言のうちに人々を感動の域に誘います。感動の前には、やはり壁も対立もありません。

そのような、深くおおらかな精神性と高みに至った世界を併せ持つ日本文化は、国内はもちろん、海外においても何らかの大切な役割を果たしうるはずです。

❖折形礼法の役割

現代社会では、子供たちや若者は、こういった日本文化に触れる機会がなかなか持てず、競争や、本来の意味からはずれた個性と自由、多様な閉じこもりなどの風潮の中に漂っています。

そこに一服の清涼材を投じることで、何かが変わっていくのではないでしょうか。

国外においても、他に類を見ない確立された動と静の美、自然を生かし自然のものから

生徒さんに囲まれて（右から三人目が著者）

生み出される技と作品群は、まだまだ知られているとは言えません。できあがったものだけではなく、その中に潜む考え方や祈りまでを伝えることにより、驚きと共感を、更に大きくしていきたいものです。

　ワークショップやセミナー、文字による解説などで、折形礼法をはじめとする日本文化の心の重要性を説きつつ作品を紹介する時、その思いは様々な形で伝播し、円滑な人間関係構築の一助となって暮らしに小さな潤いをもたらしてくれると信じます。

　そして、日本だけでは難しくなりつつある和紙の販路拡大にもつながる気がするのです。

　需要あっての供給です。感動とともにこれを知る人が増えれば、国内では減少傾向の文化的技術に対する需要も、増える可能性が見えてくることでしょう。そこでまた、美しいものは新しい人の目に触れ、清浄な空間を作り、浄化のエネルギーは、小さくとも必ずやよい作用をもたらしてくれるに違いありません。

❖折形の未来

日本には、言霊、音霊と並んで形霊という考え方があります。心を込めて折り上げた折形には、まさにそれが宿っています。

　このような日本文化をあらためて国内外に紹介することで、人々の心に清らかな一石が投じられ、それは波紋となって伝わり、ひいては伝統的な技術や作品とそれらの世界を守り、更に新しい伝統を作り出していく原動力にもなると確信します。

能に「守・破・離」の言葉があるように、伝統とは、守られるだけのものではなく、新しいものを生み出す大きな力を内包しているはずです。だからこそ、まず皆様に紹介していきたいのです。

この世によい影響を及ぼし、結果的に折形礼法そのものも育てていくため、どのような活動をどのように展開していけばよいのかは、歩いているうちに見えてくるものかもしれません。

武家の秘伝・口伝・直伝であった折形礼法は、その原則と礼の心をしっかりと携えた上であまねく開かれ、万人のかいなにいだかれる時が来たのではないでしょうか。

折形礼法献和会でも、そういう役割の一端を担うべく皆様とともに進んでいけましたなら、そんな嬉しいことはありません。

この本が、折形礼法を生活に取り入れる身近な手引書となってくれれば幸いです。

❖ 折形は生き方です

思えば随分長く生きてきました。いつのまにか父の年齢も母の年齢も越え、親の知らなかった領域を歩くに至りました。

しかしながら普段の私にはそのような感覚はなく、体の衰えを感じこそすれ、医学の進歩と様々な方に支えられつつ、日々感謝で過ごさせていただいております。

新しい折を考えようと思えば力が湧き、朝目覚めた時にふと降りてくるものを言葉や形にしようと机に向かい、自然の美しさに感動し……と、老いにひたる余裕もありません。

今日も生徒さんたちが来てくださる、私の講座を受けに様々なところから集まってくださると思うと、のんびりなどしていられなくなります。

こんな日々を、八十代半ばになった今でも過ごさせていただけるということが本当に嬉しくありがたく、またこのご恩返しがしたいと精進が始まります。折形を思えば背筋が伸び、生徒さんたちを思えば気持ちがしゃんとし、折形に生かされていると言っても過言ではありません。

生涯現役で人生を楽しむ……そんなふうにひと言で言えば聞こえはよいものの、現実には、辛いことも悲しいことも多々ありました。生死をさまよったこともありました。

しかしこうして今生かされているということは、自分にまだお役目があることだと尊く受け止め、残された生を全うしたいと願うのみです。時には誰かに頼りたくなる気持ちが起こることも事実ですが、生徒さんたちの真摯な目に見つめられ、手付かずの色の和紙に向き合うと、年齢さえも忘れてしまいます。

折形とともに歩み、折形によって出会い、人生が豊かになり、折形のためにできることを模索する毎日。

折形は、私の生き方そのものと言えましょう。

折形礼法献《ゆう》和会会主　飯田献子

もくじ

◉一月七日【七草の節供】

新年の年神様をお迎えした元旦は神の日とも言われています。

人々も心身を清らかにし、居室の設《しつら》えを整えて新年を迎えた清新さには、子供達も特別な感じを抱くことでしょう。

神迎えの松飾りを立てたり架けたりするこの日は、えも言われぬ清々しさが漂っています。

一月七日は「人日」と言われ、七草粥を食べる習わしがあり、この日をもって普通の生活に戻るとされていた時がありました。

年玉は、「としのたまわりもの」と解釈されており、何よりうれしい子供達期待のものです。七日ともなるともう何かに遣われたかもしれませんが、年玉袋は引き出しの中に忘れられたり、最悪くずかごに投げ込まれたりしてなさけなげです。

「唐土（とんど）の鳥が日本の土地へ渡らぬ先に、ナズナナクサ手に摘み入れて、ストトンストトン……」

七草を刻む時の歌です。

左右／鶴年玉包み　中央／木の花包み

◉三月三日【雛の節供】

中国の崑崙《こんろん》山に住む仙女は、桃を食して三千年の生を得たと言われています。

女児の健やかな成長を念願し、その思いを託したという桃の節供。いにしえにはヒイナと言われた紙人形に、災難除けの親の思いを乗せたものでした。時の流れに次第に華やかに変遷しました。

江戸時代の中期以降から雛人形飾りの形式が整い、戦後、現代の趣きへと更に豪華なものが見られるようになりました。

雛飾りは、意味・分別のつかない女児の格好のイタズラを招き、完全な形で残すのが大変でした。

しかし何はともあれヒナサマ達の匂い立つかんばせ（顔容）は、大人の心をこそ洗ってくれます。

草餅には母子草を、近代ではヨモギを搗き込みました。

左、雛節供祝い包みをあしらった万葉包み
右、桃の花包み

◉五月五日【端午の節供】

待っていた初孫は男児でした。初節供を祝うには少々早すぎるきらいがありましたが、喜び満面にデパートに赴きました。どの品がよいか娘に選ばせた方があとあとのためと思えて現金を贈ることに。数十年前のお話です。

ただ、包みだけでは少々寂しい気がしたので、もう一工夫をして思いを盛り込みました。

はるか過ぎし日の出来事です。

左、端午の祝い包み　右、菖蒲の花包み

◉七月七日【七夕《しちせき》、乞巧奠《きっこうでん》】

幼き日、誰にもあった経験。夢を叶えてもらえそうな七夕の願いごとです。

本物の短冊とはどんなものとも知らず、ヒラヒラとした細長い長方形の薄手の五色の紙に書きました。


でも、筝、硯、墨は一応本物でした。前日考えた夢を文句にしてはみたものの、夕刻になれば、飾り竹を丸ごと川に流すのが子供達にまかされた習慣。川に背を向けての帰り道は、その時点で、夢も願いもあっさりと忘れた昔日の行事でした。

貴重な思い出を包むその道具各々の折形包みです。

左より、筆包み、墨包み、硯包み

◉九月九日【重陽《ちょうよう》の節供】

「秋分」はさておき、九月九日。まだ夏の気配が残るこの日、重陽の節供が訪れ、もうすぐ敬老の日もやってきます。

懸命に生きてきた人たちに、何らかの形でねぎらいの意を表したいものです。

健康で歳を重ねためでたさと尊敬の念を改めて想起するその日、どういう形かで気持ちを伝えたいと思います。

その敬愛の意を包む役目を果たしてくれるのが折形です。好みの品の買い物におつきあいするのも、若い方達の優しさであり、心遣いでありましょう。

重陽には、芳香漂う菊の花が主役になります。

左上、菊枕。その下被綿（きせわた）
中央、菊の花包み

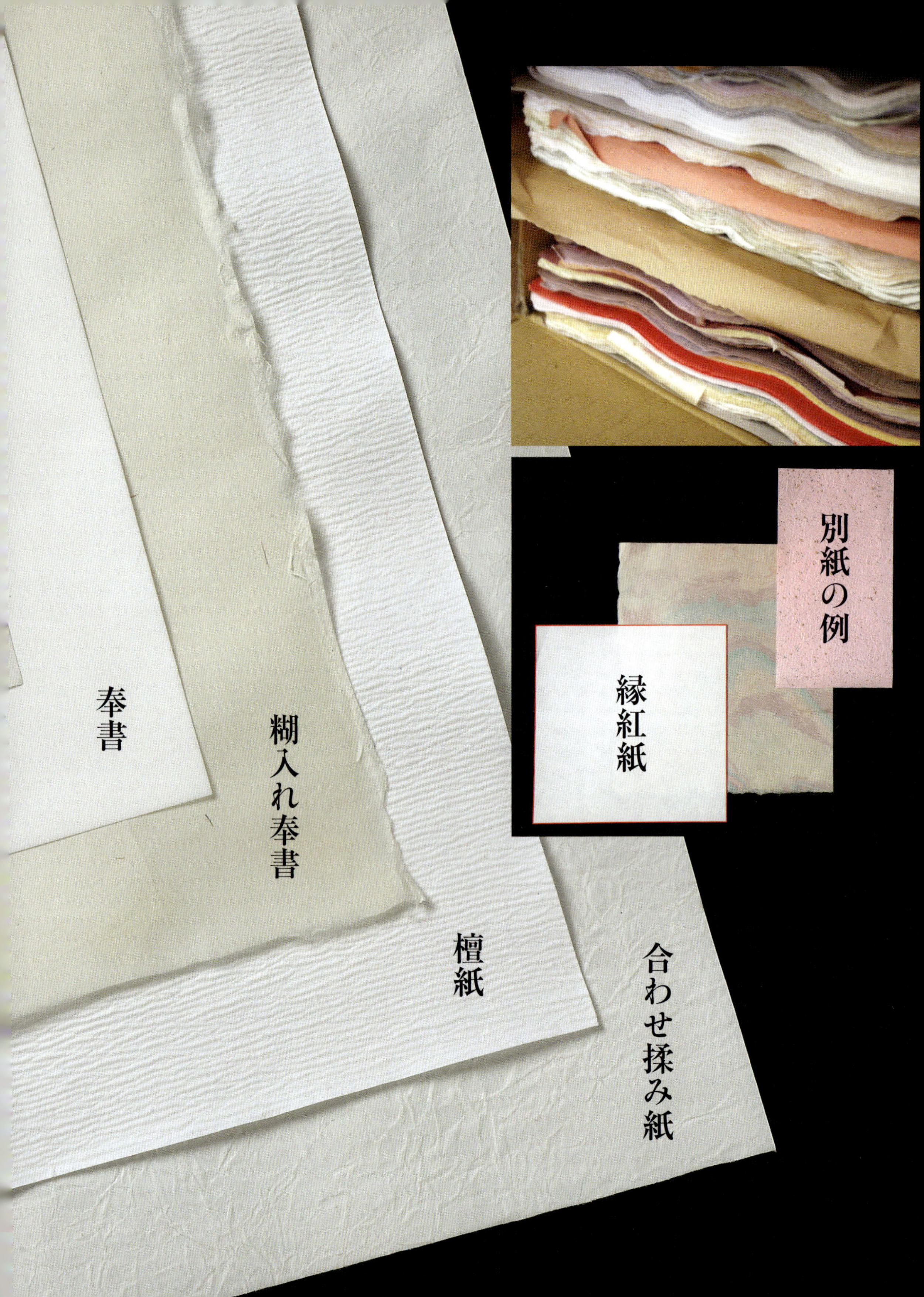
別紙の例
縁紅紙
奉書
糊入れ奉書
檀紙
合わせ揉み紙

半紙

❖紙について

【奉書】 折形用紙の基本となるものです。楮を原料として作られた白い紙。八百年程前から、この紙を使って物を折包む文化が生まれました。39・4×53㎝。

【檀紙】 奉書に更に格式を持たせるために生まれたと考えられています。シボと呼ばれる独特の皺があります。39・4×53㎝。

【糊入れ奉書】 略して糊入れ紙、糊入れと呼ばれることもあります。奉書よりも小さく、気軽に使える紙です。31・8×41㎝。

【合わせ揉《も》み紙】 皺のある表面と、平らな裏面と、二枚を張り合わせた丈夫な紙です。40・5×56㎝。

【半紙】 奉書の半分の大きさのものとして半紙と呼ばれました。日常生活で最も気楽に用いられる薄手の紙です。約24・8×33・4㎝。産地により大きさが異なります。

【縁紅紙《ふちべに》】 正方形の周囲を赤く縁取ったもので、様々な大きさがあります。産地により名称が異なります。

【別紙】 「匂い」と呼ばれる、季節感や中身の色合いを表わすために添える和紙。表紙と同寸か、一まわり小さくして使用。

＊和紙は近年インターネットからも手に入りやすくなりました。紙の種類を打ち込んで検索すると、取り扱い店舗が表示されます。

※折形の原則のひとつに「はじめにものありき」があります。中身の大きさによって、紙の大きさが決まるのです。

※各作例で使用する紙の大きさについては、あくまでも目安となるものです。

折形の基本の考え方

- - - - - 谷折線
内側に折りたたむ場合を示す線

――――― 山折線
外側に折りたたむ場合を示す線

「天」は、上方すなわち自分から見て遠い意
「地」は下方で自分の手前近くにある意

春

節分炒り豆包み

糊入れ奉書
41×31・8cm

二月四日の立春前、節分の夜、家々からは「鬼は外、福は内」の声が聞こえました。

かつて家の内外を清浄にし、注連縄を張って結界を施し、悪いものを追いやって福を呼び込んだ行事は、形を変えて今に残っています。

豆まきが終わったら、年の数の豆をこの折形に包んで家族でいただきましょう。

豆をまく年男や子供達には、その家の長老から小遣いが手渡されました。

立春《りっしゅん》

◉二月四日ころ

二十四節気の始まり。初日は、八十八夜、二百十日などの起点となる

❶ 地から、指1本分折り上げ、縦に三等分する
㋐㋑㋒の順に折る

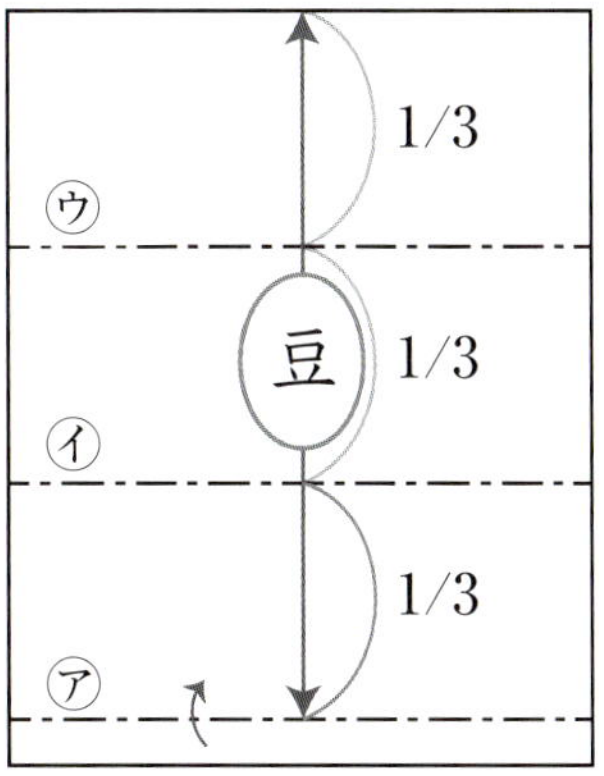

❷ 下3分の1を折り上げる

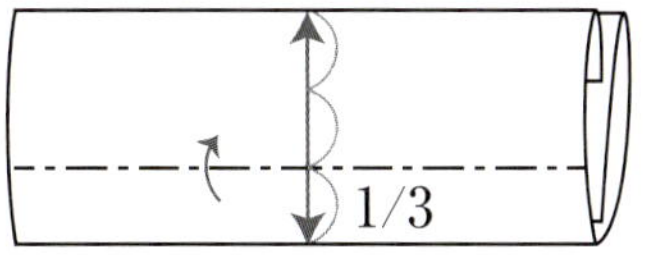

❸ 一旦開く

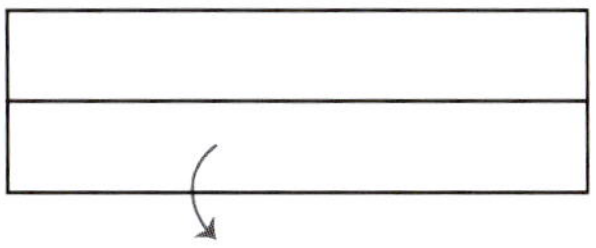

❹ 表の1枚だけを先程折った線で折り下げる

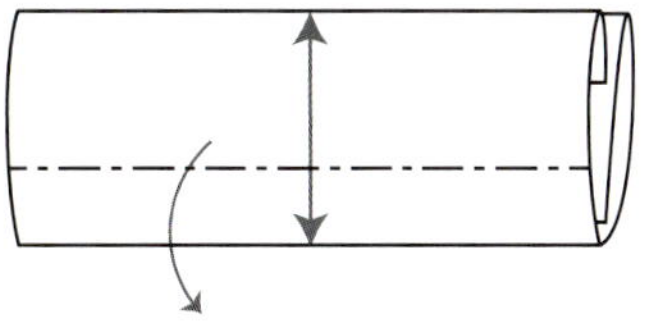

❺ 下の帯より2㎜ほど下がったところで折り上げる

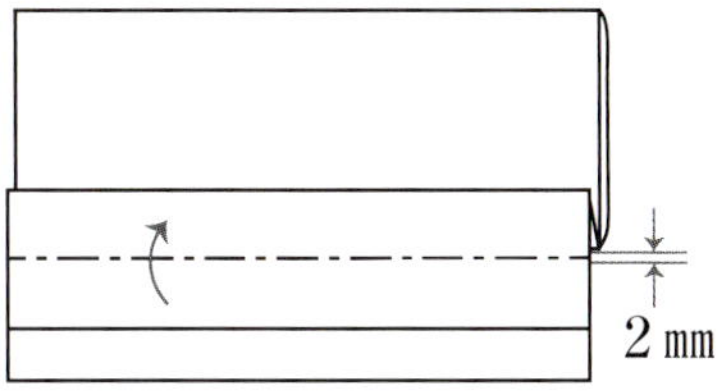

❻ 左右の角を折る。中の豆の量で加減する
❷と同じように再び折り上げる

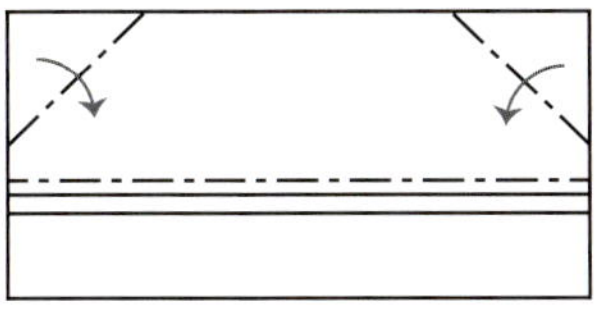

❼ 上・下を裏側に折る

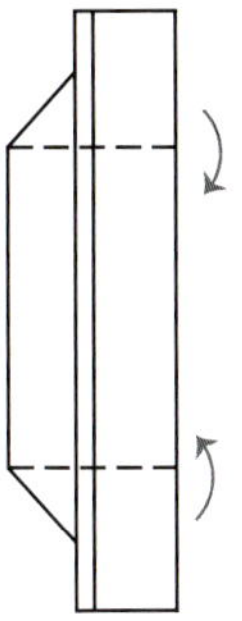

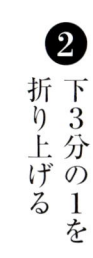

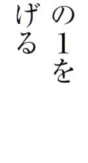

略式紙幣包み

半紙
（内包みとしても使用可、
縦・横両使い可）

この略式紙幣包みは、
様々な場で活用できる利便性の高いものです。

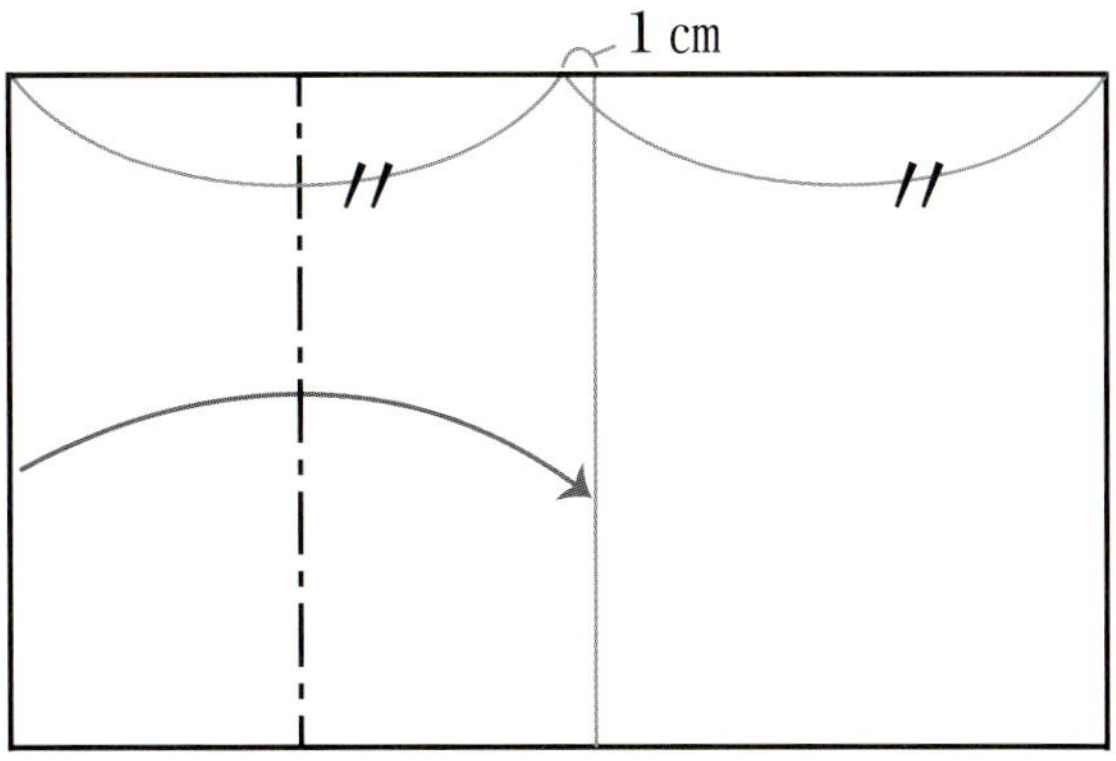

❶ 左端を紙の左右中央から1cm右にずれるように折る

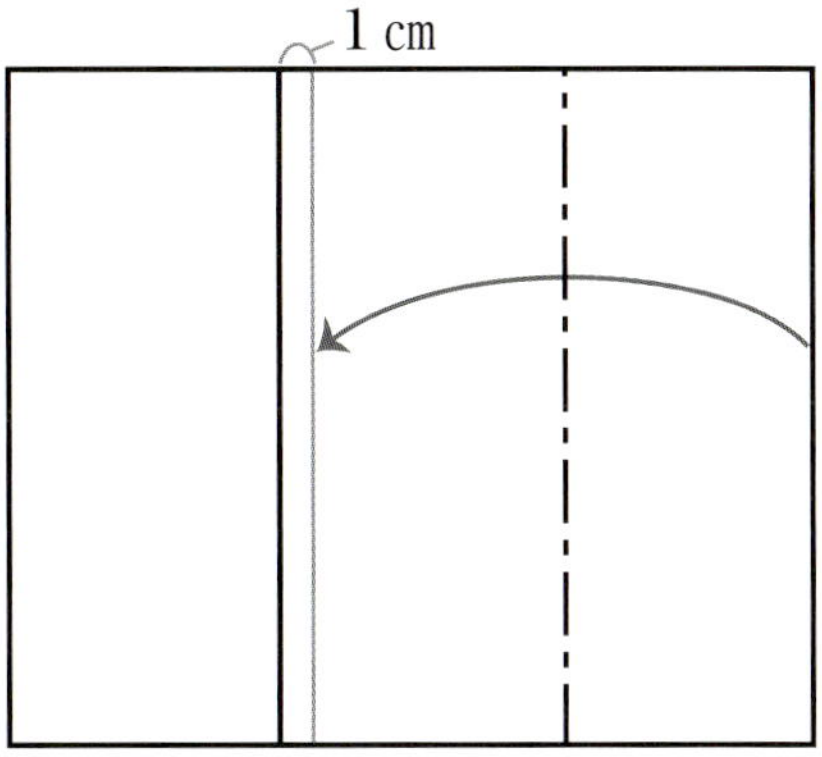

❷ 中ほどを1cm位あけるように折る

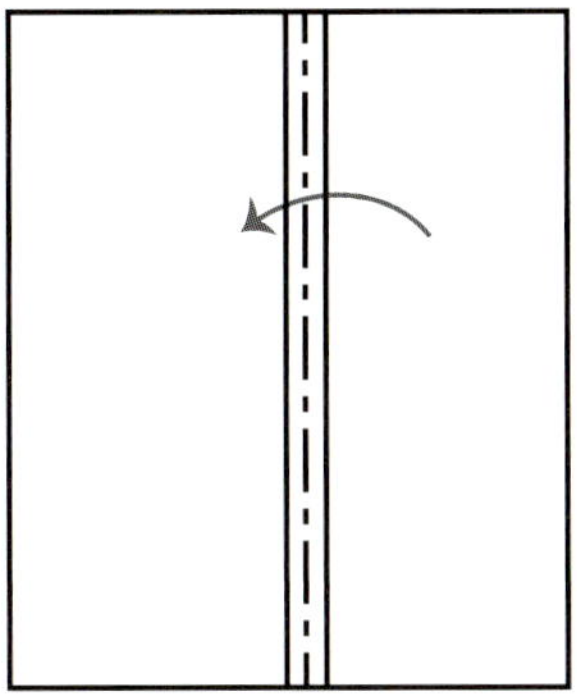

❸ 点線で2つ折り

❹ 裏側に折る

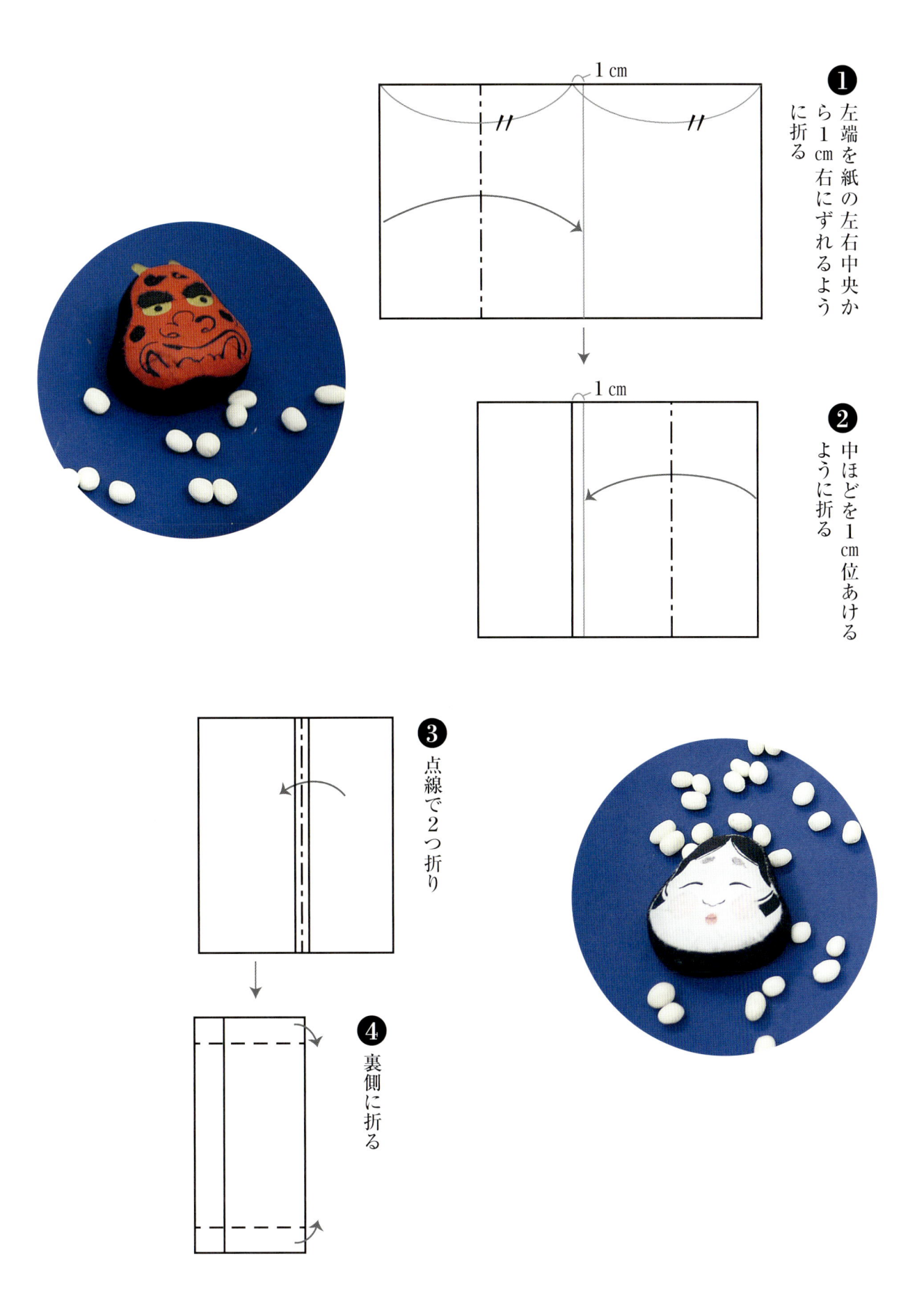

雛節供祝い包み

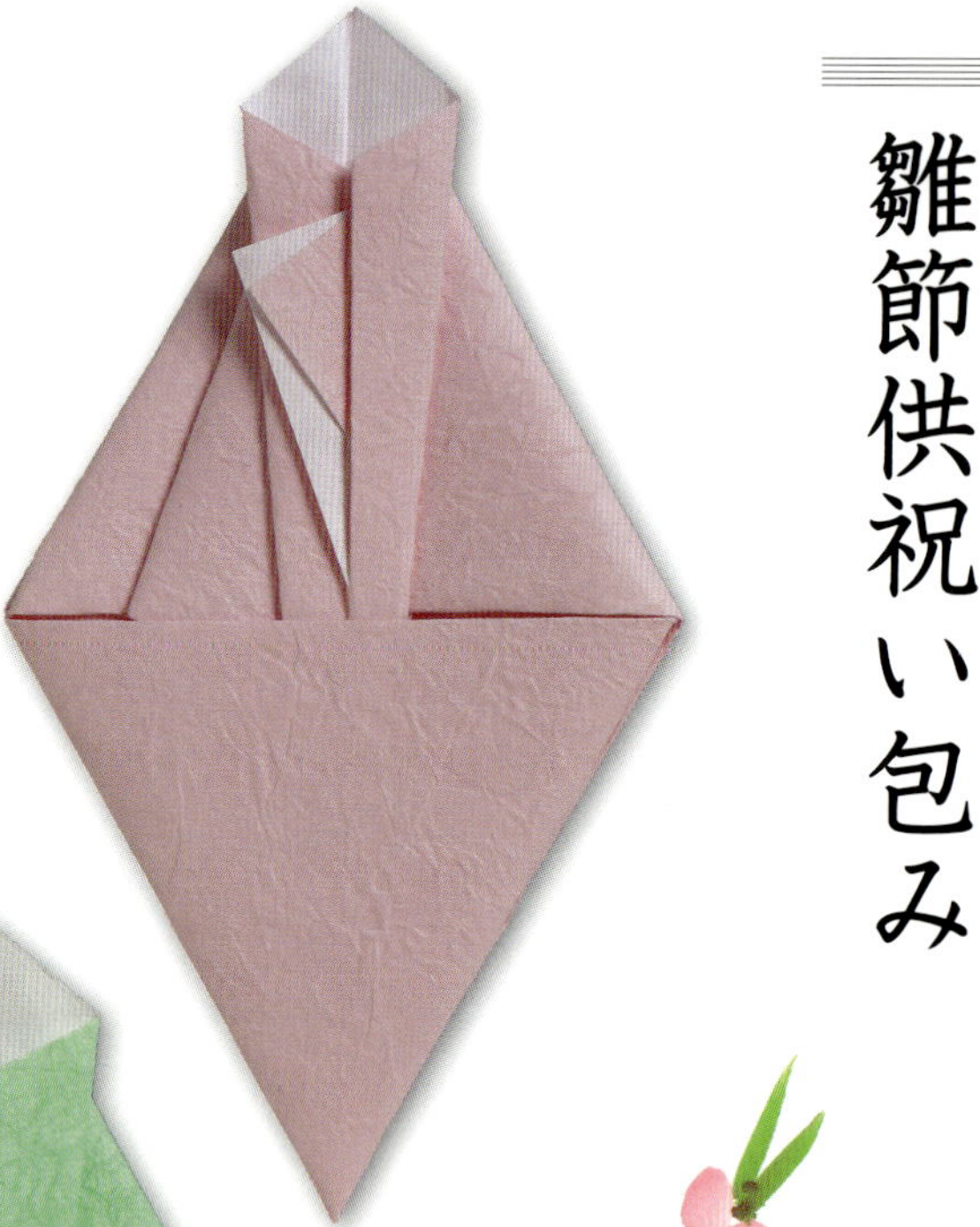

檀紙・合わせ揉み紙
2分の1

雨水の頃は雪が溶け、草が萌え出で、花が咲くという。三色を用い、平行線を交差させればどこまでも終わりなく描き続けられる菱形に折り上げた傑作です。

【桃の節供】

中国から入ってきた三月最初の巳の日（上巳）に、ひとがた（人の形に切った紙）に自らの不浄を移して川に流す「上巳の祓」と、公卿の子女に似せた紙人形で遊ぶ雛（ひいな）遊びが、雛祭の起源と言われています。

巳（み）が三と通じることから、やがて三月三日に行われることになりました。

その後健やかな女子の成長と幸せを願う行事として定着、江戸時代には、庶民の間にも急速に広がりました。実が硬い（身が堅い）菱の形の餅、ぴったり合うのは一組だけという蛤の貝合わせ、桃を食べて長寿を得た中国の西王母伝説に由来する桃の花など、飾られるものにはそれぞれ意味があります。

折形も、それらに因んだものが見られます。

1

2

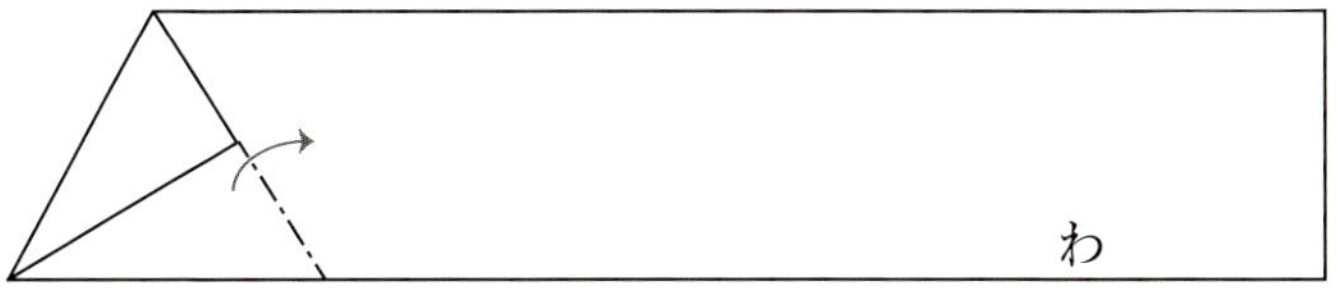

3

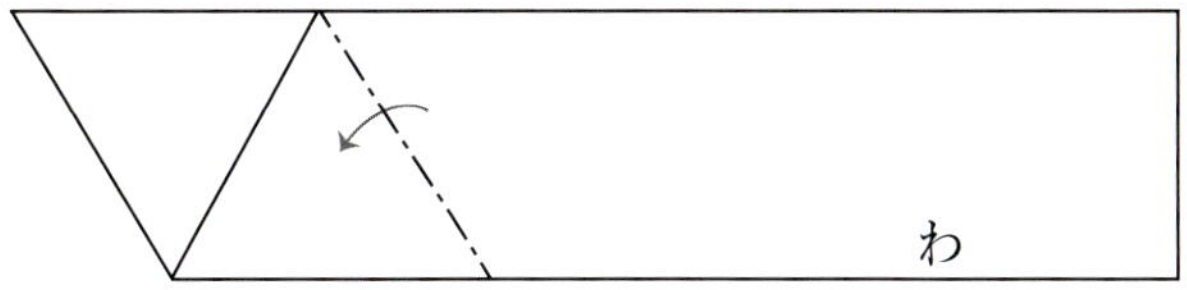

4

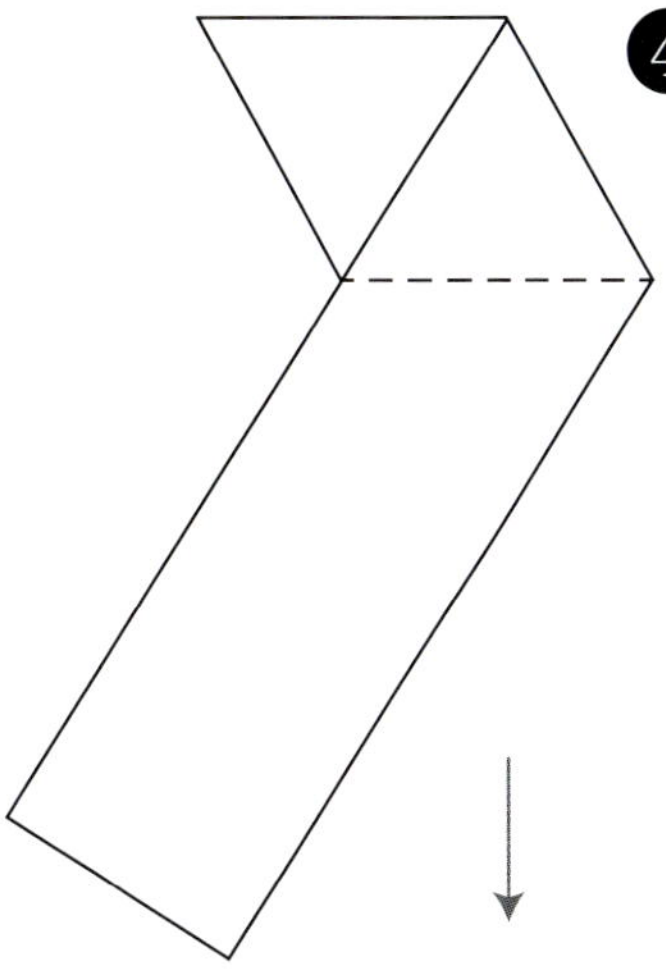

5

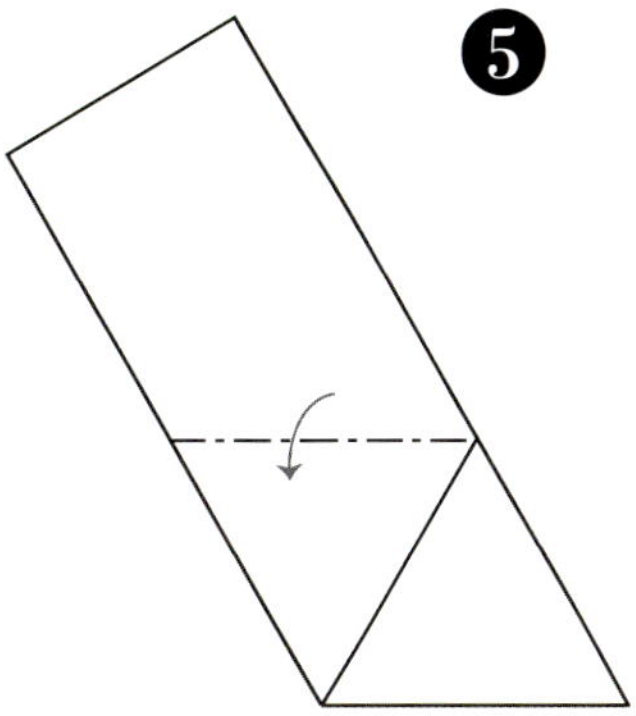

雨水《うすい》

◉二月十八日ごろ

降る雪が雨にかわり、積もった雪や氷が解け始める。農耕の準備を始める目安となる。

6

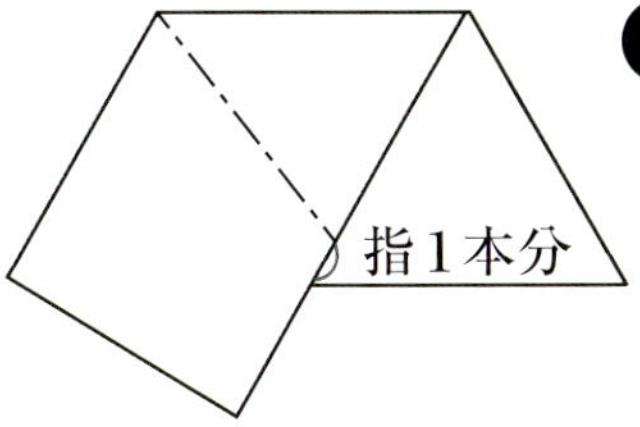

7

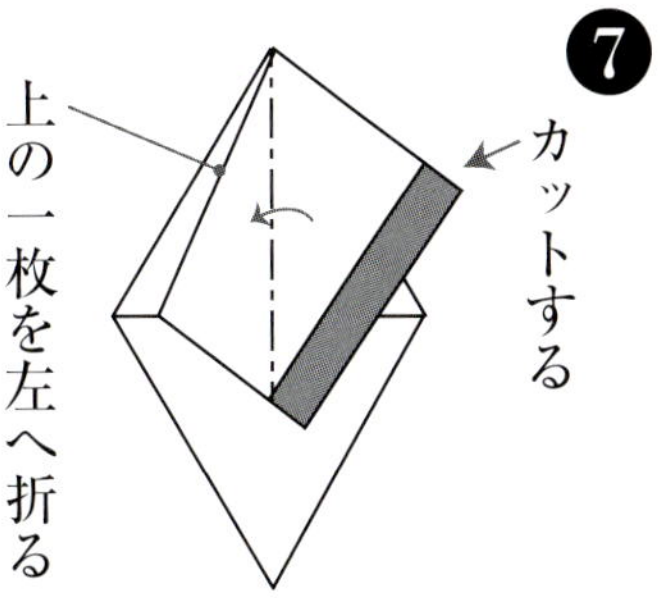

8 中心から1㎜右側に出るようにする

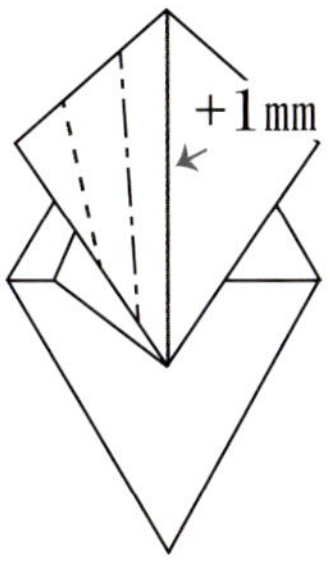

9

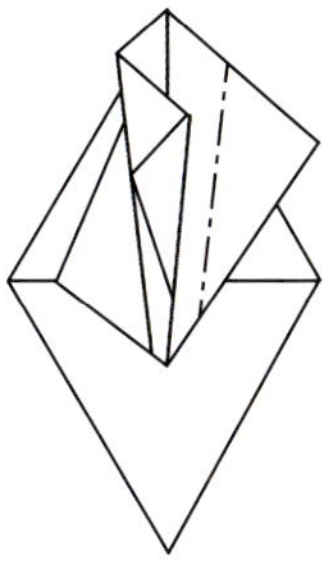

10 一旦谷折りをしてから逆折りし、左ののしのヒダとのバランスを見ながら適当なところで折りつぶす。最後に下の三角の中に差し込む

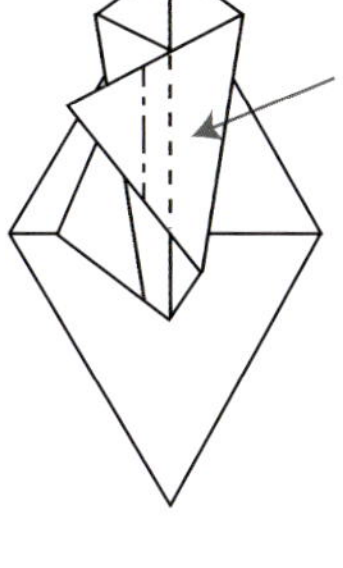

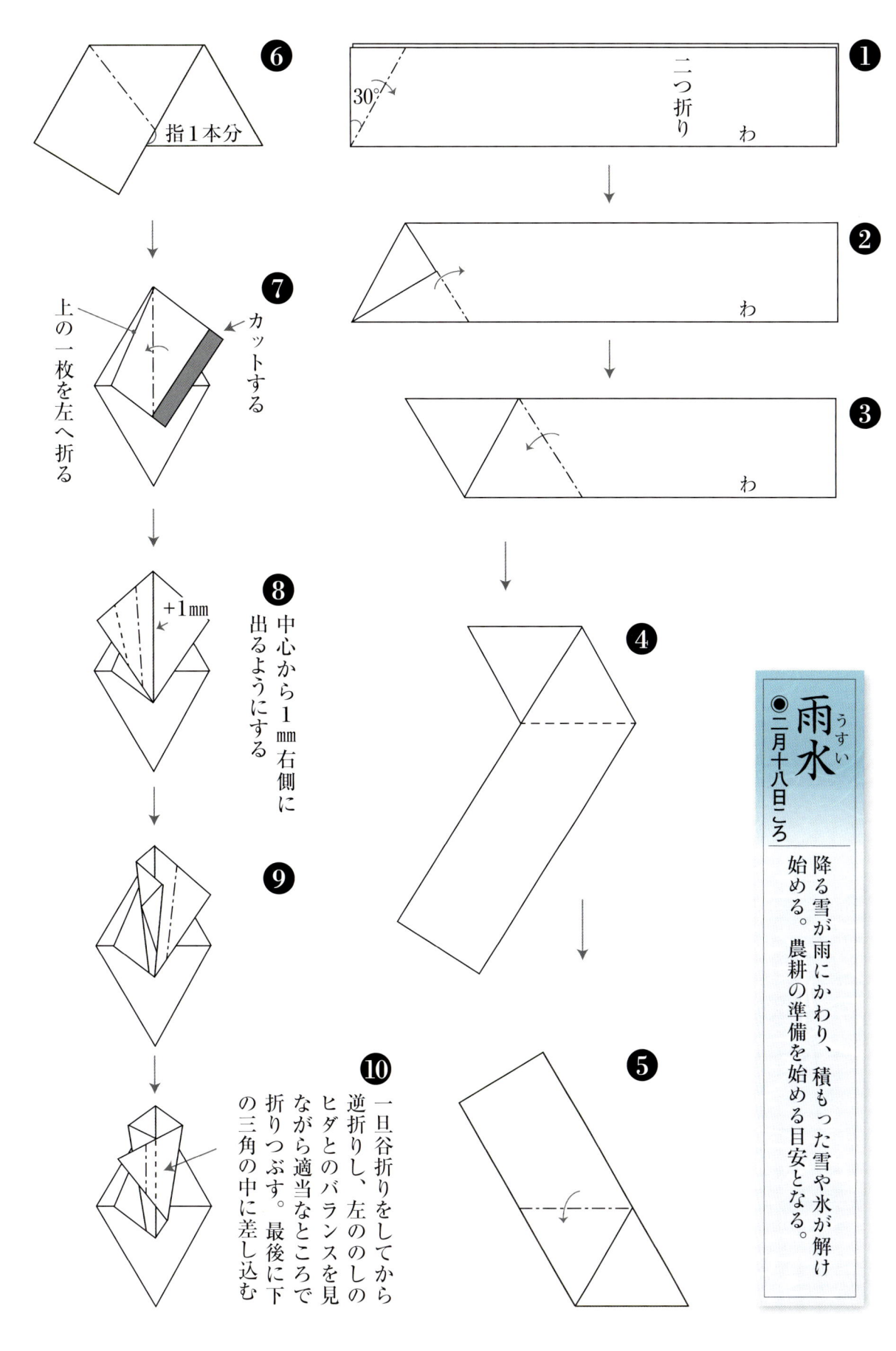

紅筆包み

大きさは包むものに合わせて
奉書・檀紙・合わせ揉み紙4分の1程度

女子のお節供にちなみ、この季節の贈り物に紅筆（口紅をつける筆）はいかがでしょう。最近ではあまり使われなくなりましたが、それだけに、特別感が漂い、喜んでもらえることと思います。

1

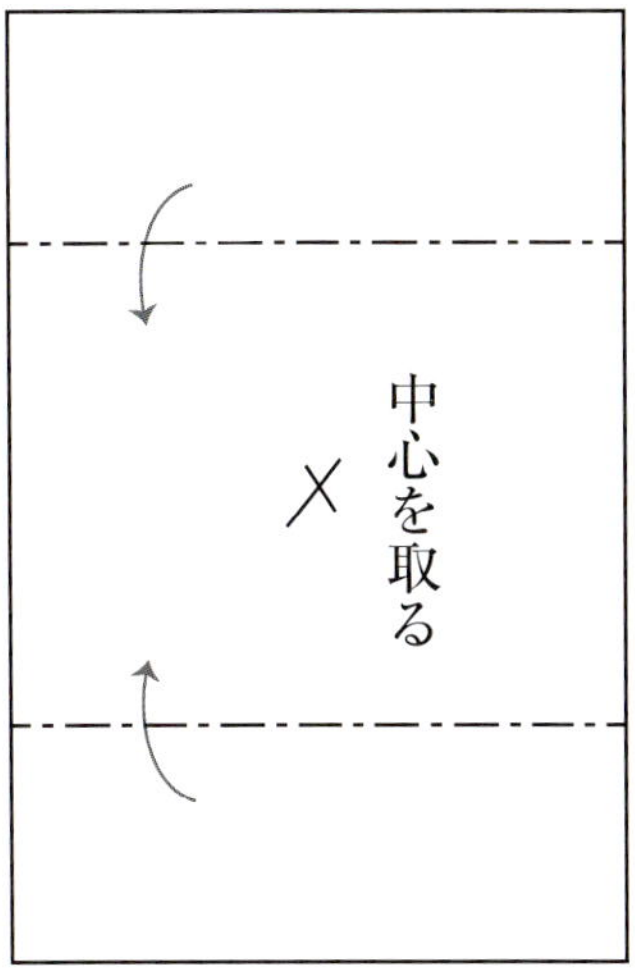

2

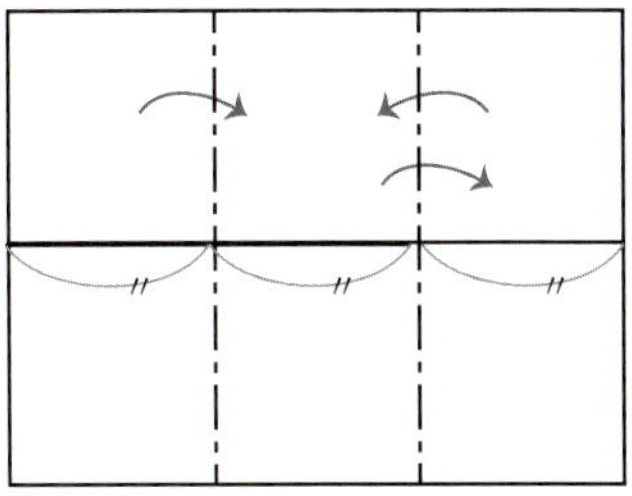

3

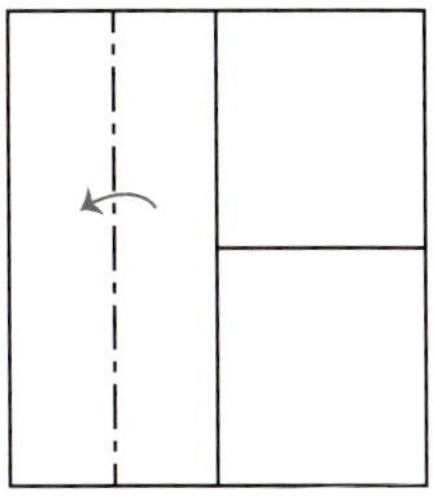

4

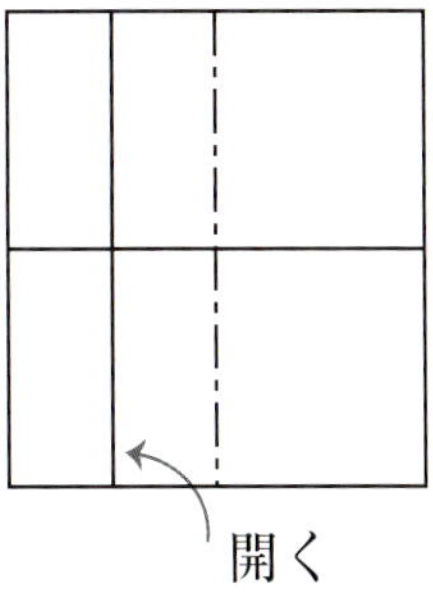

5

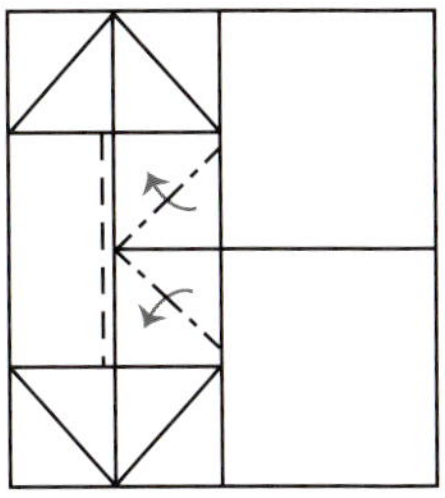

上下に三角形に折りつぶし、そして、山線の部分で逆折りし、左端を中に折り込む

6

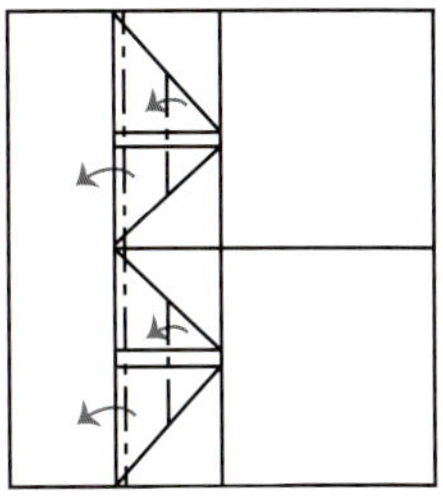

7

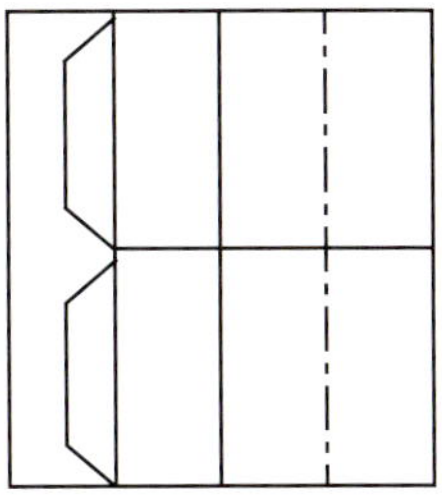

右側も左と同様に折る

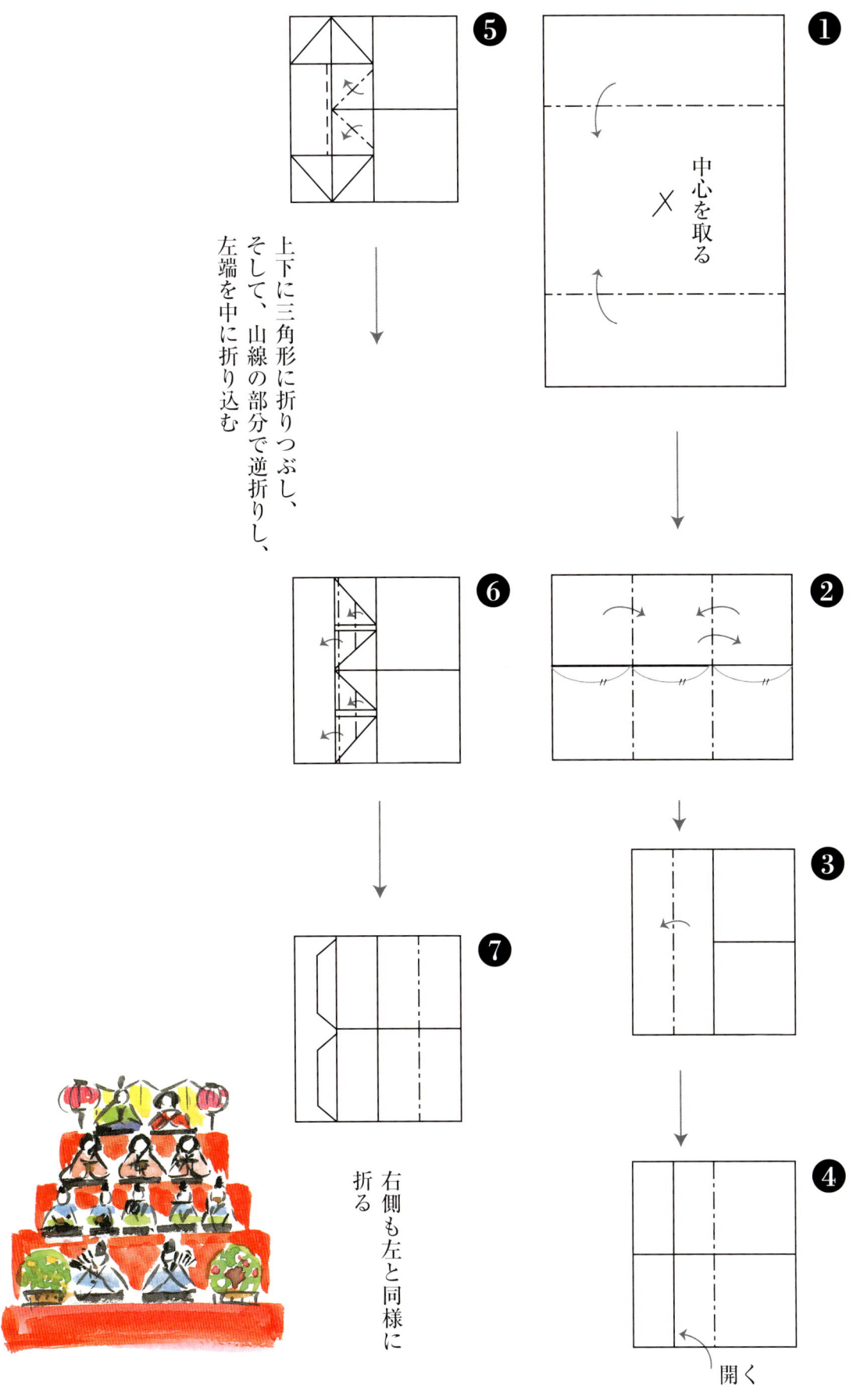

匂い袋包み

合わせ揉み紙2分の1

季語

春の空

分厚かった朝靄が、空のほうから晴れ始めました。生まれたての空色がとてもきれいです。

昔持っていたクレヨンの中に、「そらいろ」という色がありましたが、それがたぶんこんな色でした。今でもその名前は残っているでしょうか。「みずいろ」に変わったような気がします。

本当は水に色はありません。水面に空を映した時、あの色になります。かつて「みずいろ」と命名した方の住んでいた場所は、空が広くてきれいな所だったに違いありません。だから、バケツの水にも、川の水にも、薄青い空の色が宿っていたのでしょう。


折形に用いる合わせ揉み紙に、美しい水色があります。そこに金雲がちりばめられたものもあり、見れば胸がときめきます。

その涼しげな色を使って、匂い袋包みを折ることにしました。香水や文香、サシェなど、香りのものは現代にも多種見られます。香りは、生活の中の清涼剤です。

啓蟄《けいちつ》
◉三月五日ころ

春の陽気で、土の中で眠っていた虫たちが、穴から地上にはい出してくる。

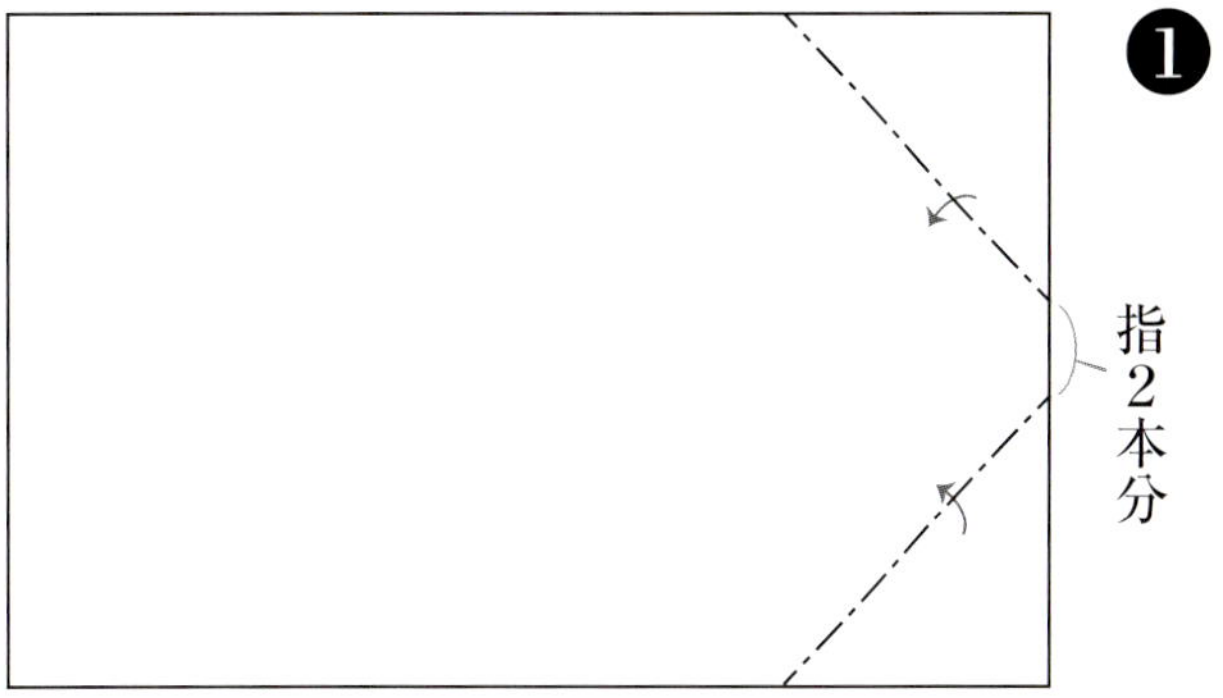

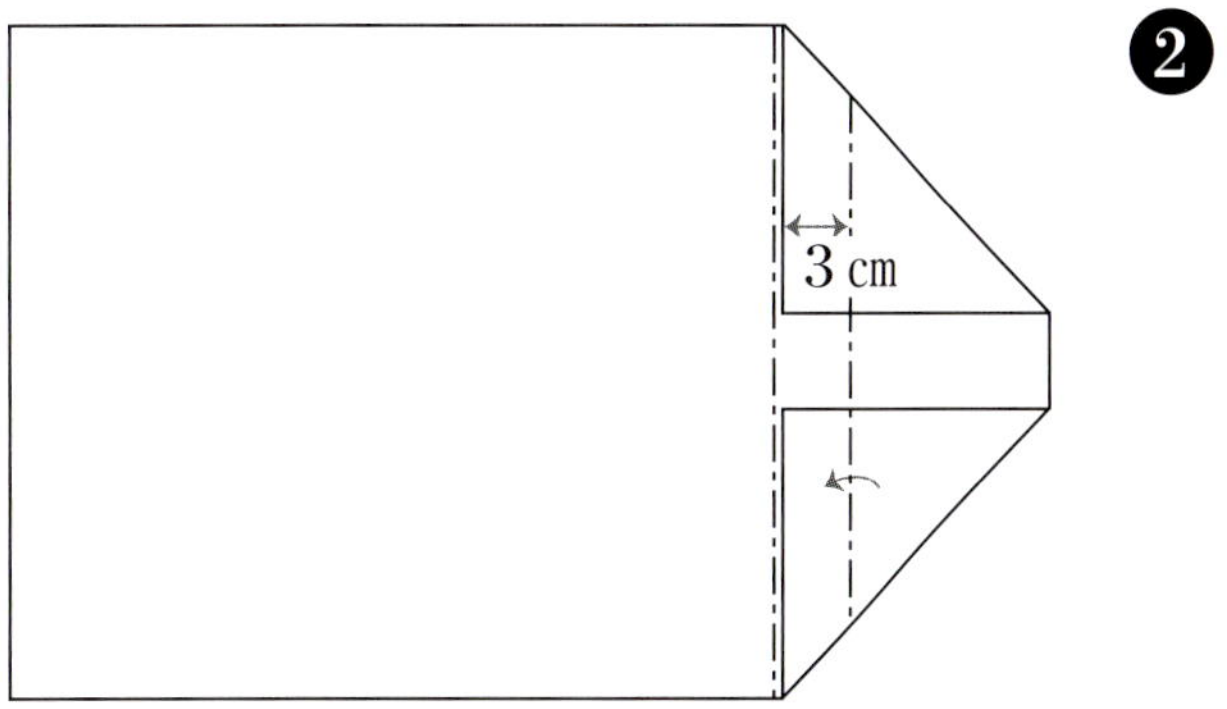

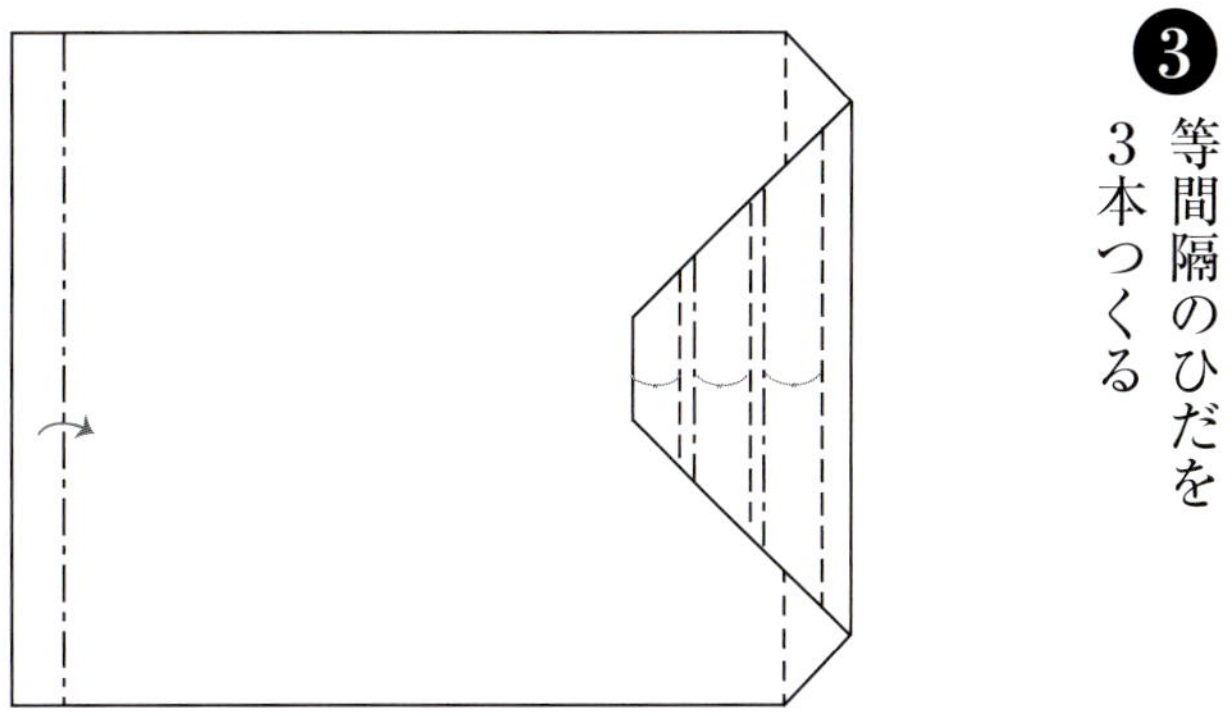

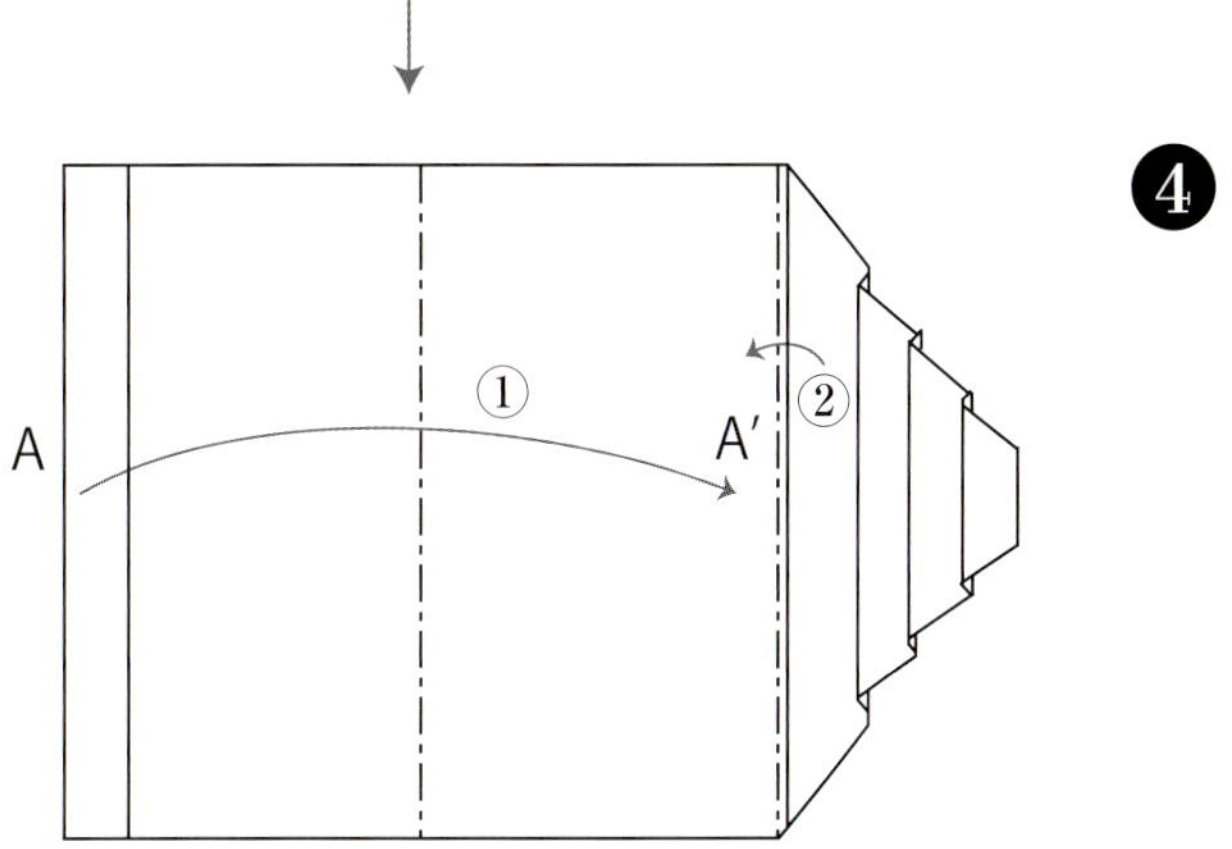

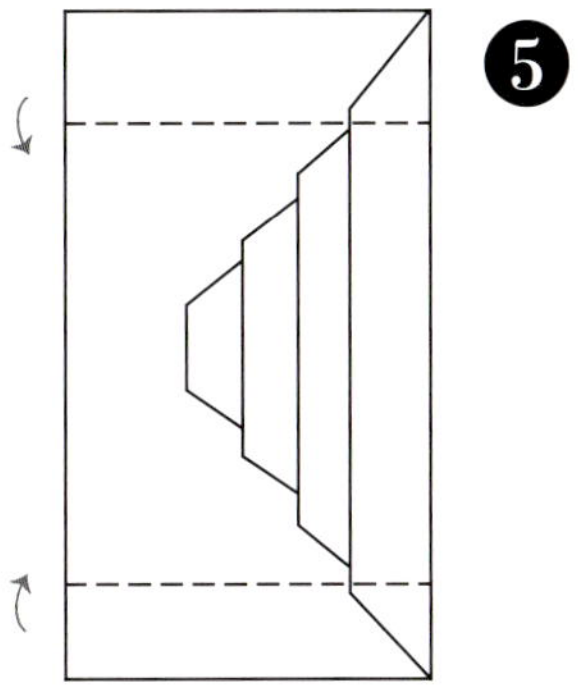

香道は、お公家様方の暮らしの中から生まれました。お香関連のものはお公家様に由来するものゆえ、質実剛健な奉書とは異なり、和紙も色味の鮮やかなものが使われます。

春の訪れを感じる頃、心華やぐ和紙で、香りにつながる贈り物を包んでみませんか？

櫛包み

合わせ揉み紙・檀紙4分の1
水引3～5本

巫女さんの髪は、神様が宿る依り代となる神聖なものです。それゆえ束ねた髪には折形の髪飾りが付けられていました。

髪は女の命とも言われます。そんな大切な髪を梳る（くしけずる）ツゲの櫛も、機能的なヘアブラシも、女性にとっては大変うれしい贈り物です。

❶ 正方形にカット

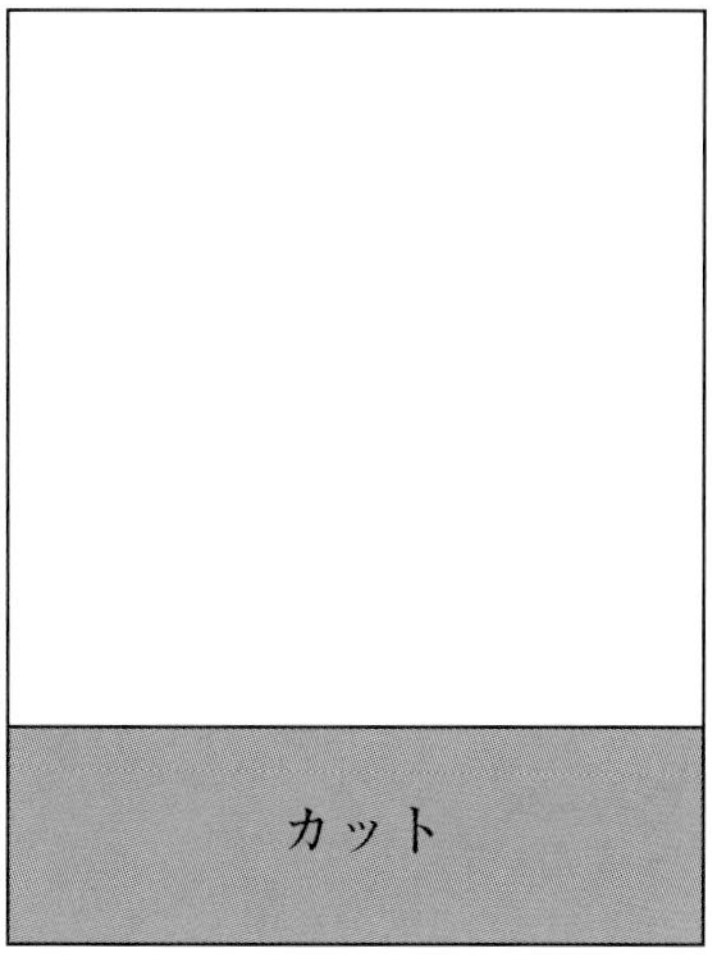

❷

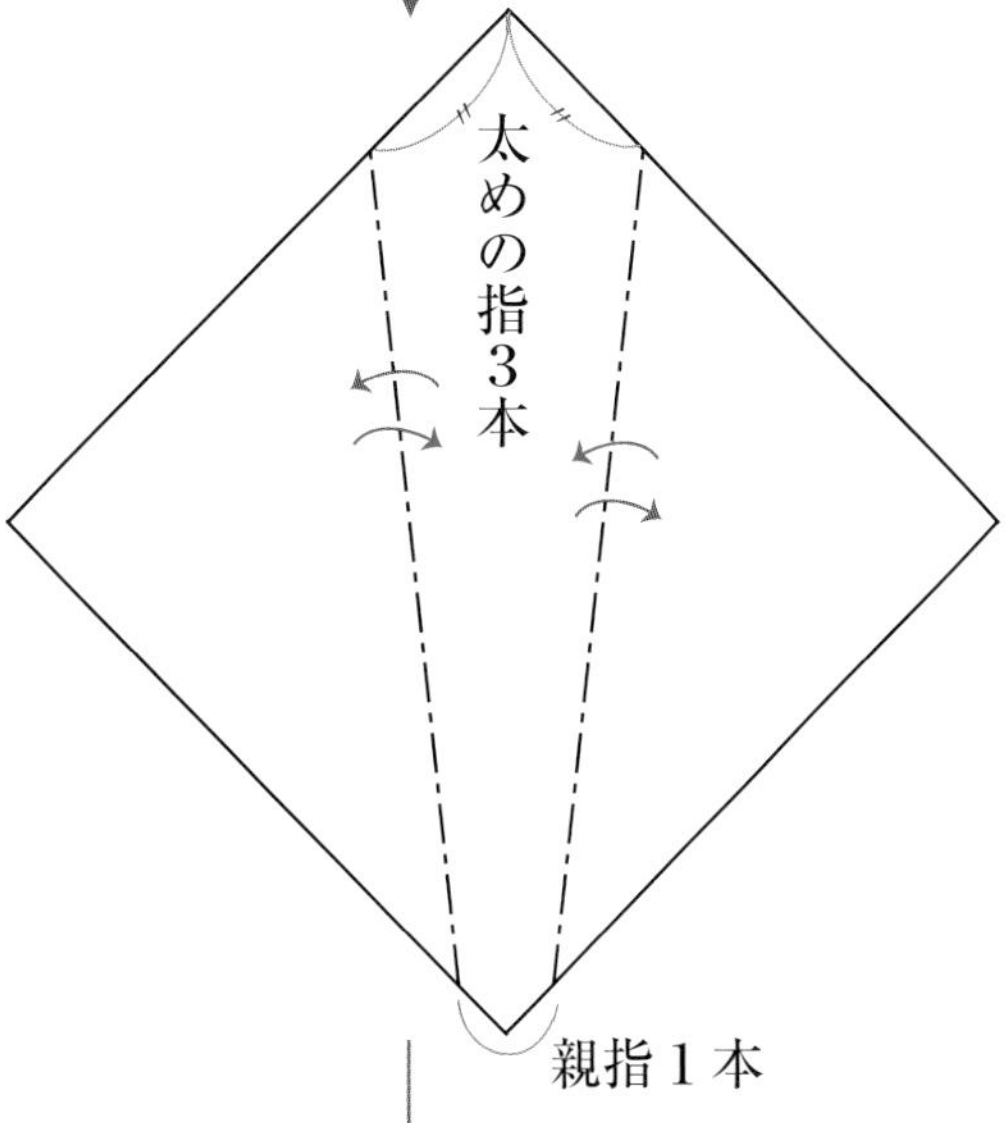

❸ 左に一旦折って、それを逆折りにして内側に折り込む

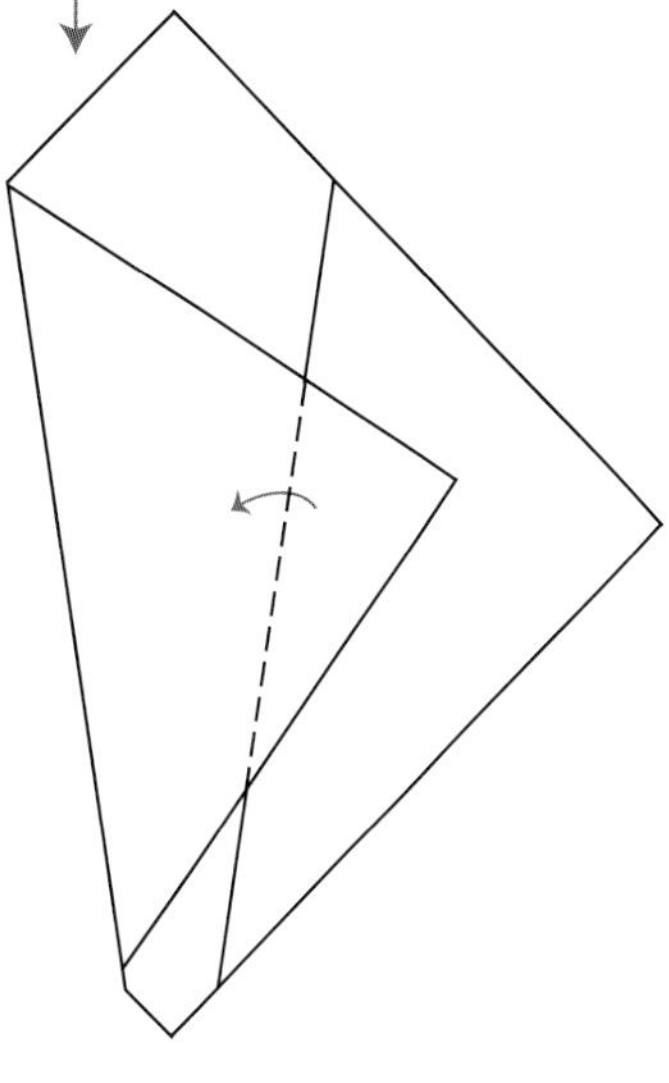

❹

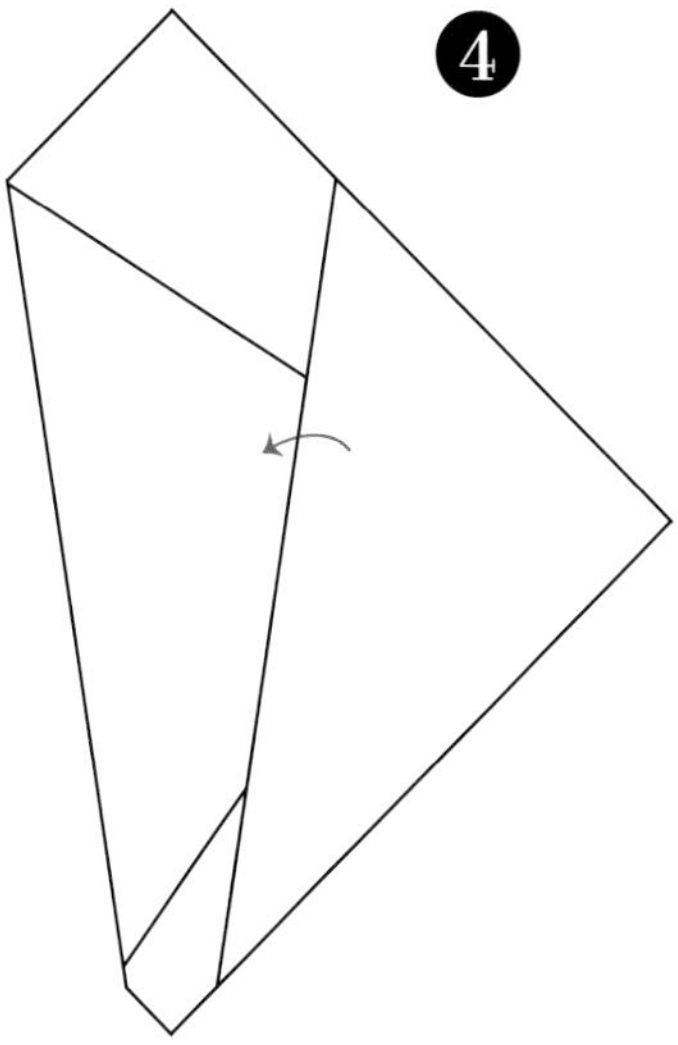

❺ 中央の帯の中に折り込み、先端が見えないようにする

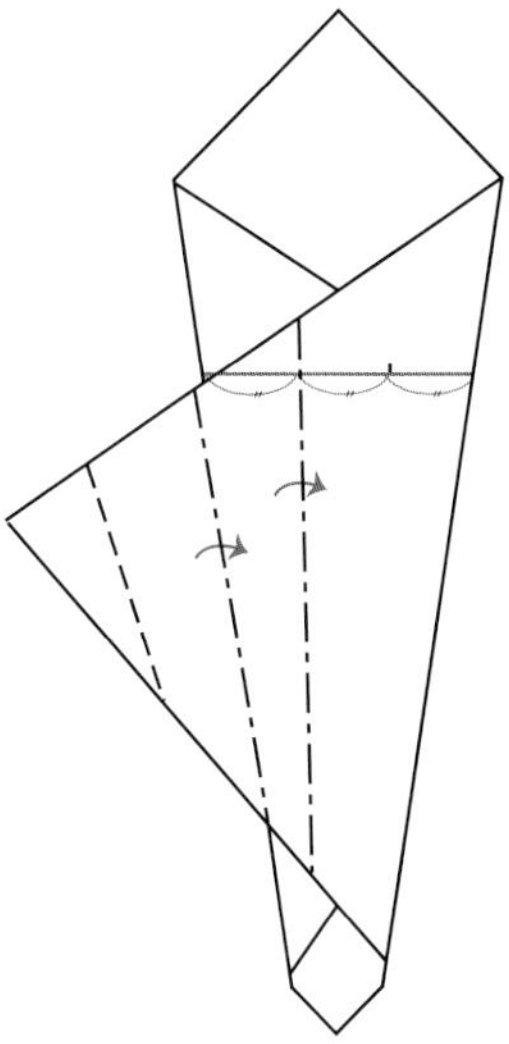

❻ 下端を後ろに折り上げて水引をかける（１２２頁参照）

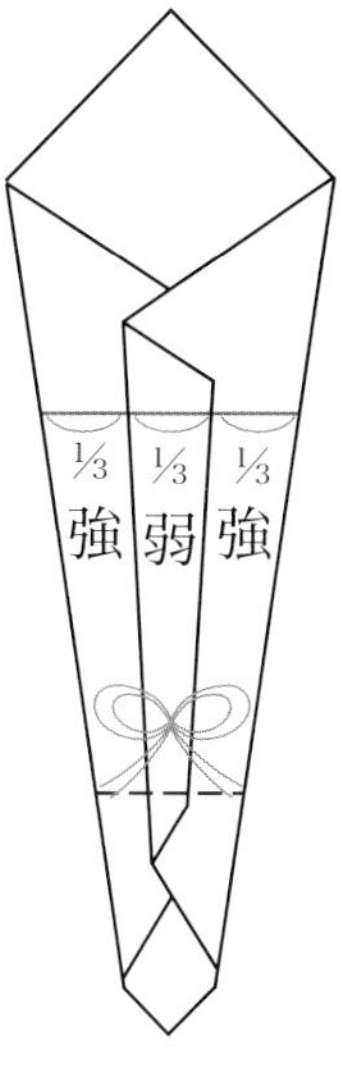

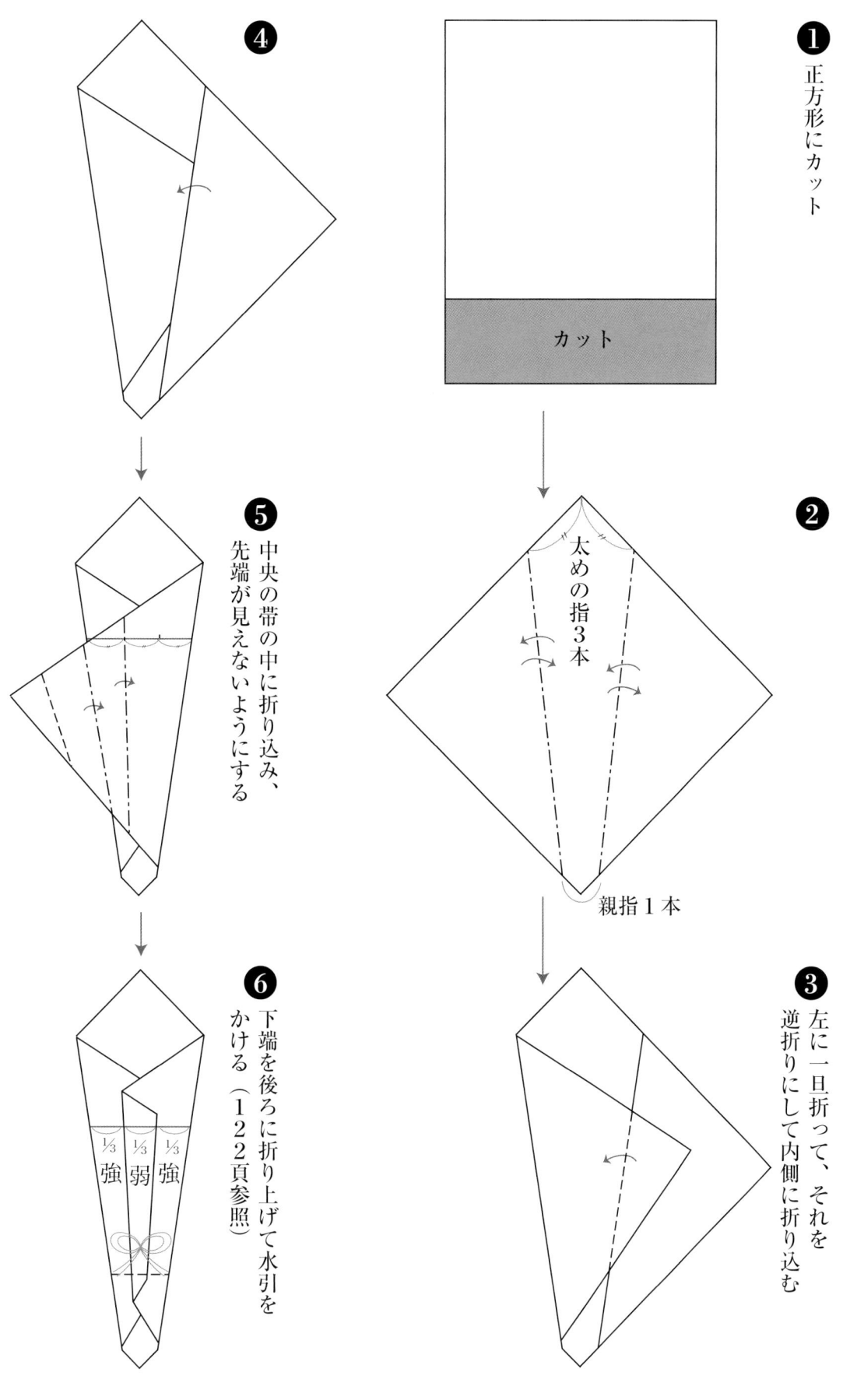

かいしき吉・凶

奉書紙・糊入れ奉書などの正方形
縁紅紙

吉

凶

お客様をお迎えしてお茶をお出しする際、菓子器に紙を敷くととても丁寧な印象になります。赤い線が、太陽が昇る東（左）に向かって高くなるようにしましょう。

不祝儀の時はそれが逆となります。

春分《しゅんぶん》
◉三月二十日ころ

昼と夜の時間がほぼ同じになる日。この日を境に徐々に昼が長くなる。

【凶】

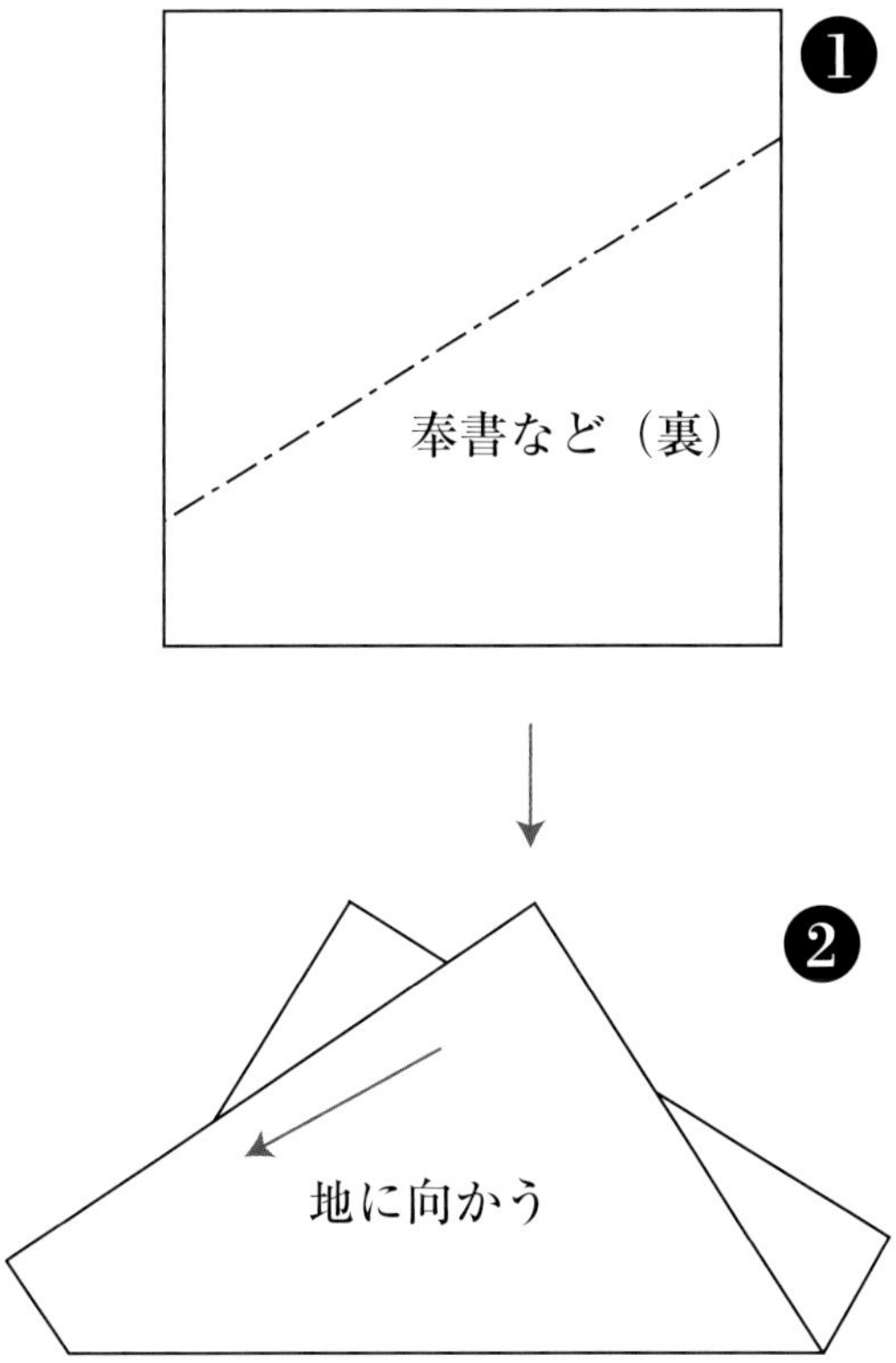

楊枝入れ付き【凶】

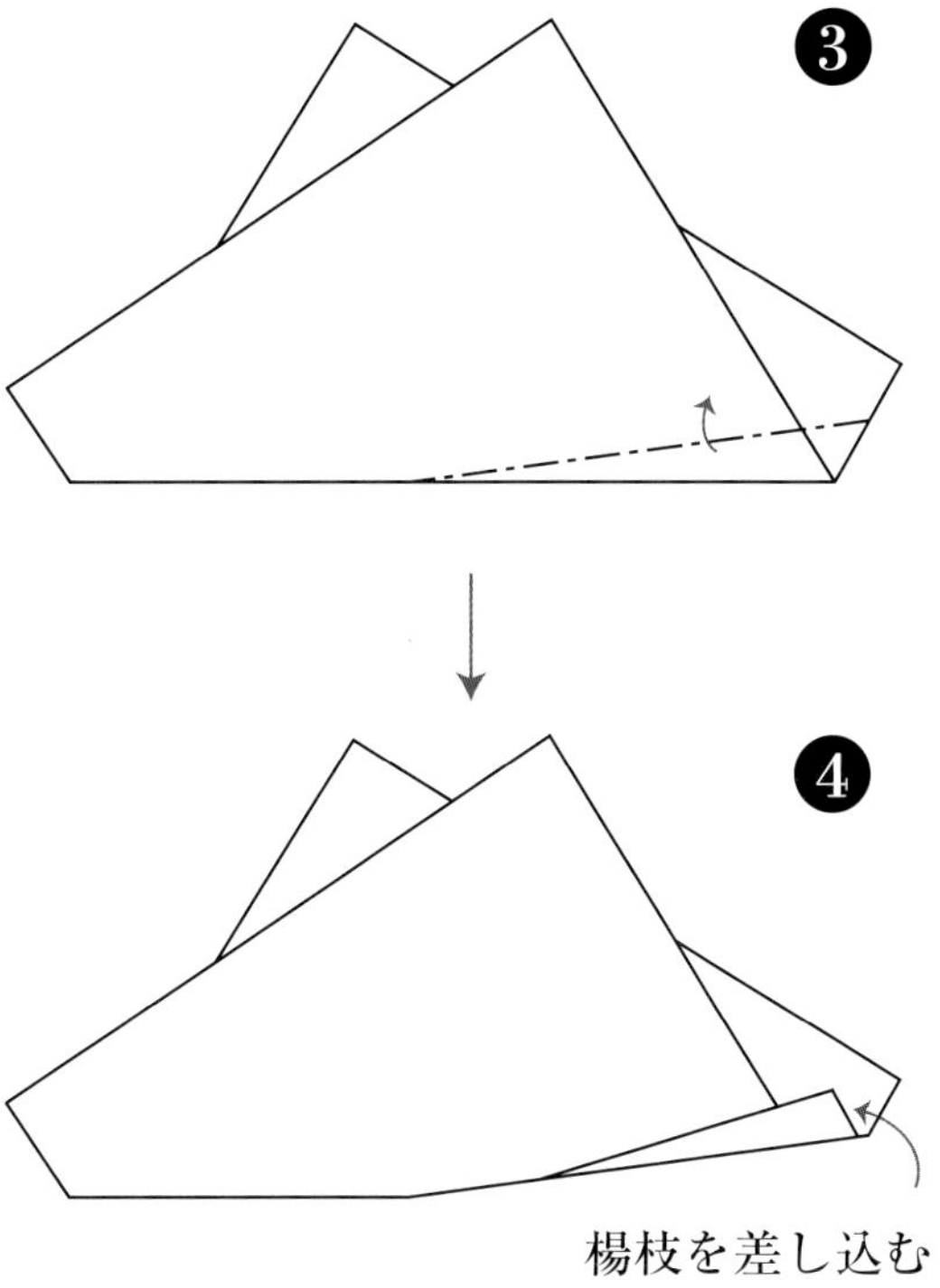

【吉】

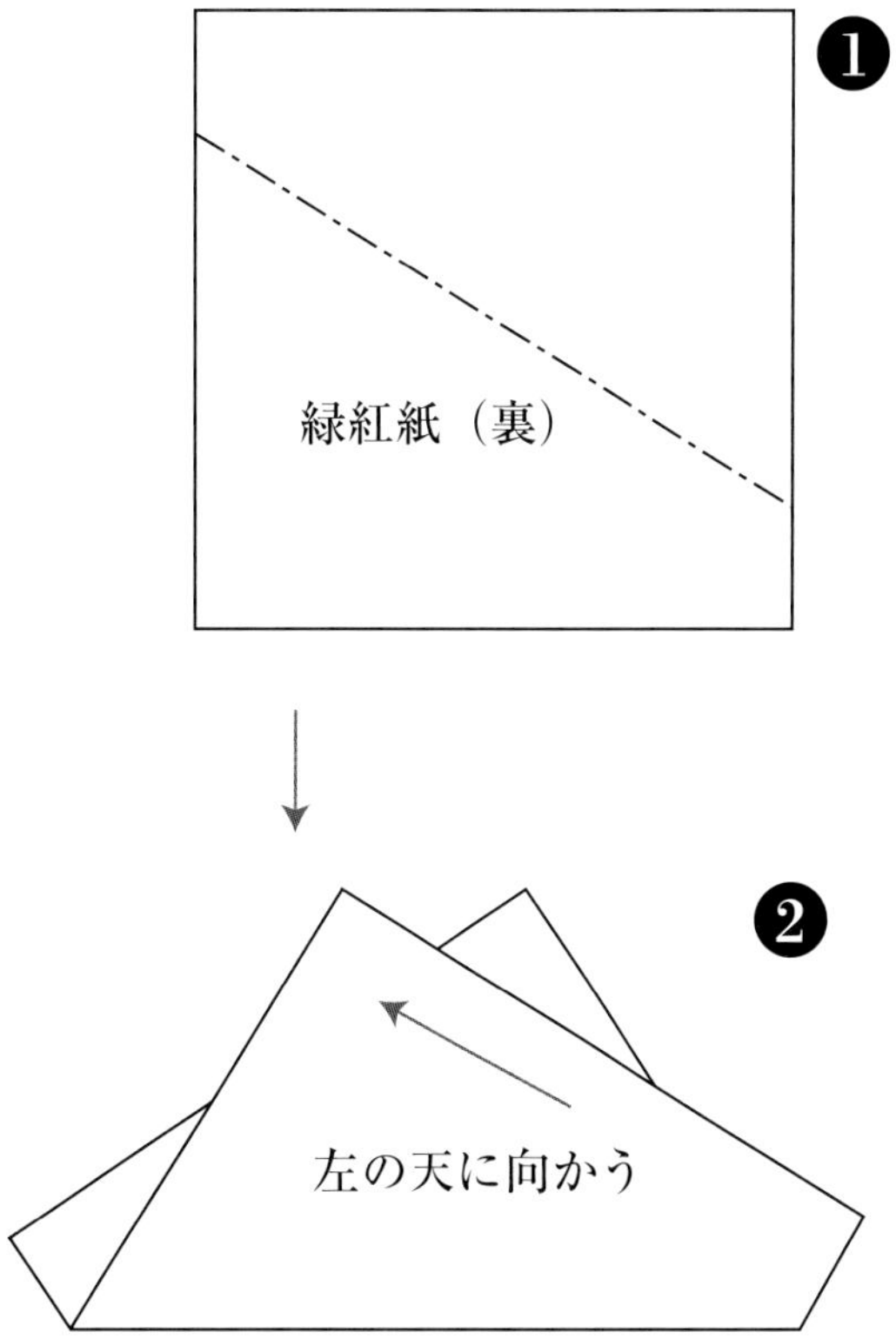

楊枝入れ付き【吉】

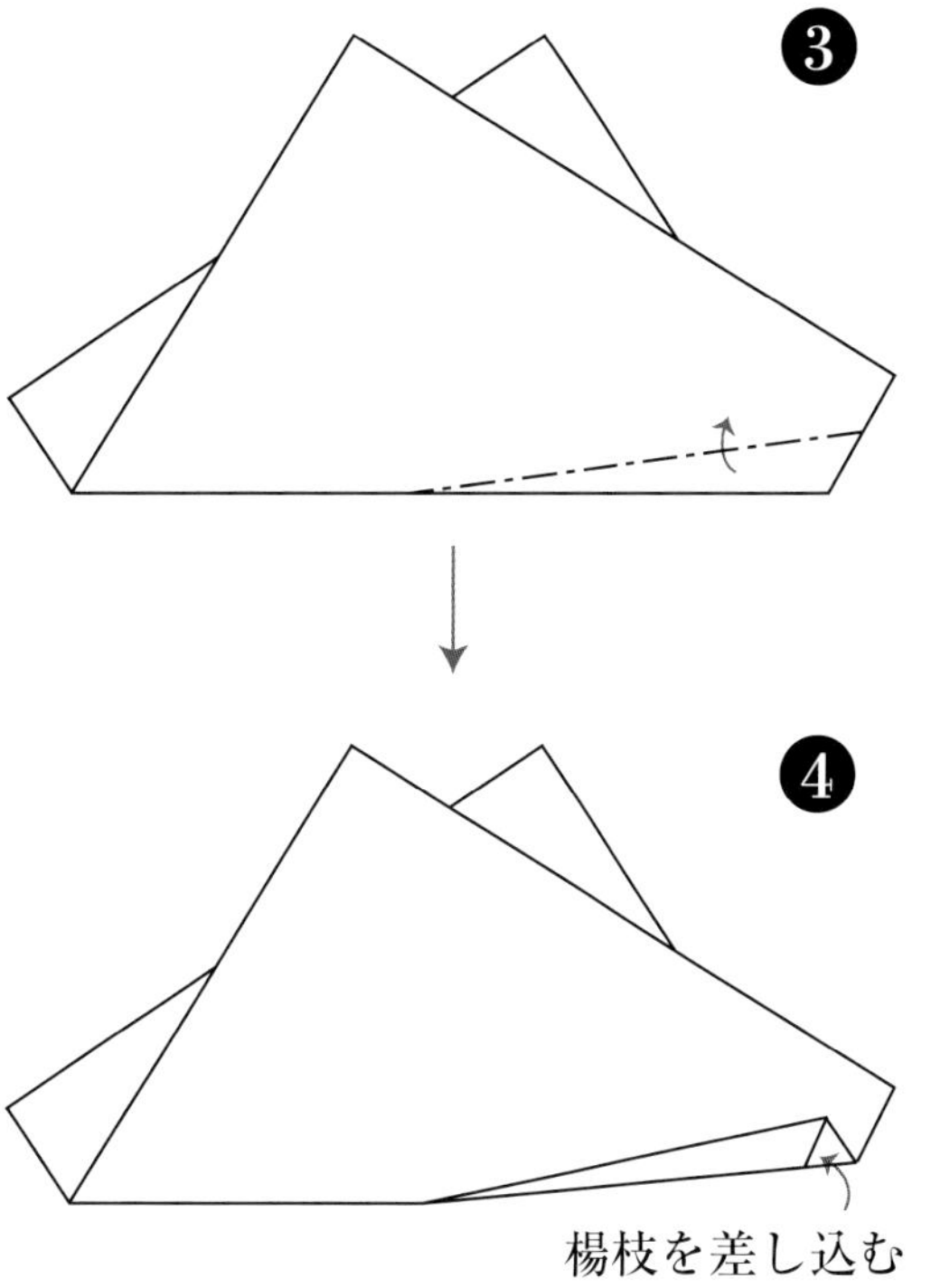

慶事かいしき

奉書・縁紅紙など

おめでたい席にこのような「末広」を象徴するこのかいしきがあれば、いっそう場が和むことでしょう。

縁紅紙

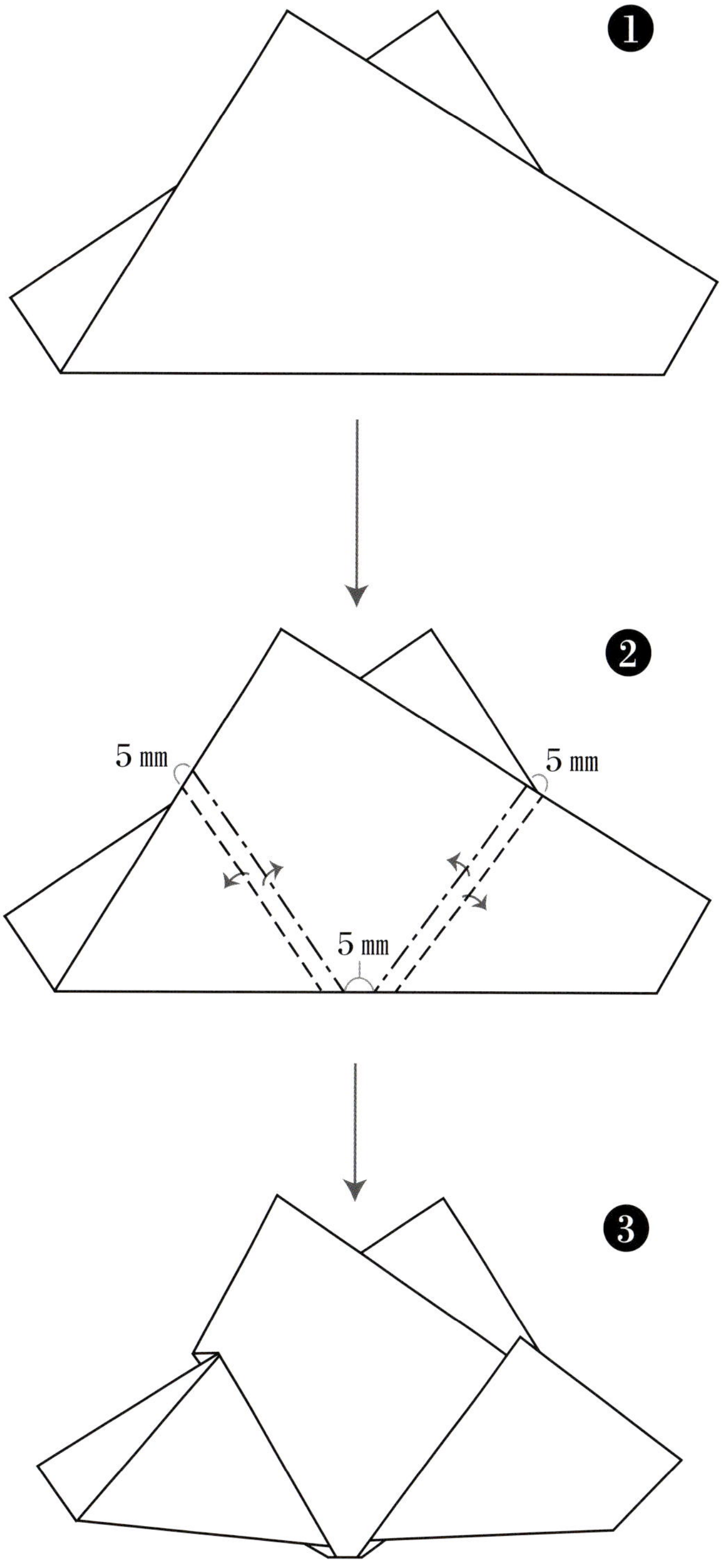

季語 春深し

こんもりとした表山、なだらかな稜線を描く裏山、日の出を演出する東山、それぞれのいたるところに配置された山桜。その花の白が薄くなり、やがて緑に埋もれるようになれば、周囲の新芽も力強さを増した証拠です。季節はスイッチバック式に初夏へのぼっていくでしょう。

近くに、川面に両側から手を伸ばすような格好で枝を差し出す桜並木があります。

満開を迎えた日、草色やわらかな岸辺に腰を下ろして釣り糸を垂れる人がたくさん見られました。誰もが無言で、静かに水面を見つめています。

でも一番に感じているのはきっと周りの桜のことです。重そうなくらいゆっさりとした桜の枝が、その人たちを見守っていました。

古い木の橋げたにも欄干にも花びらがたくさん降り積もり、まるで舞台装置のようです。

帰宅して、客人を迎えるためにかいしきを折りました。満開の桜のごとく幸多かれと願いながら、今度結婚する若い二人のために特別なかいしきにしました。

木の花包み

本来力強く伸びた大きな枝の元を包み、贈られた人はそれに鋏を入れて生けたものでした。お正月に松の枝を包めば、歳神様の依り代ともなります。

檀紙半紙大
ひとまわり小さい合わせ揉み紙

清明《せいめい》

◉四月五日ころ

晴れわたった空。清らかな明るい空気が天地に満ち、万物がいきいきとしてくる。

❶ 合わせ揉み紙を１／４にカットした紙を用意。正方形を確保し、残りの部分の下１／２を切り取る

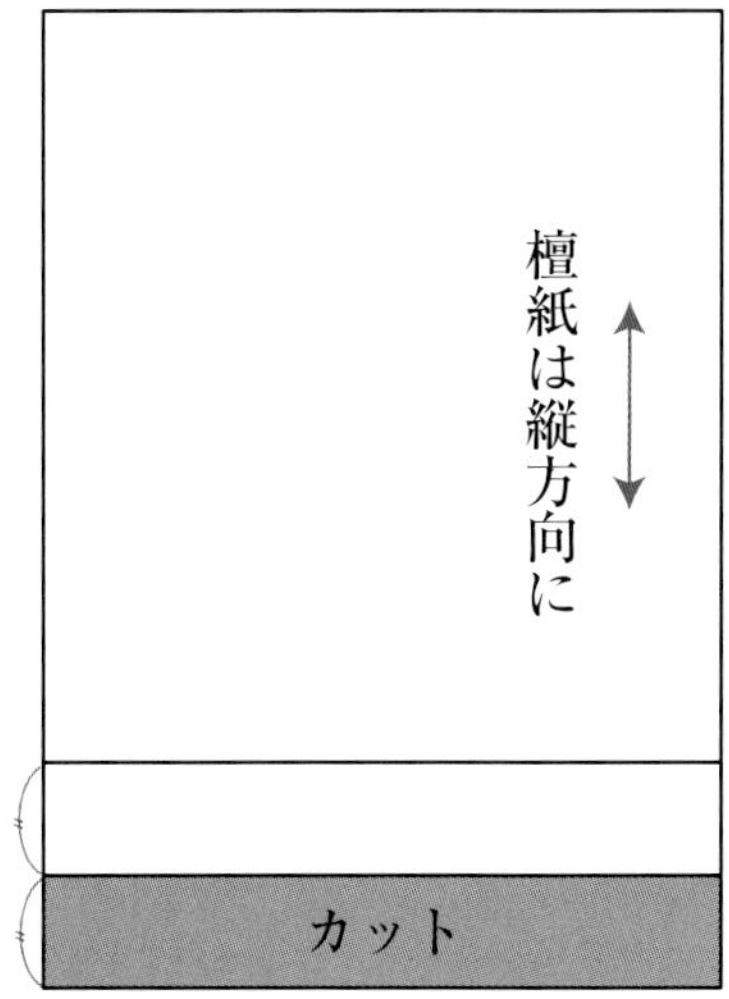

❷

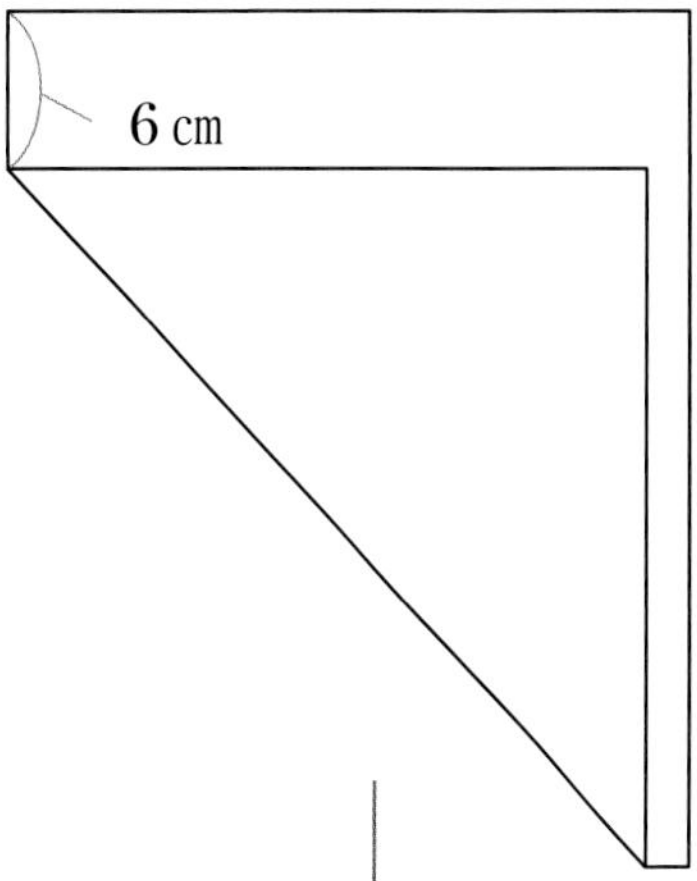

❸

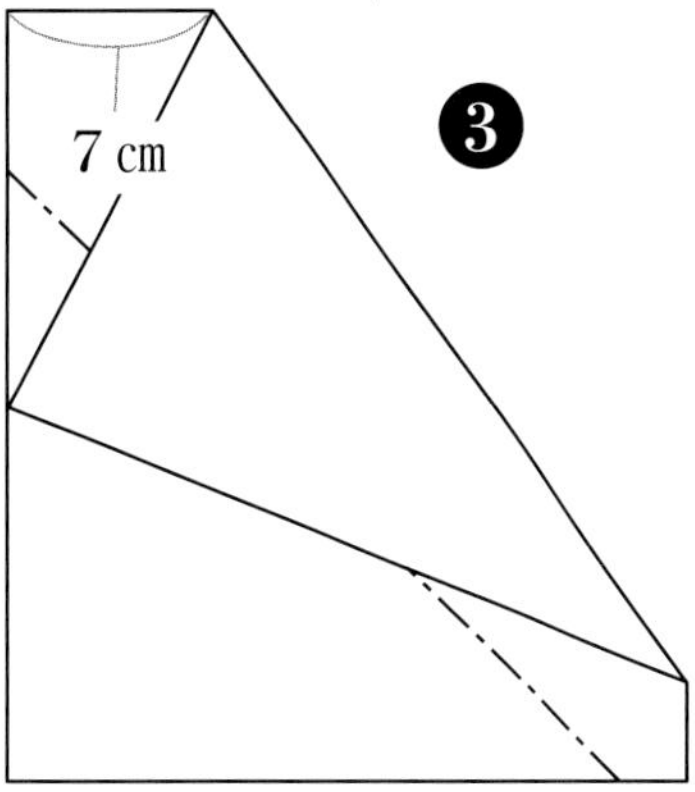

❹

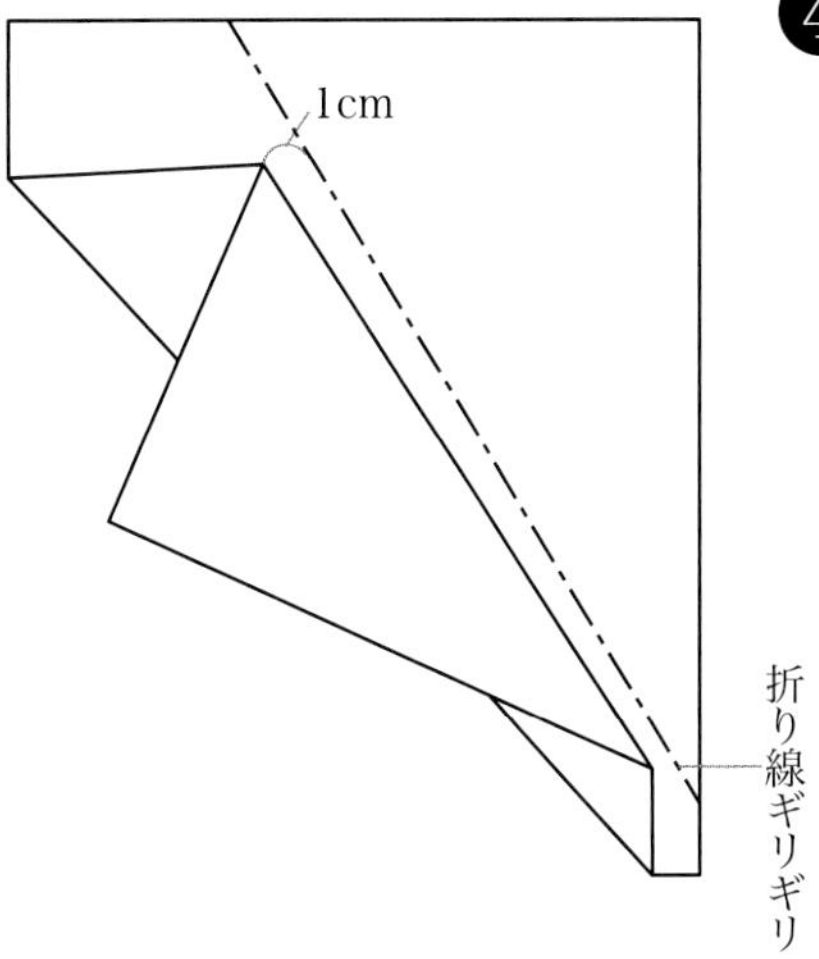

❺ 頂点をまっすぐ下ろしたところに、右からの折り返し線が来る

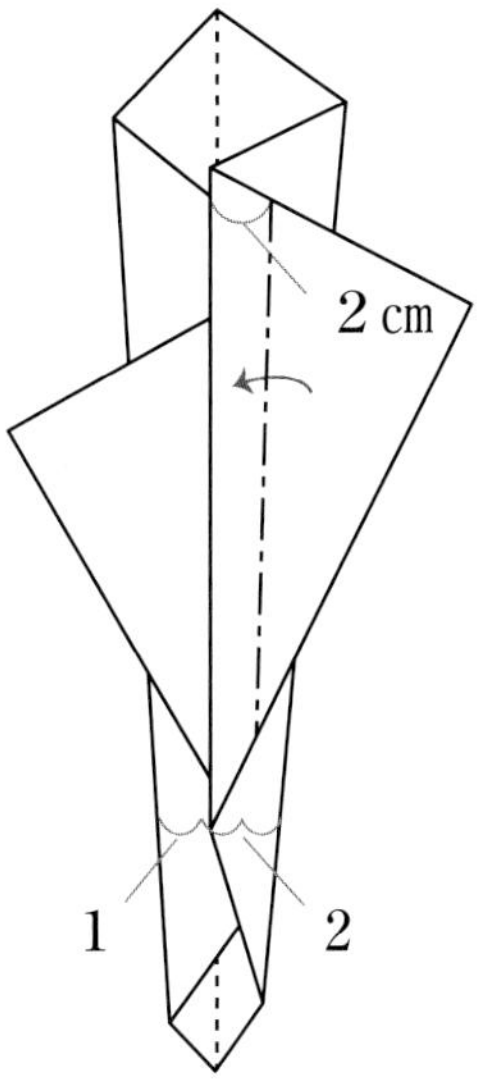

❻ 裏に折り上げる

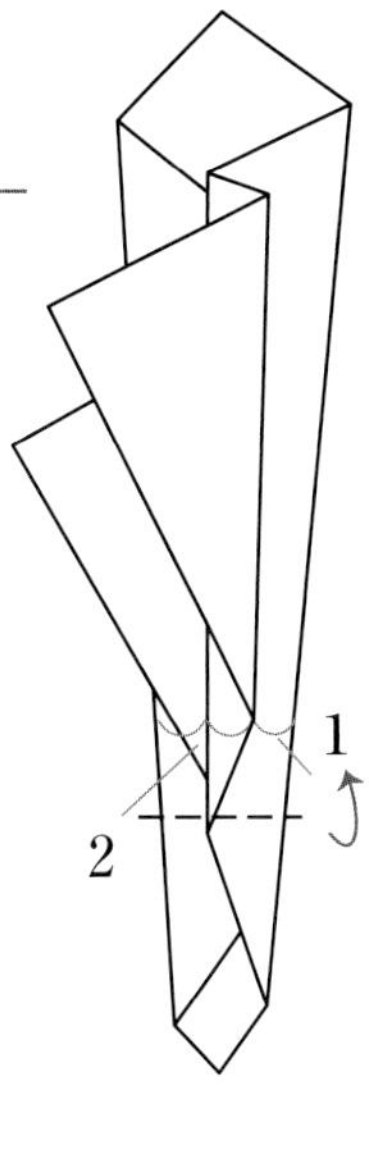

❼ 片輪結びをする（１２２頁参照）

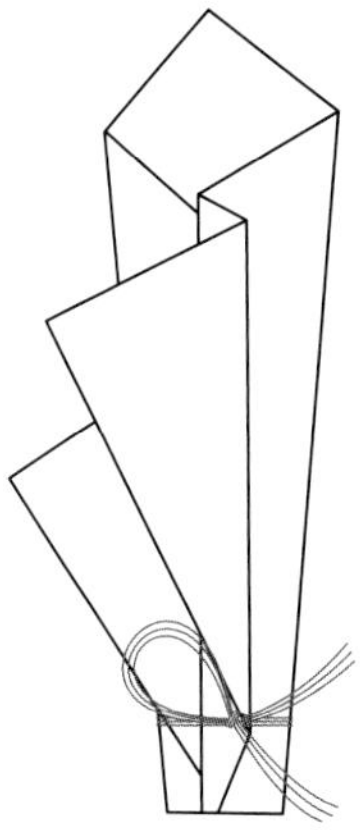

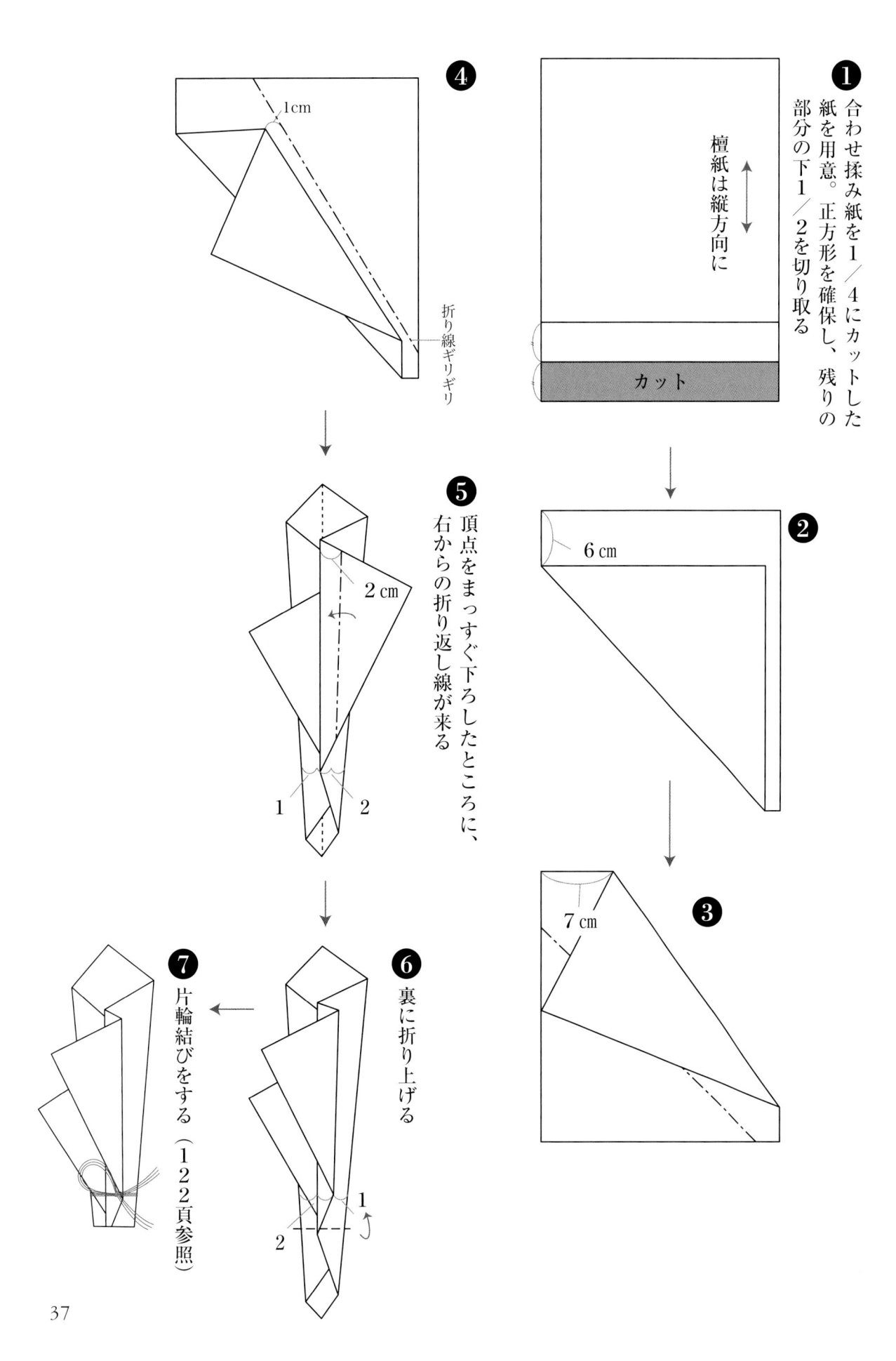

紅白箸置き

奉書・檀紙
合わせ揉み紙（赤）

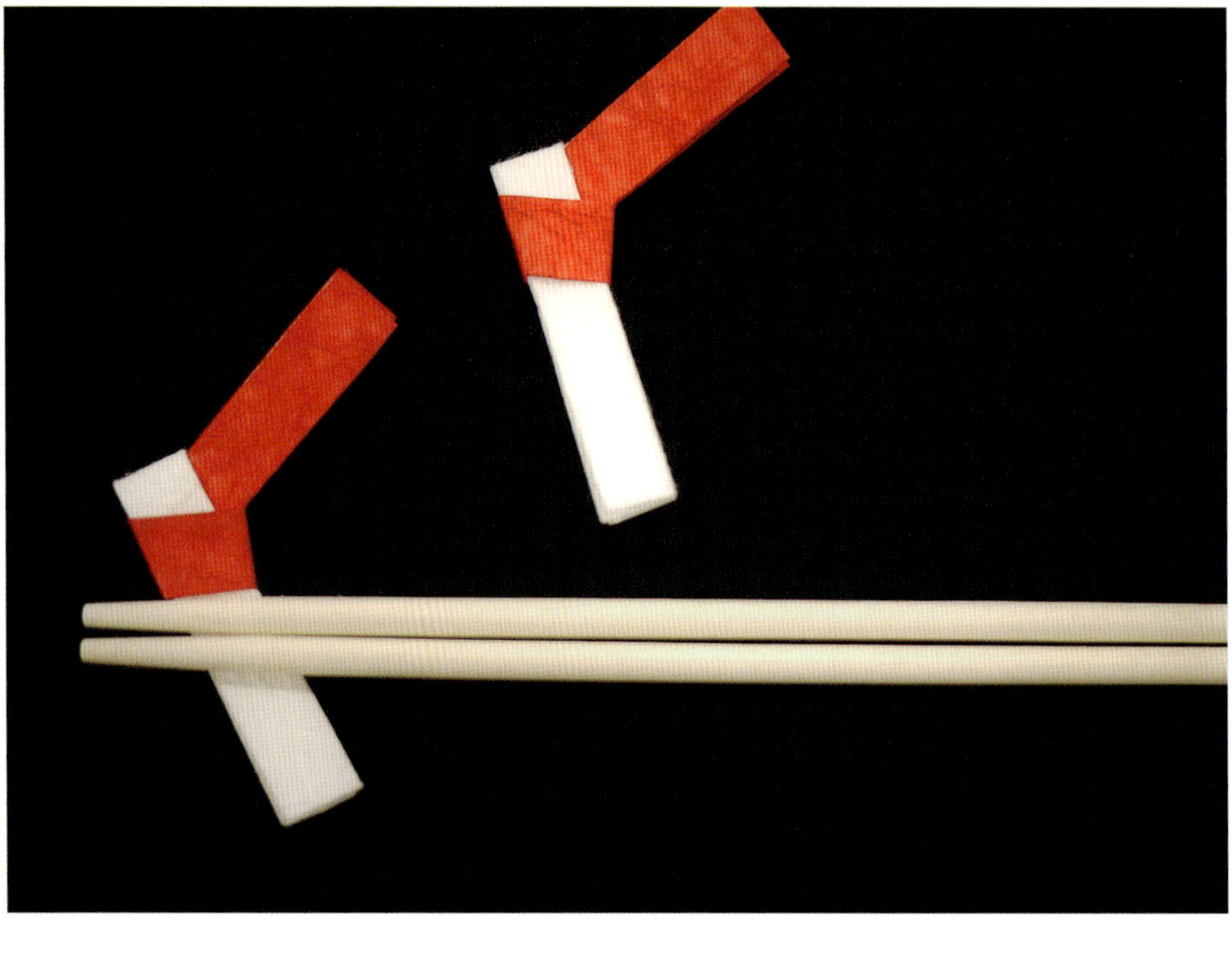

勢いを増すこの時期の木の花が美しく生けられた部屋で、食卓にこのような箸置きがあれば、迎えられた方もきっとしあわせです。

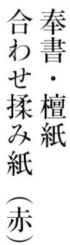

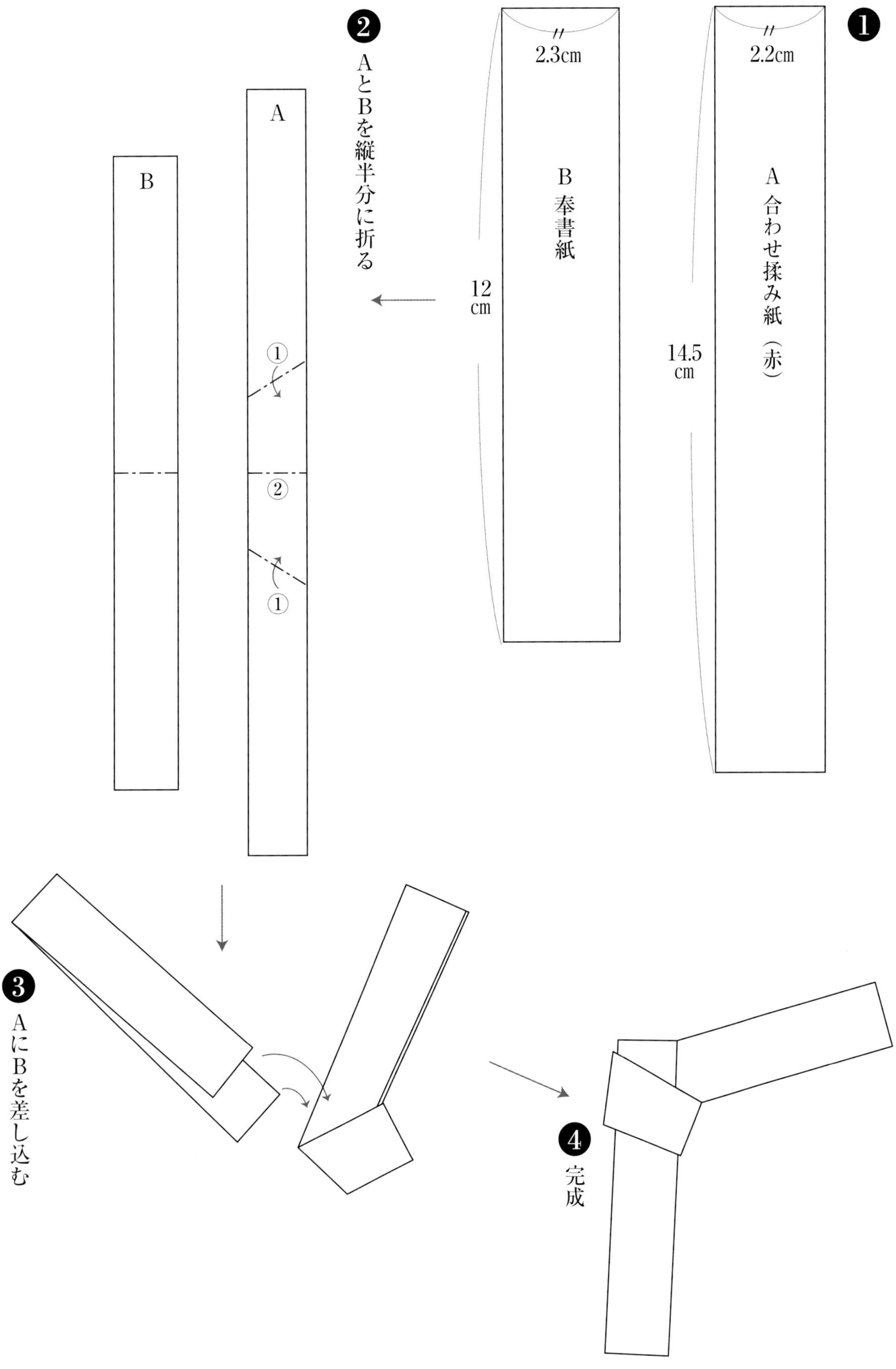
❶
A
合わせ揉み紙（赤）
2.2cm
14.5cm
B
奉書紙
2.3cm
12cm
❷
AとBを縦半分に折る
A
B
①
②
①
❸
AにBを差し込む
❹
完成

袱紗《ふくさ》包み

奉書・檀紙・その他
（大きさは包むものに合わせ、正方形から）

ハンカチーフにも応用できる美しい折形です。包むものと紙を折り返した中央部に乗せる「匂い」（季節感や中身の色味を表わすもの）は、同系色にしましょう。

❶ 中心の点Aをポイントにし、対角の頂点をそれに向けて折る

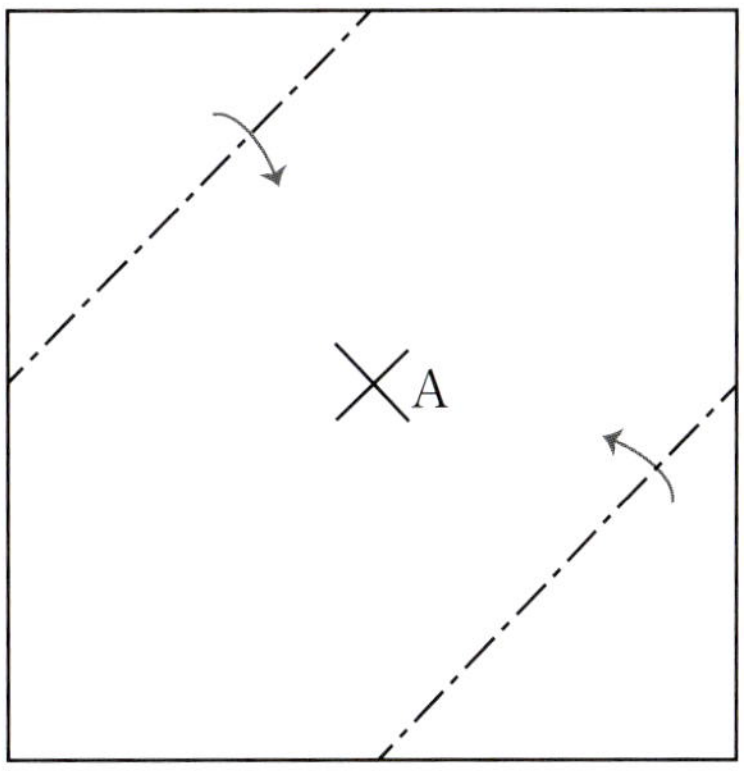

❷ 中心点B・B'を通るように、両側から折る

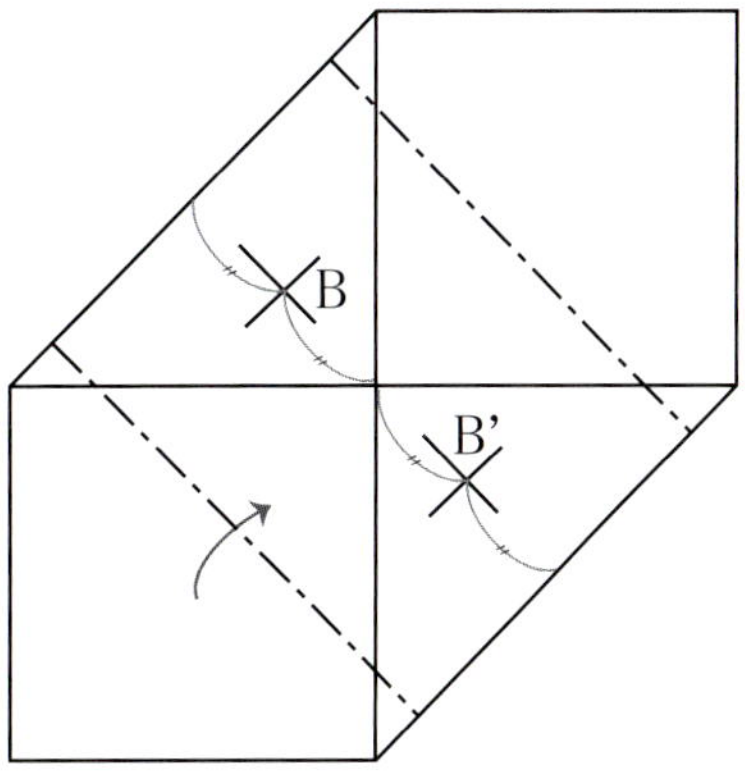

❸ 中心で折り返す。右端も同様に

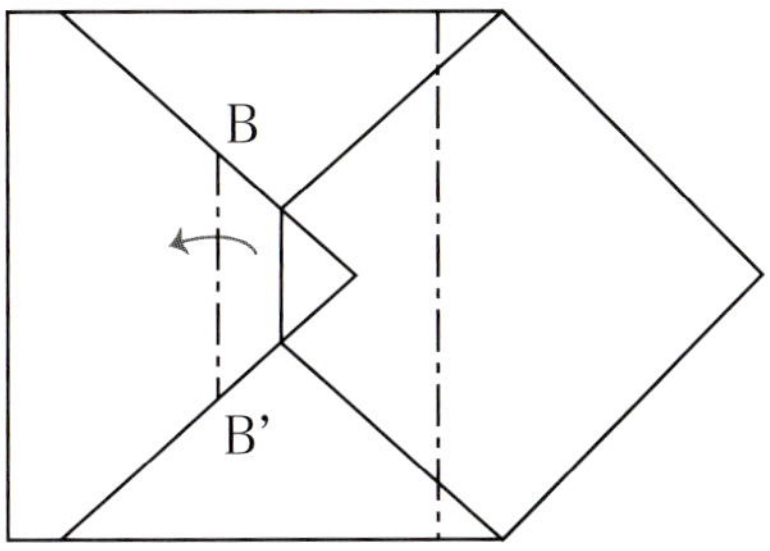

❹ 裏に折って、水引をかける

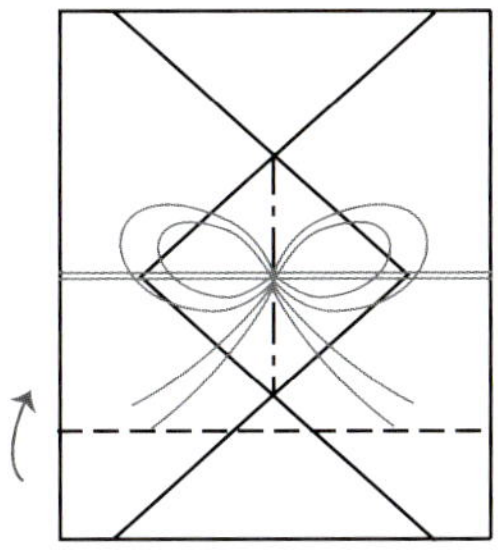

季語

片蔭

薄暗い中廊下に立つと、玄関の隙間をすり抜けてくるひんやりした風にさっと包まれました。よどんだものが一瞬にして追い払われるような心地よさを感じ、思わず風の来る方を見ますと、家の中の暗さとは対照的に、開いた玄関の引き戸の形に切り取られた、光に満ちた外界があります。風は、変わらず水の流れのように吹き込んでくるのでした。

光と影。光が強いからこそ、それによってできる影も際立ちます。生きる事と死ぬ事、一生涯に訪れる浮き沈み、日々の悲喜こもごも、そのように対比されるのでしょう。

しかし、影は暗いだけではありません。強すぎる光から少し逃れての、休息の場所にもなります。そこに今日のような風が吹いていたら、旅人はどんなに心和むでしょう。

折形に使われる檀紙には、細かな皺（この場合、しわではなく、しぼと読みます）があります。合わせ揉み紙にも、紙を揉んでできた陰影があります。

折り上がったものを眺めれば、えも言われぬ表情があり、何かを語りかけてくるような気さえしてくるのです。

穀雨《こくう》

◉四月二十日ごろ

種まきの時期に降る春雨の意。柔らかな雨が穀物の成長を助ける。

小物包み

合わせ揉み紙・檀紙2分の1

女性が使う小物はかわいらしいものが数多くあります。大きさに応じて紙を選び、季節や中身の色を「匂い」としてのぞかせると、受け取る側の感激も大きくなるに違いありません。

❶ 正方形大の残りの1／2をカット

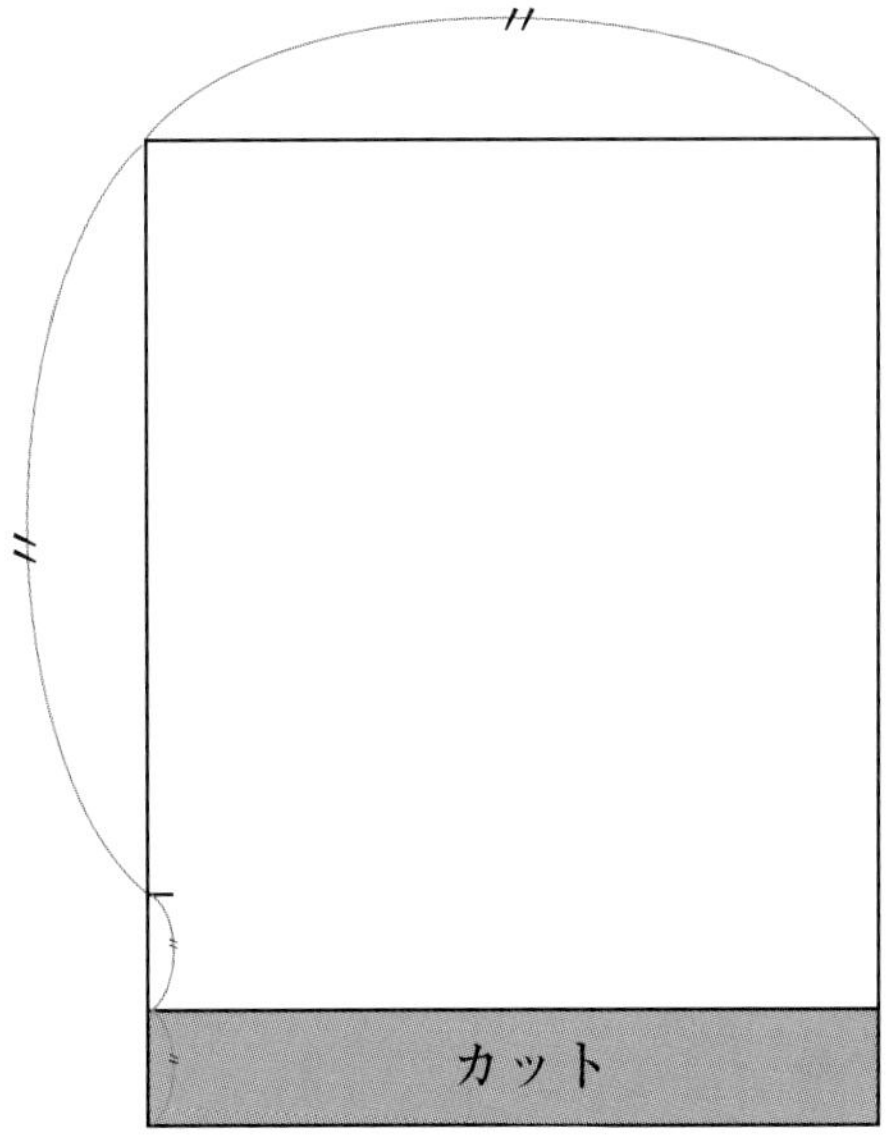

❷

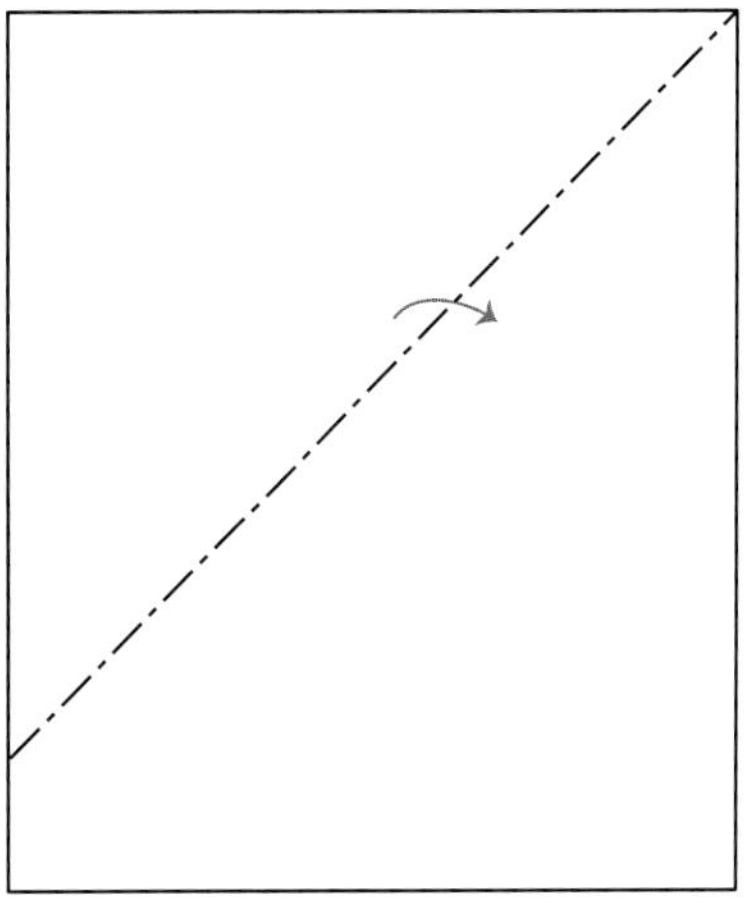

❸

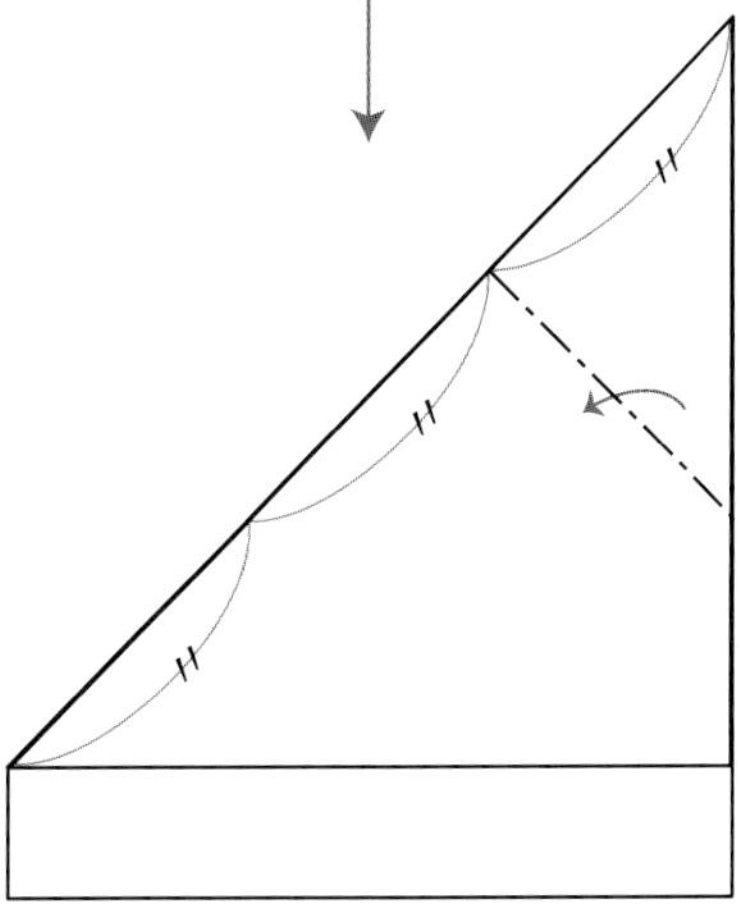

❹

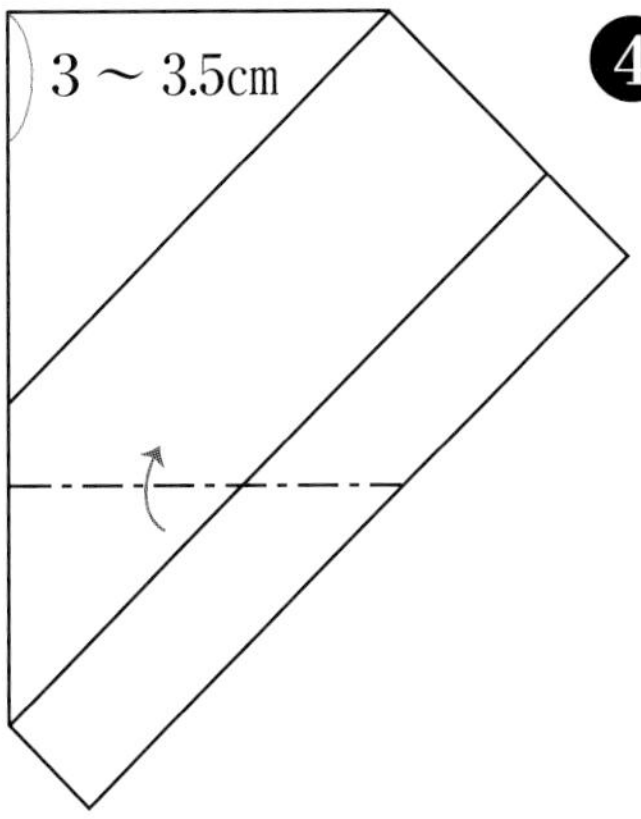

❺

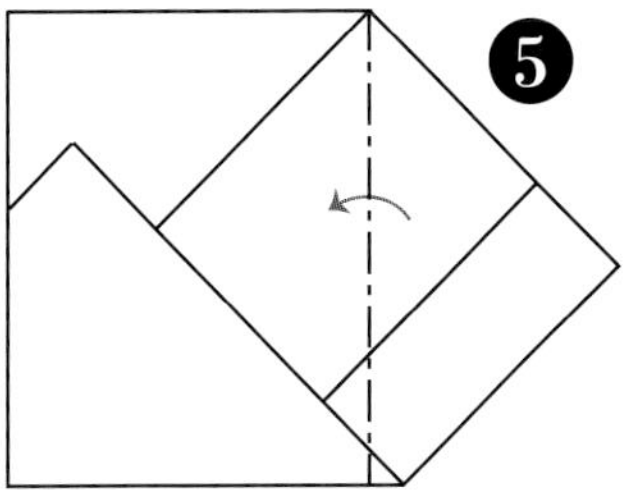

❻

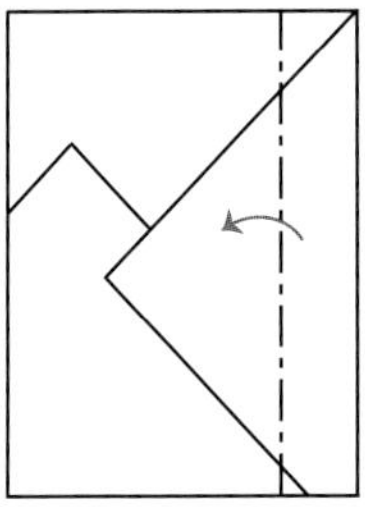

❼

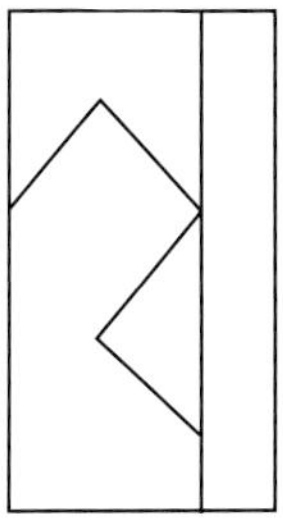

＊包むものの大きさに応じて、折り上げる位置や右側から左側にくる紙の位置を調整して下さい。

季語

桜

桜があることで、そこに人が集まります。会話が増えます。世界が変わります。大きなエネルギーが、桜の周囲にはあるに違いありません。不思議な花です。本数が多いということもありましょうが、これが満開になると、あちらこちらでいろいろな人の気持ちが動きます。

しかし年によっては、忙しさのあまり家の近くの春景色を見逃してしまうこともありました。わたしの気付かないところで春が来て、春を謳い、春は行ってしまったのでした。そんな年は、何やらおいてけぼりをくったような、あっけにとられたような、奇妙な感覚を味わいます。

冬が気配を消すのも「いつのまにか」です。大好きな「冬木立ち」などという言葉も、知らずのうちにまったく似合わなくなります。

夜、静かに聞こえてくる冬の雨音が好きなのですが、それを待っていた時期が長かったにもかかわらず、やっと聞いたと思えば春の雨になっていたりもしました。

陰陽でいえば、夜は陰、雨も陰。夜と雨はやはりお似合いです。婚礼も、女性の行事として陰と考えられ、昔は夜に行われました。このあたりにも、「ちょうちんとっかえ」と呼ばれる夜本来の、婚家の玄関先で行う儀式がありました。

夕暮れ時に白く浮かび上がる花嫁さんの頬と角隠しの白には、ほんのりやわらかい生《き》成《な》りの和紙の白に通じるやさしさがあります。

季語

穀雨

冬に雨が降ると、「慈雨」という言葉を思い出します。本当は日照りを潤す夏の季語なのに、慈しみは、関東の冬の乾いた大地にこそ必要な気がします。

冬に大雨強風は少なく、たいていは静かな雨。しかも雨の日は寒さが緩み、あたたかな恵みともなります。

冬の晩に外に出るといつのまにか雨が降り出していたり、すべてが寝静まる時分に書き物や読書などをしている時、ぱらぱらと雨音が聞こえ始めたりすることがあります。そんな瞬間、決まって「慈雨」という言葉が浮かぶのです。

折形礼法の教室では、折ることだけを勉強するわけではありません。その背景となる日本の行事、季節、古典文学……様々な事柄を学びます。

その項目のひとつ、二十四節気。大寒、立春、啓蟄などはよく耳にされる言葉ではないでしょうか。

そこに「穀雨」という節気がありますが、その頃に足元で花をつける野草、コメガヤ、スズメノテッポウ、ハハコグサなども、小さな折形におさめればきっとすてきな贈り物になります。そんなさりげない草花包みを考えてみたいと思う今日この頃です。

❖いろいろな折形

著者のオリジナル折形の一例。116頁以降にも一部紹介。

夏

菖蒲の花包み

檀紙
別紙として
紫色の和紙・水引

あやめの漢字が、かつては菖蒲でした。今はあでやかな花菖蒲も多種楽しまれています。

【端午の節供】

この行事は元々、不浄を清めて新しい季節を神の加護を願いつつ迎える五節供の一つとして、五月に入って最初（端）の午（うま）の日に行われていました。午（ご）は五に通じるので、やがて五月五日の行事となりました。

奈良時代より朝廷の大切な儀式の日であり、はじめは男女の別なくこの日を尊び祝っていましたが、菖蒲の節供という別名の「菖蒲」（しょうぶ）を「尚武」（武をとうとぶこと）にかけ、江戸時代より男子の行事として定着しました。

香りは邪気を寄せ付けないことから、清々しい匂いのある菖蒲（ハナショウブではありません）を屋根に葺いたり、兜《かぶと》を身につけたりする習慣。武勇を願って鎧《よろい》や兜を飾る習慣が、また鯉がいくつかの滝を越えて龍になるという中国の伝説に基づいた鯉のぼりなどが生まれました。

立夏《りっか》
◉五月五日ころ

さわやかな五月の風に新緑が揺れる。
心地よい夏の到来。

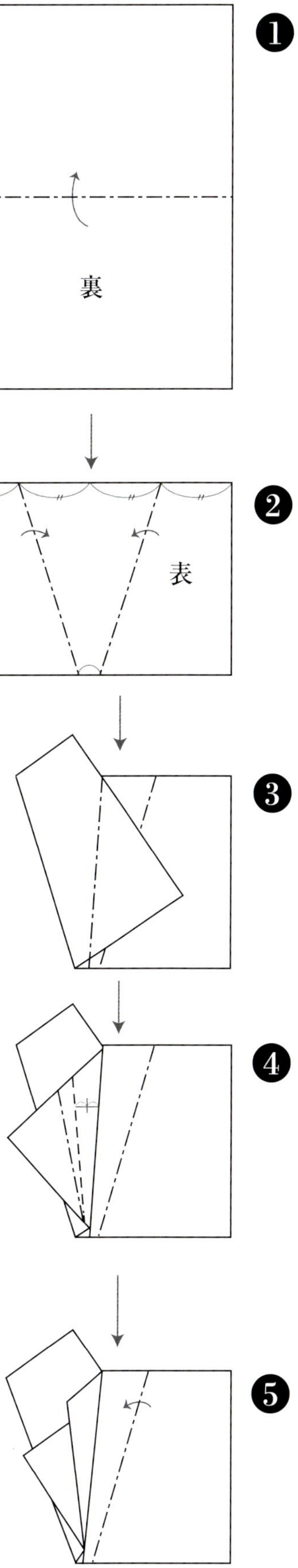

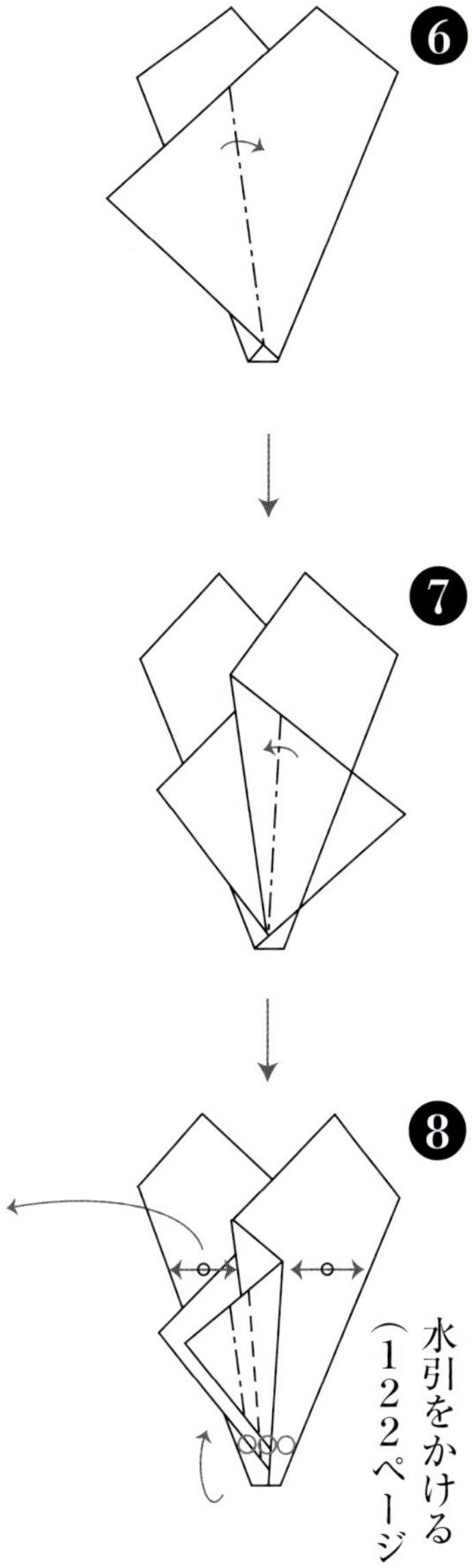

帯の巾と左右が1／3ずつになる根元を後ろに折り上げ、水引をかける（122ページ参照）

中央の帯の両側がほぼ同じ巾折り上がったら、一旦開いて紫の紙を重ねて再び折りなおす

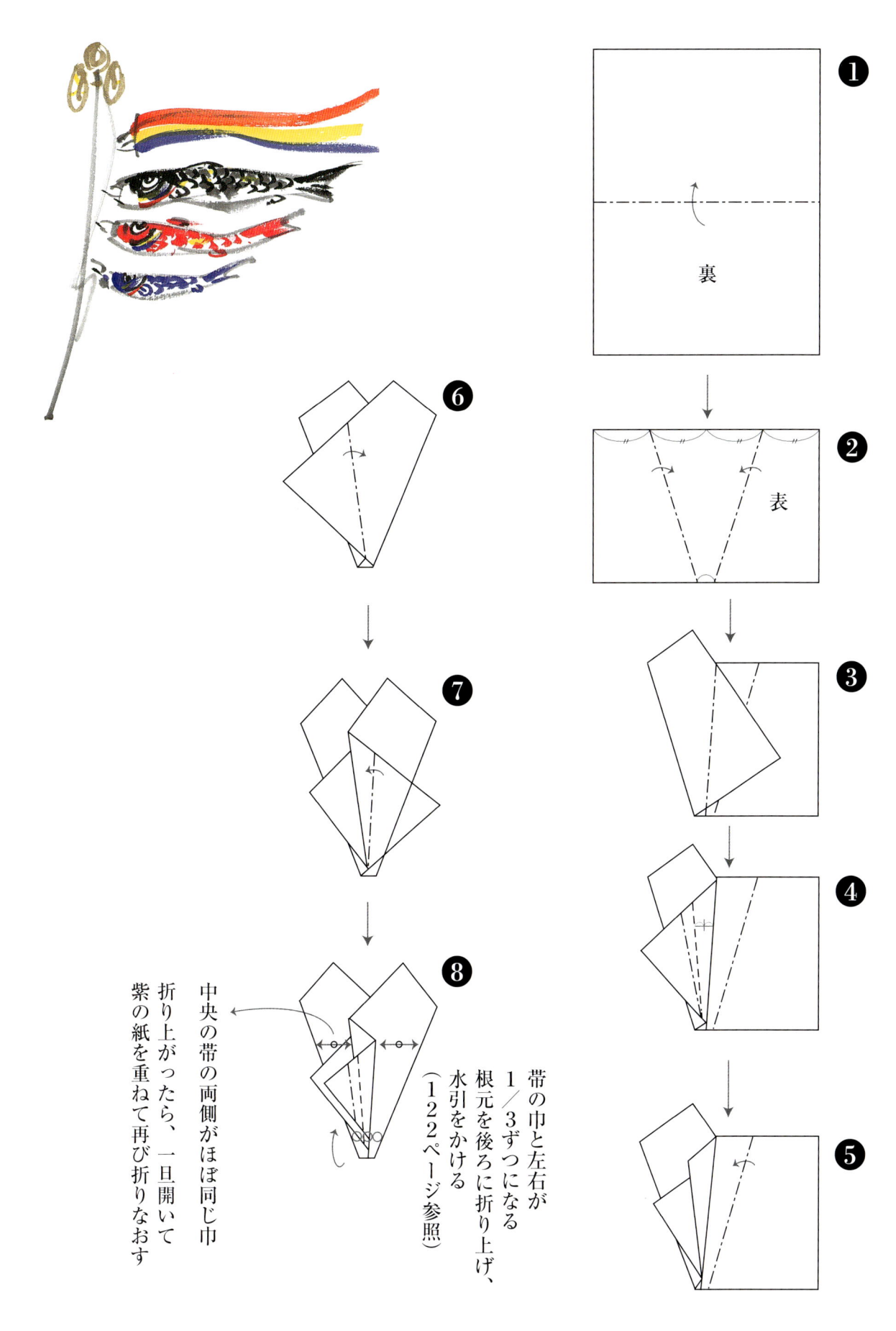

万葉包み【真】

合わせ揉み紙・檀紙・水引

陽射し明るく風も爽やかなこの季節なら、お世話になった方にさし上げる心尽くしの品を、宅配便のお世話にならずにお持ちすることもできましょう。

「手づから折り、自ら足を運び、口上を述べて手渡す」のが原則である折形。格式ある包みに水引をきりりと結べば（122頁参照）、風呂敷との相性も良好です。

小満《しょうまん》
◉五月二十一日ころ

陽気を浴びて、草木がすくすくと成長し、新緑が鮮やかに。

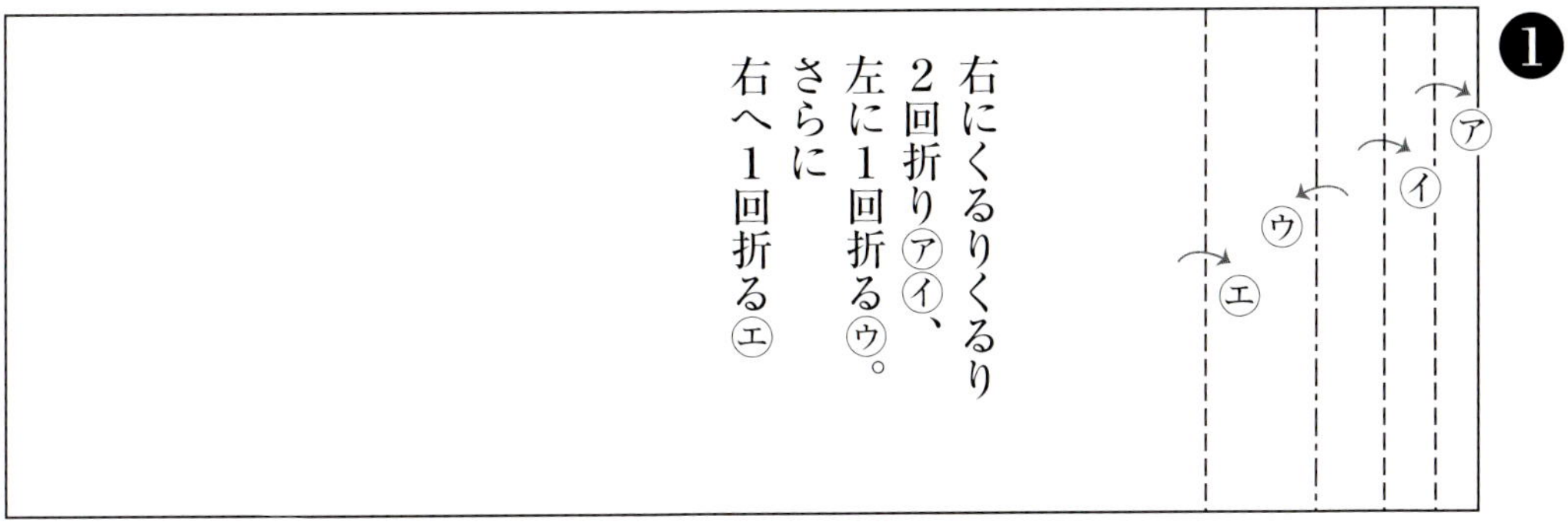

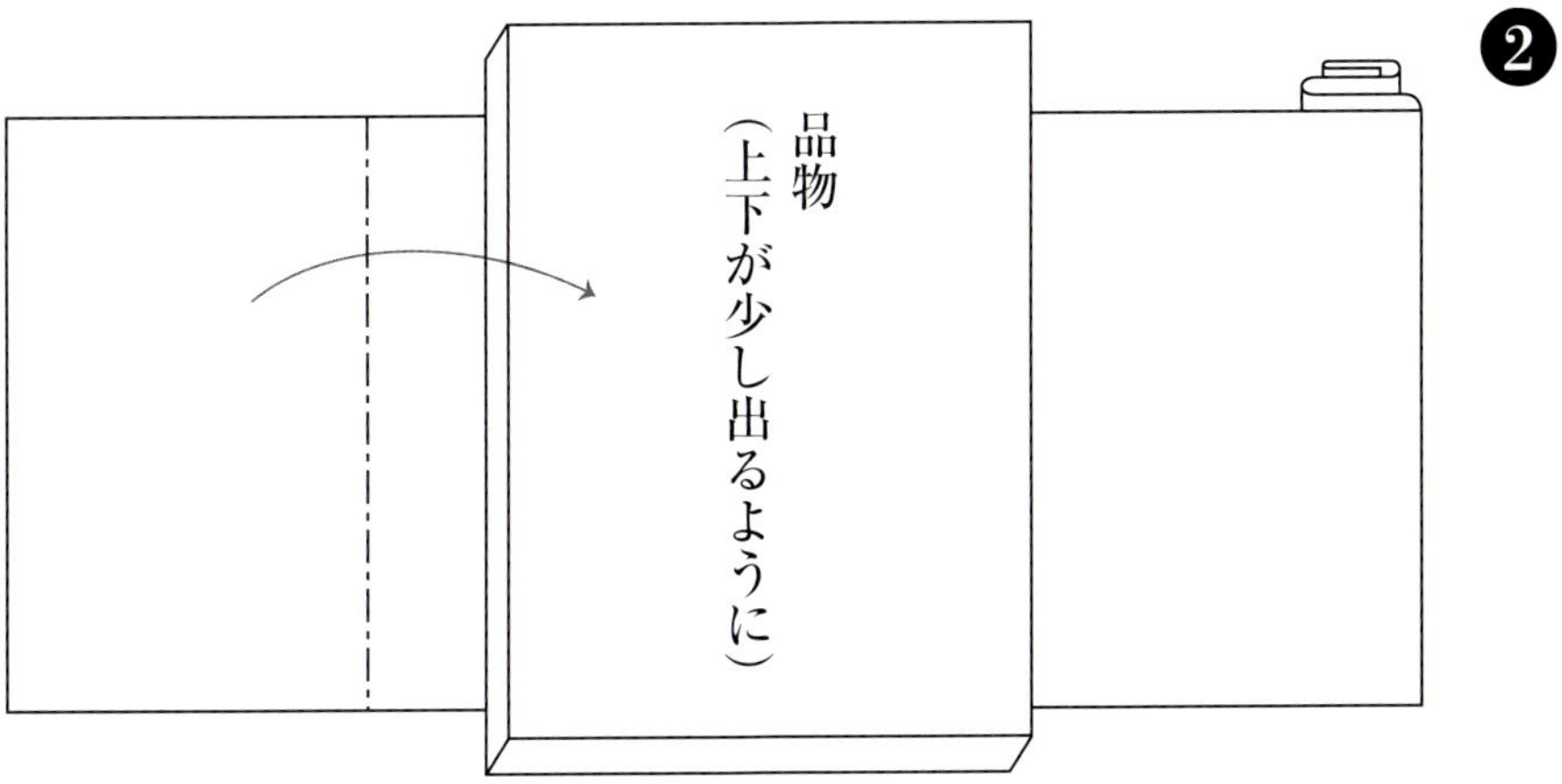

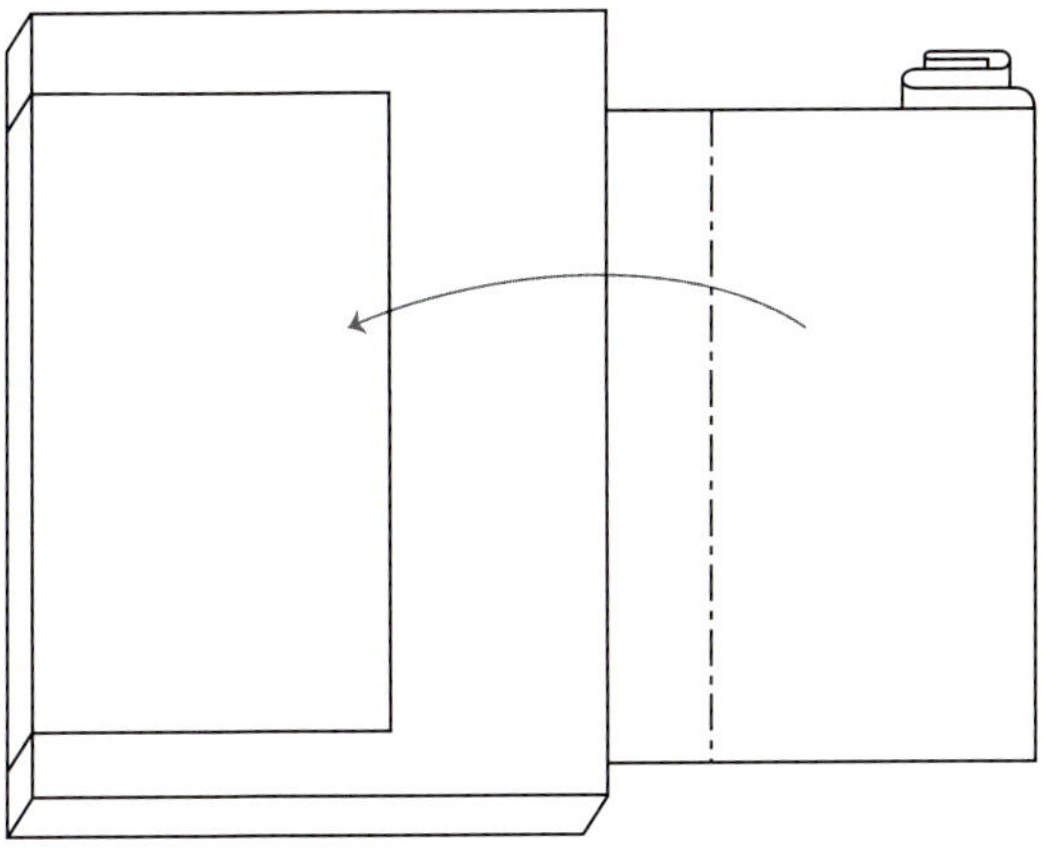

❸ 巻き込んだ帯が中心に来るようにします。左、右と合わせます

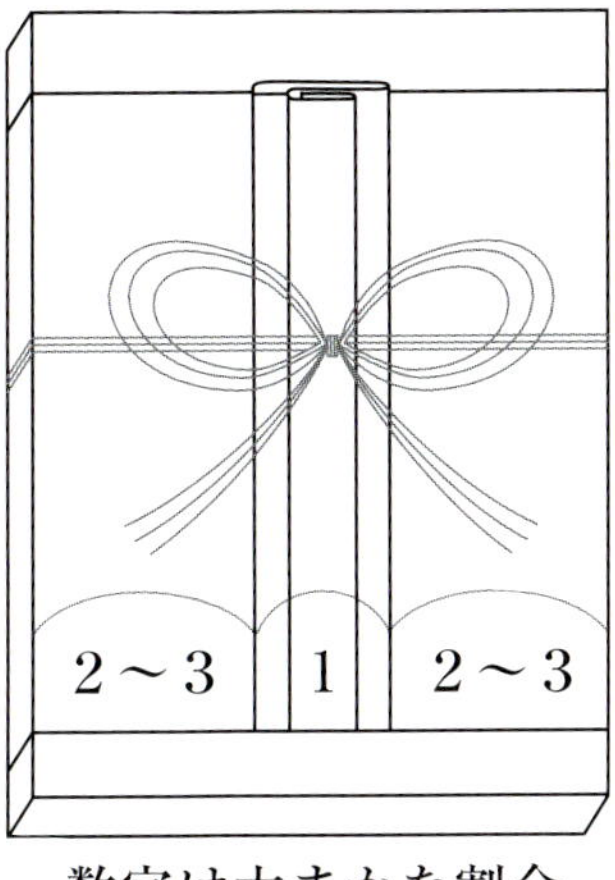

数字は大まかな割合

❹ 帯の太さは、品物とのバランスを考えて決める

【真】・【行】・【草】とは

中身の価値や格式に応じた三つの位を表現する言葉。真が最も高く、行がそれに次ぎ、草は日常的なものとなる。

万葉包み【行】

奉書・合わせ揉み紙など
水引

❶

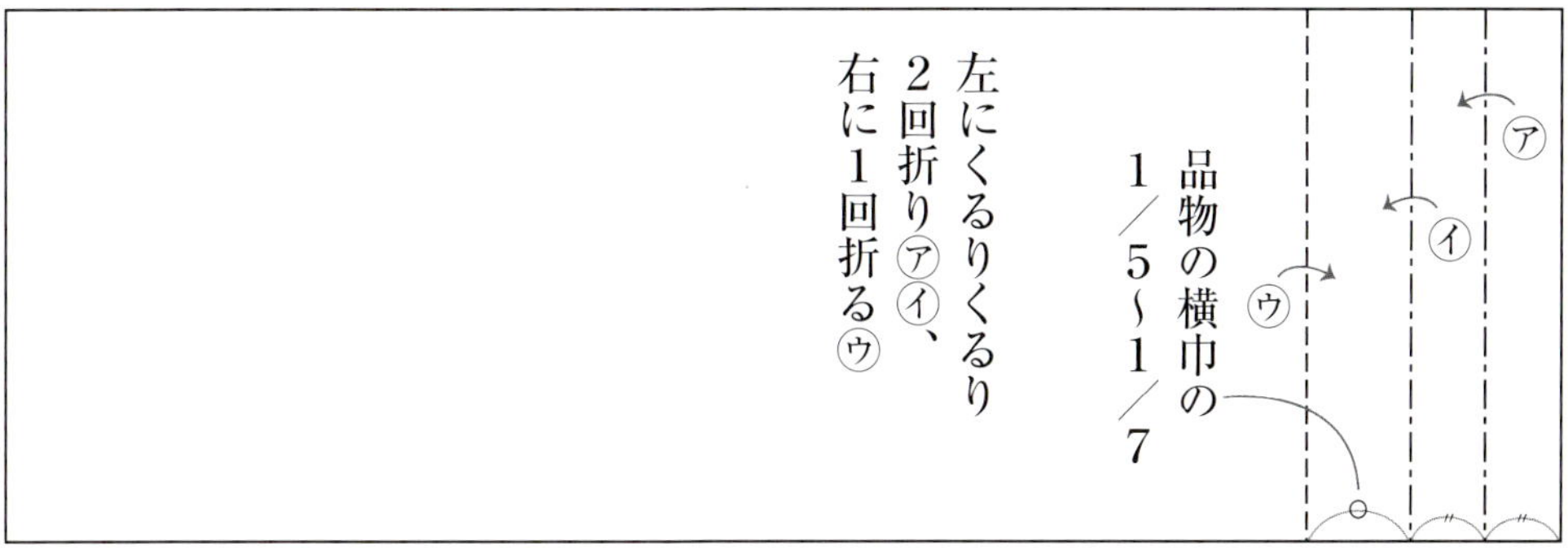

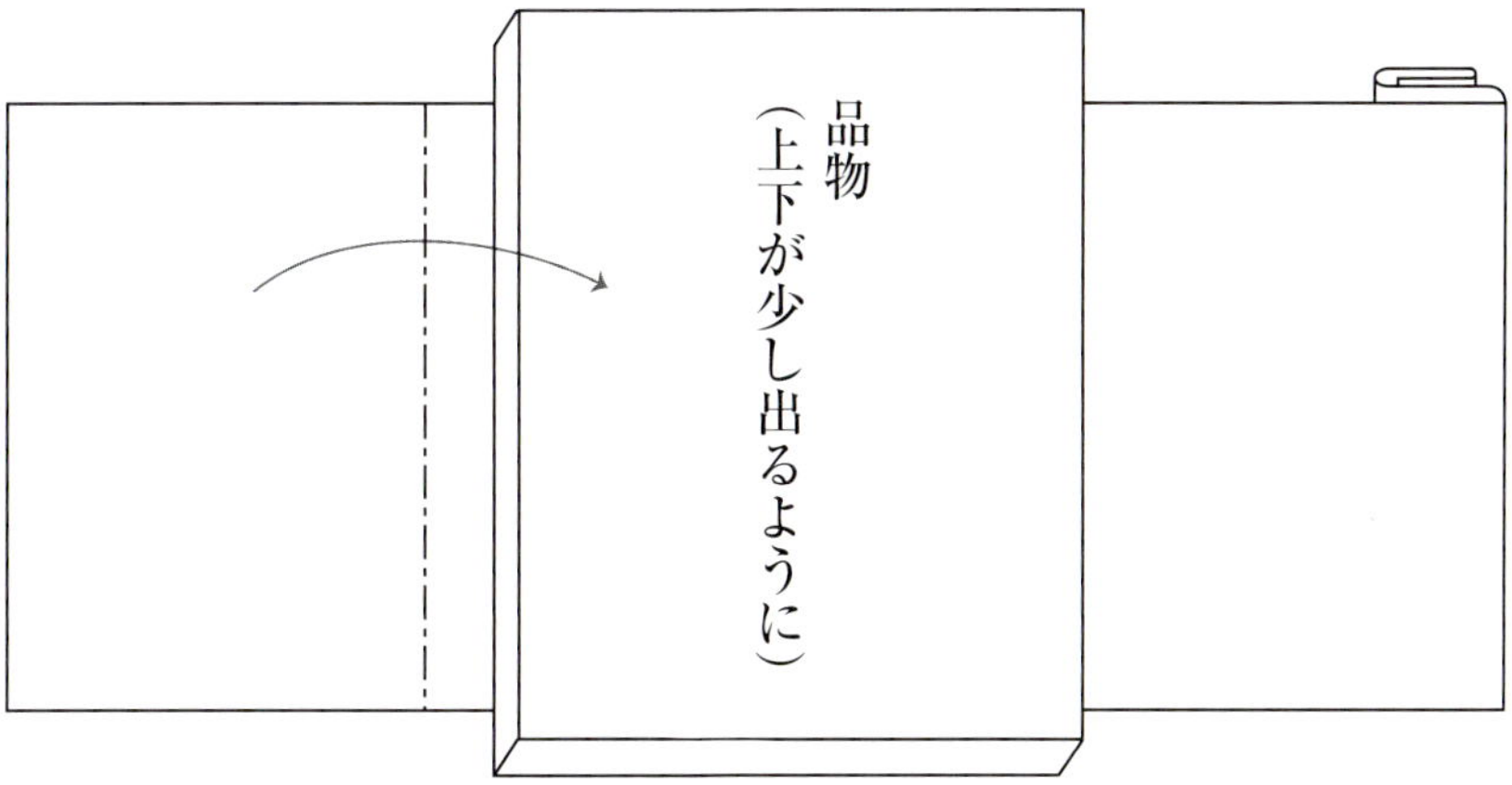

❷ 品物の上下が少し見えるように置く

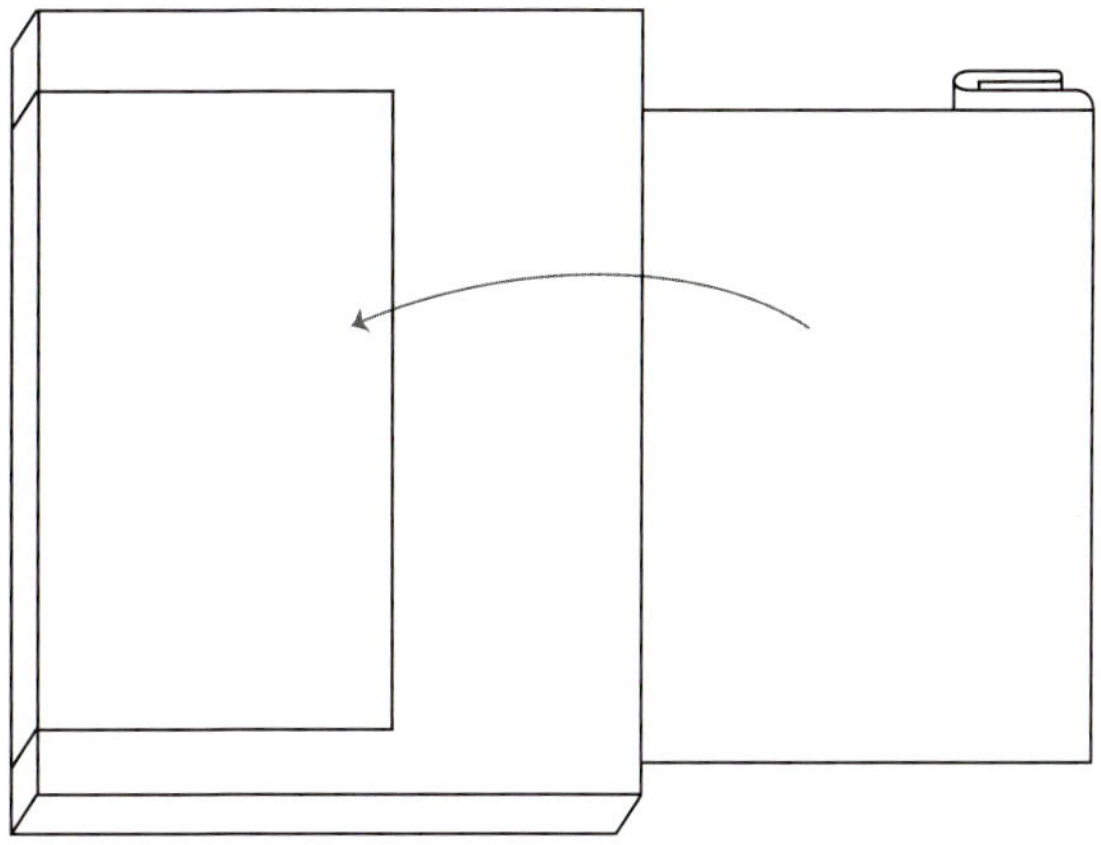

❸ 巻き込んだ帯が中心にくるように合わせる

❹ 中央に水引をかける（122ページ参照）
数字は品物の横巾に対する割合

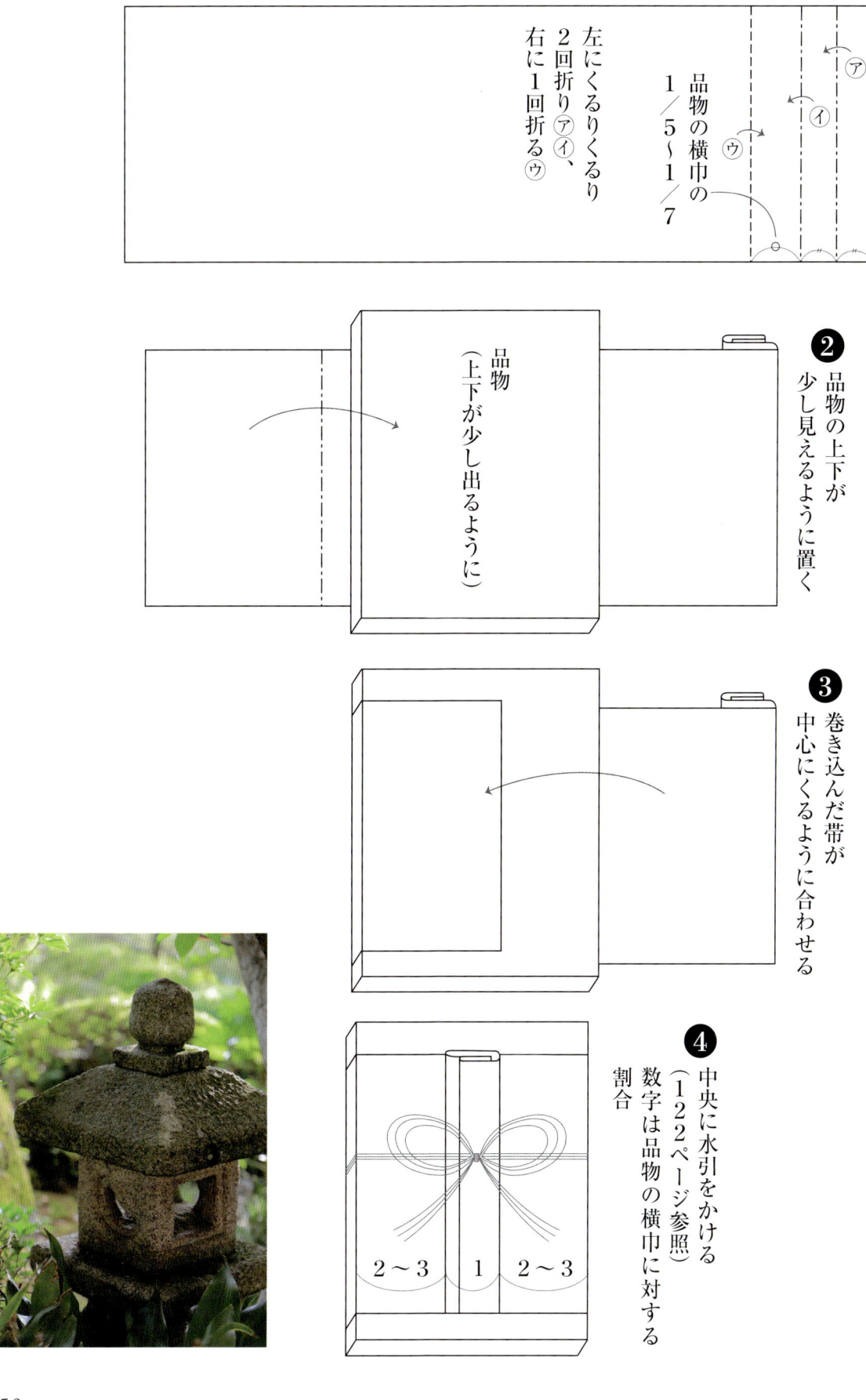

万葉包み【草】

奉書・合わせ揉み紙など
水引

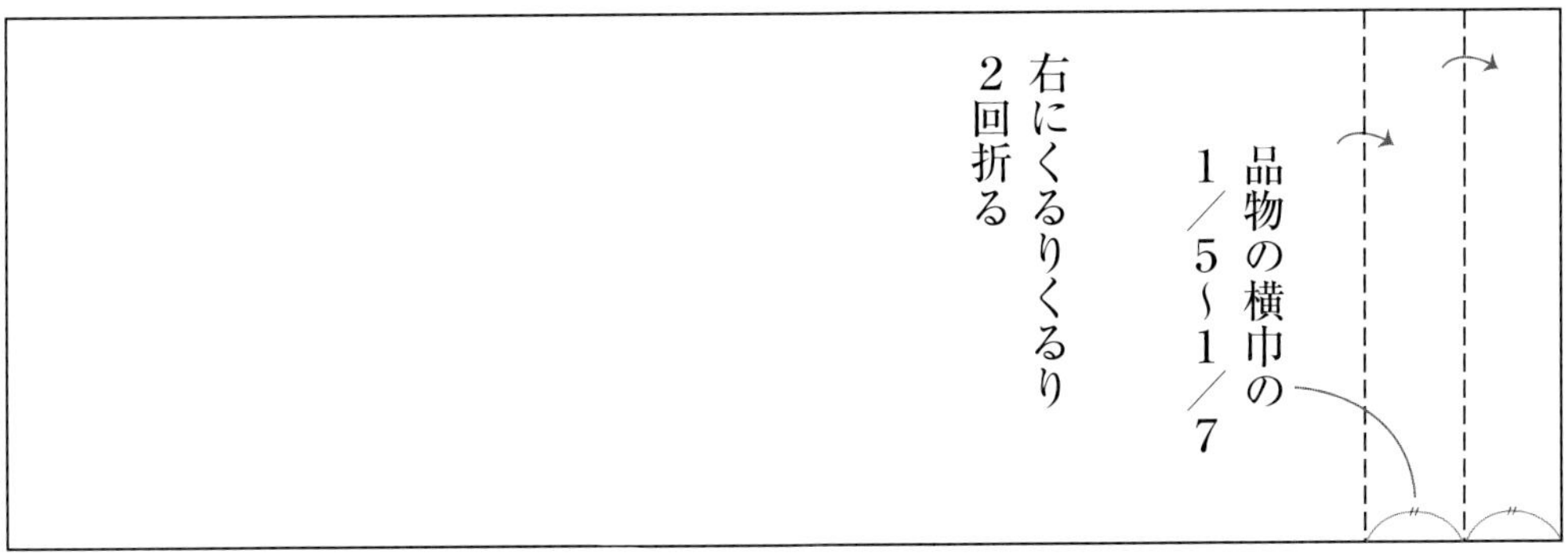

❶

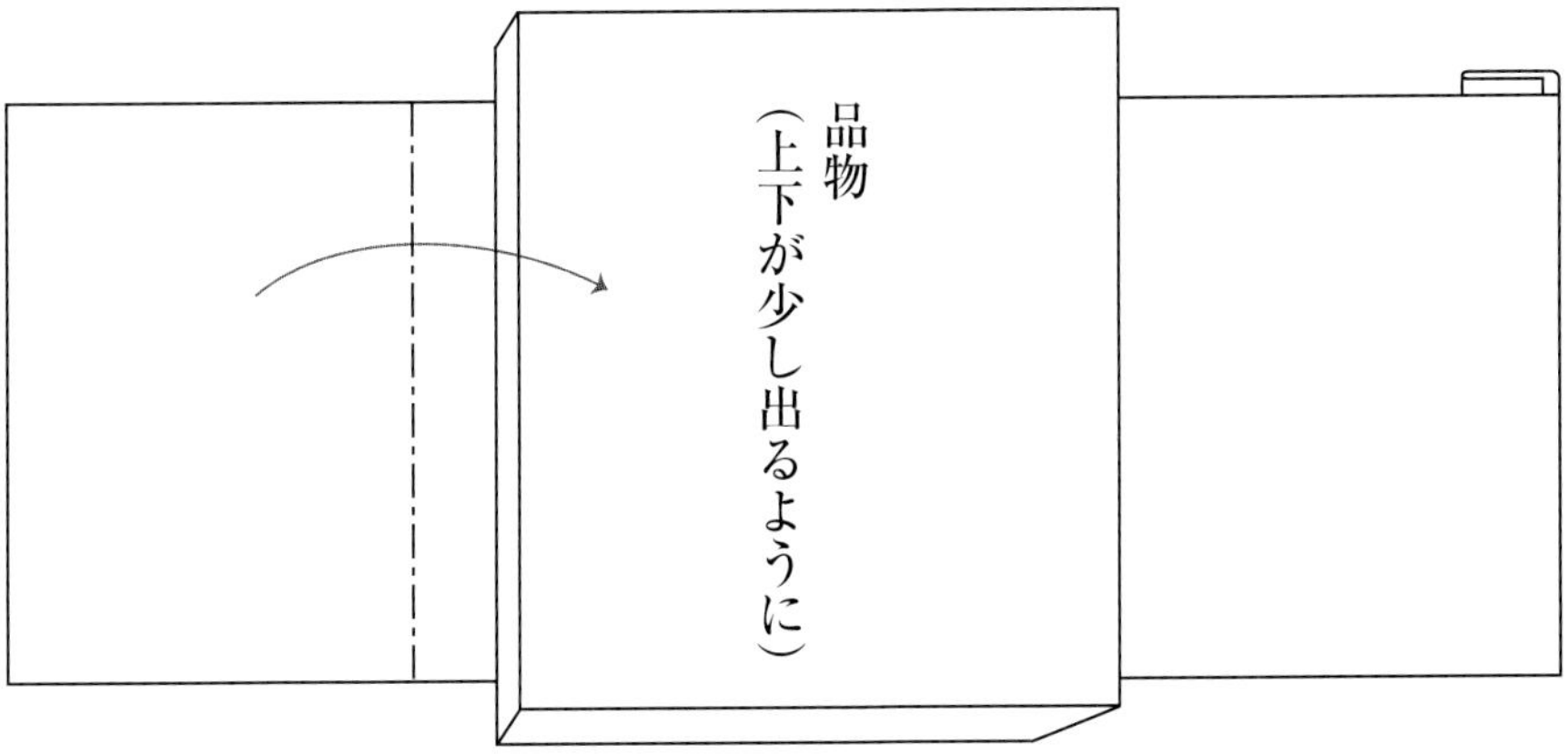

❷ 品物の上下が少し見えるように置く

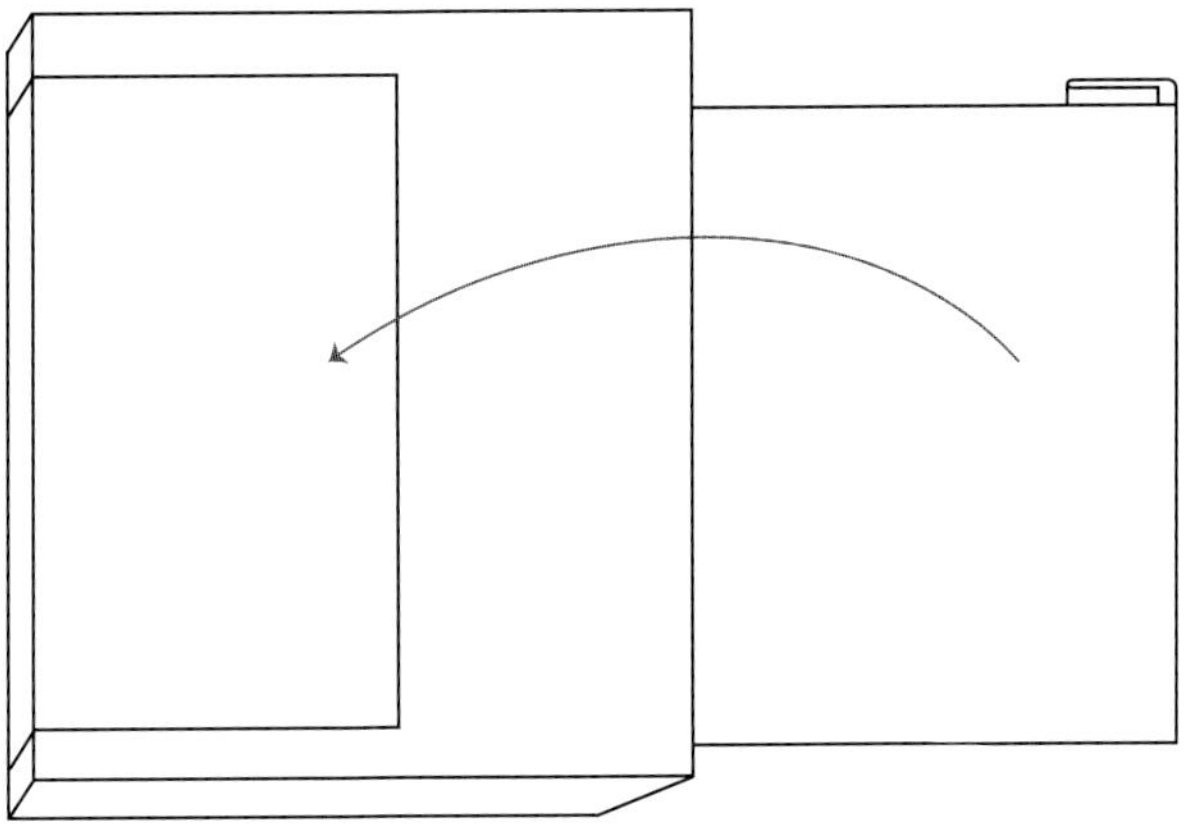

❸ 巻き込んだ帯が中心にくるように合わせる

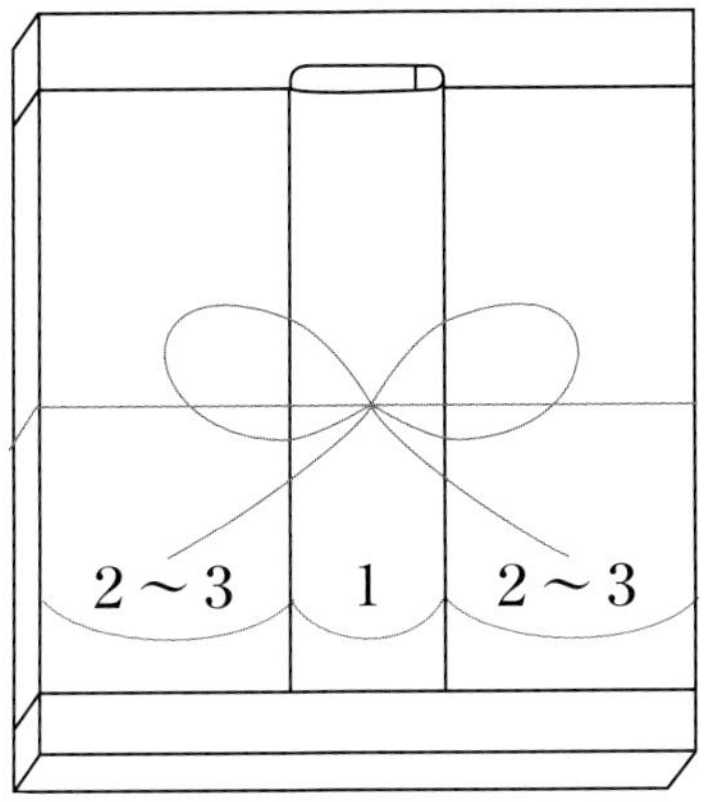

❹ 水引をかける（122ページ参照）
数字は品物の横巾に対する割合

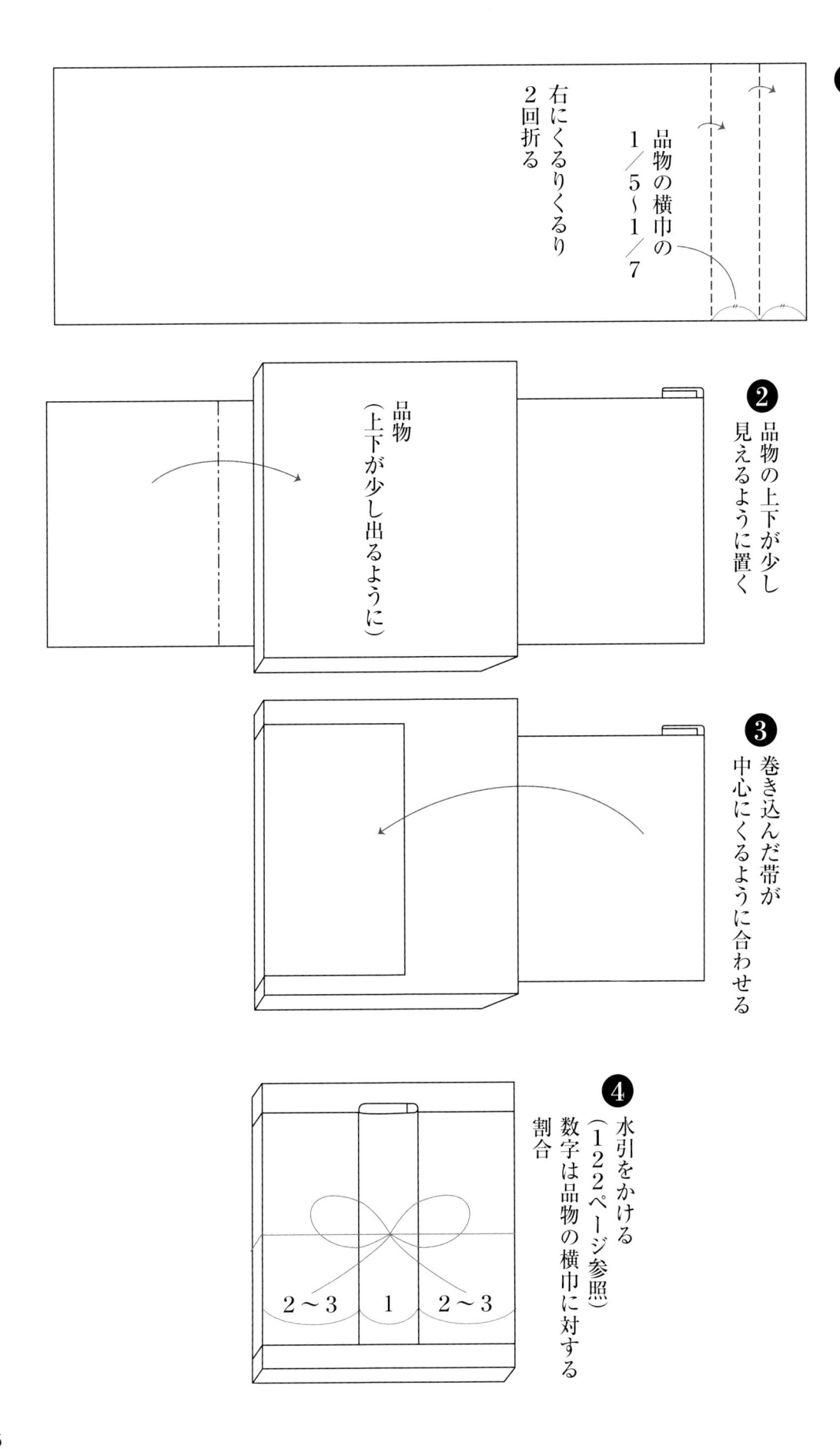

万葉包み

［丸きもの］

用紙の横巾は、包む品物の周囲（ここでは円周）の約3倍がめやす

◉万葉包み【丸きもの 真・行・草】

万（よろず）のものを包める万葉包みは、丸きものと平きものとに分かれ、それぞれ陽の形、陰の形を象徴しています。

つまり、天に向かい、断面が円で終わりがない丸きものが陽、地に据え、立てずに横に置く平きものが陰です。

水引にも区別があり、陽は奇数、陰は偶数ということで、丸きものを輪が一つの片輪（かたわな）で結ぶのに対し、平きものは、輪が二つの両輪（もろわな）結びとします。

中央の折りかさねの帯は真行草の格を表わし、中身相応の帯と紙を用いることが大切です。

【真】

❶ 右にくるりくるり2回折る

❷ 左に1回折る

❸ 次は右へ1回折る

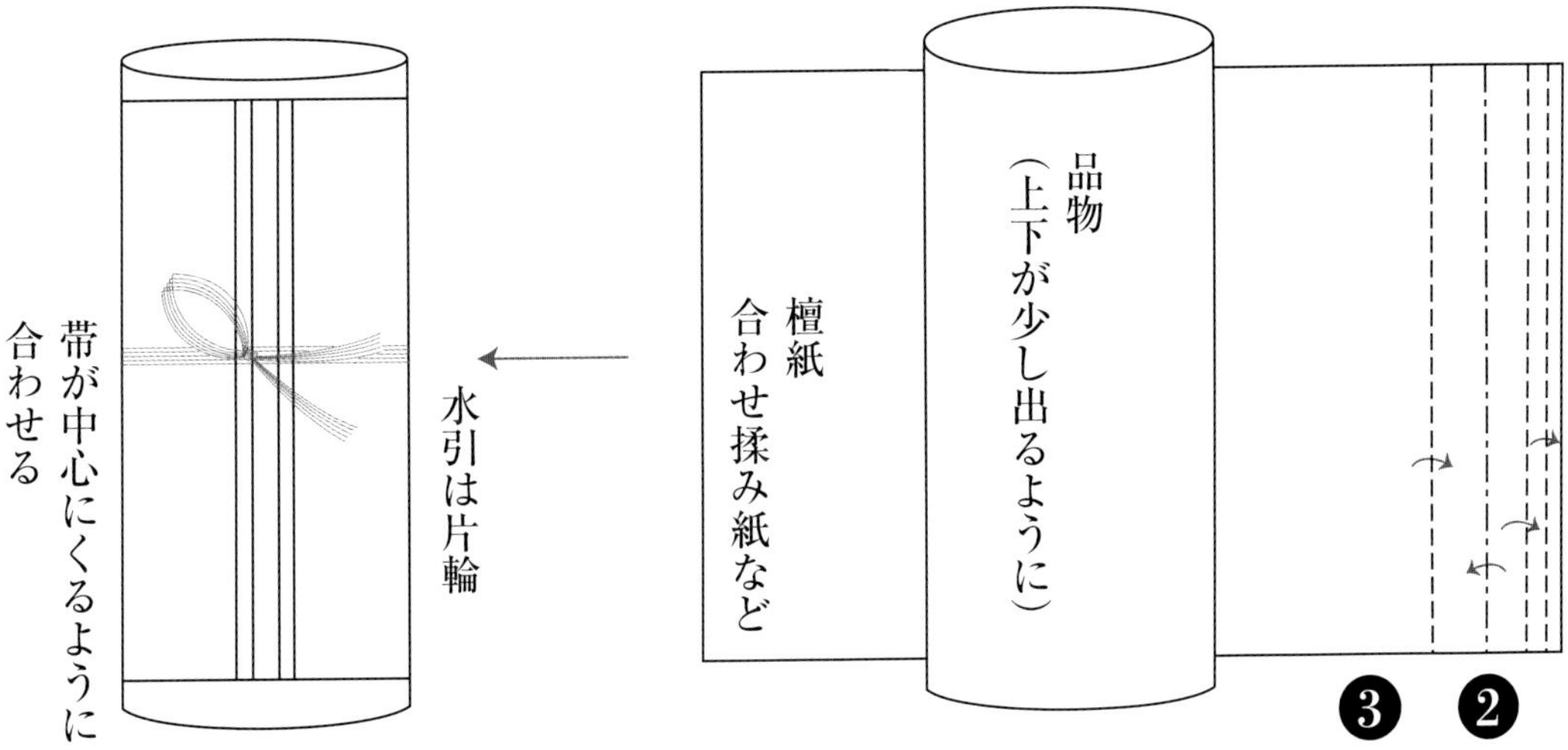

【行】

❶ 左にくるりくるり2回折る

❷ 右に1回折る

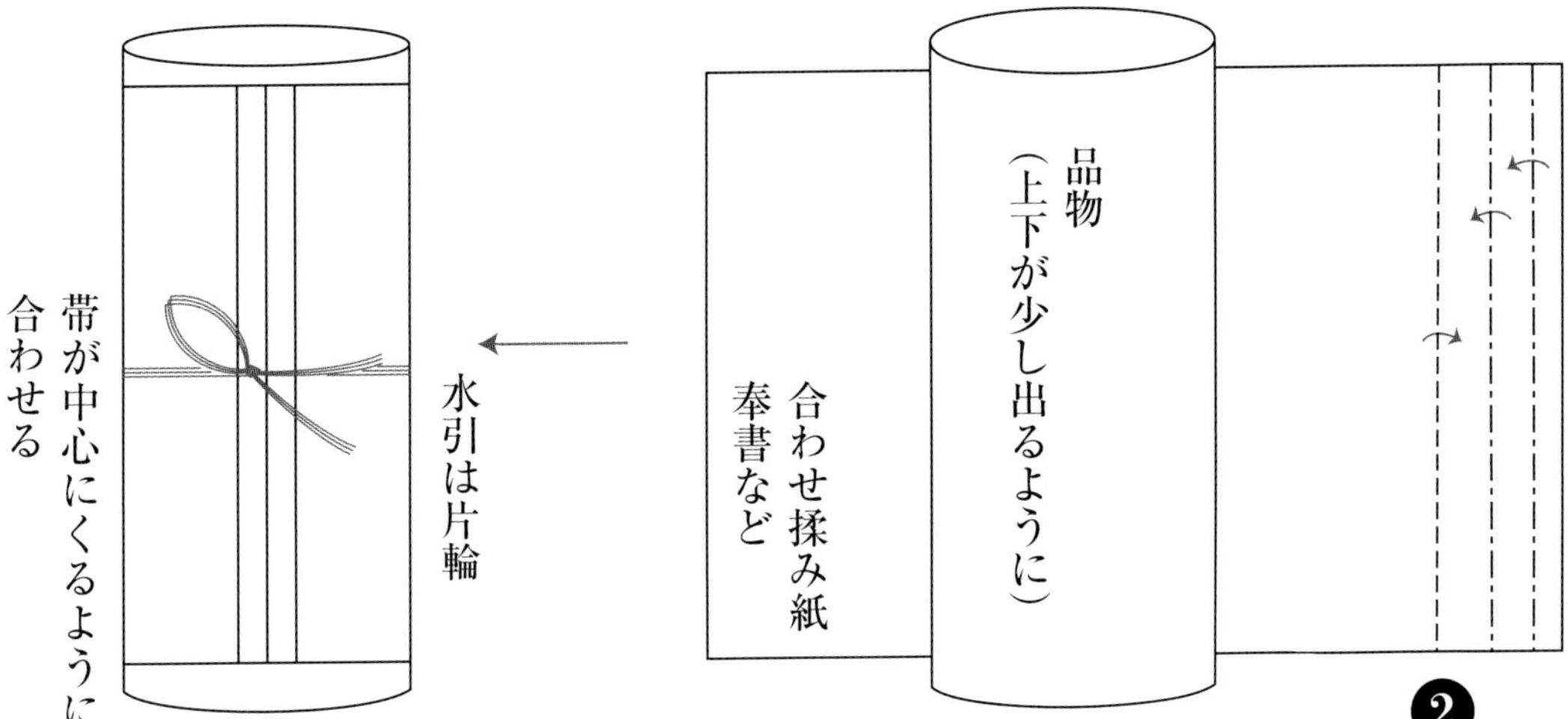

【草】

❶ 右にくるりくるり2回折る

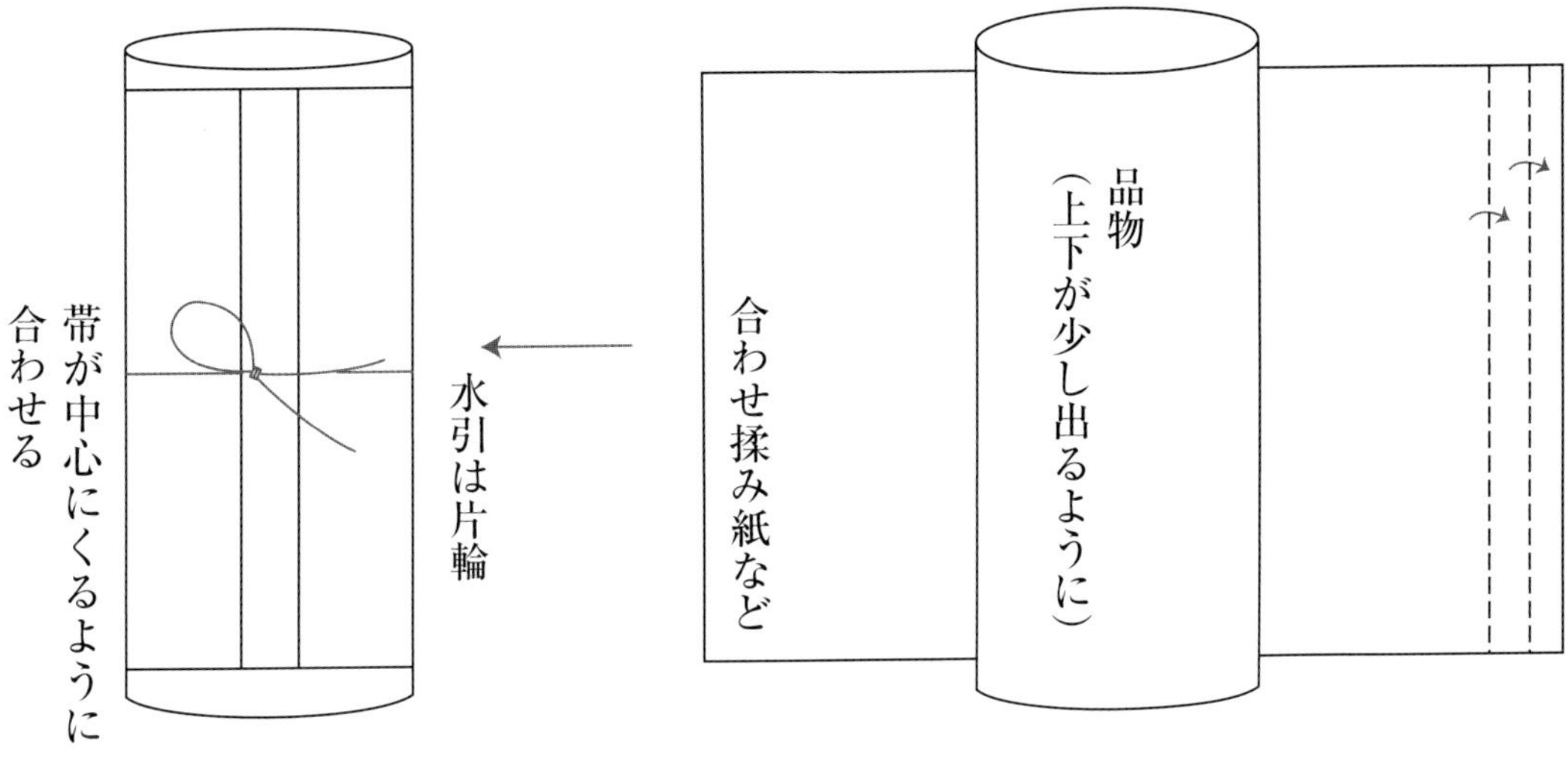

＊水引の結び方は122ページをご覧ください。

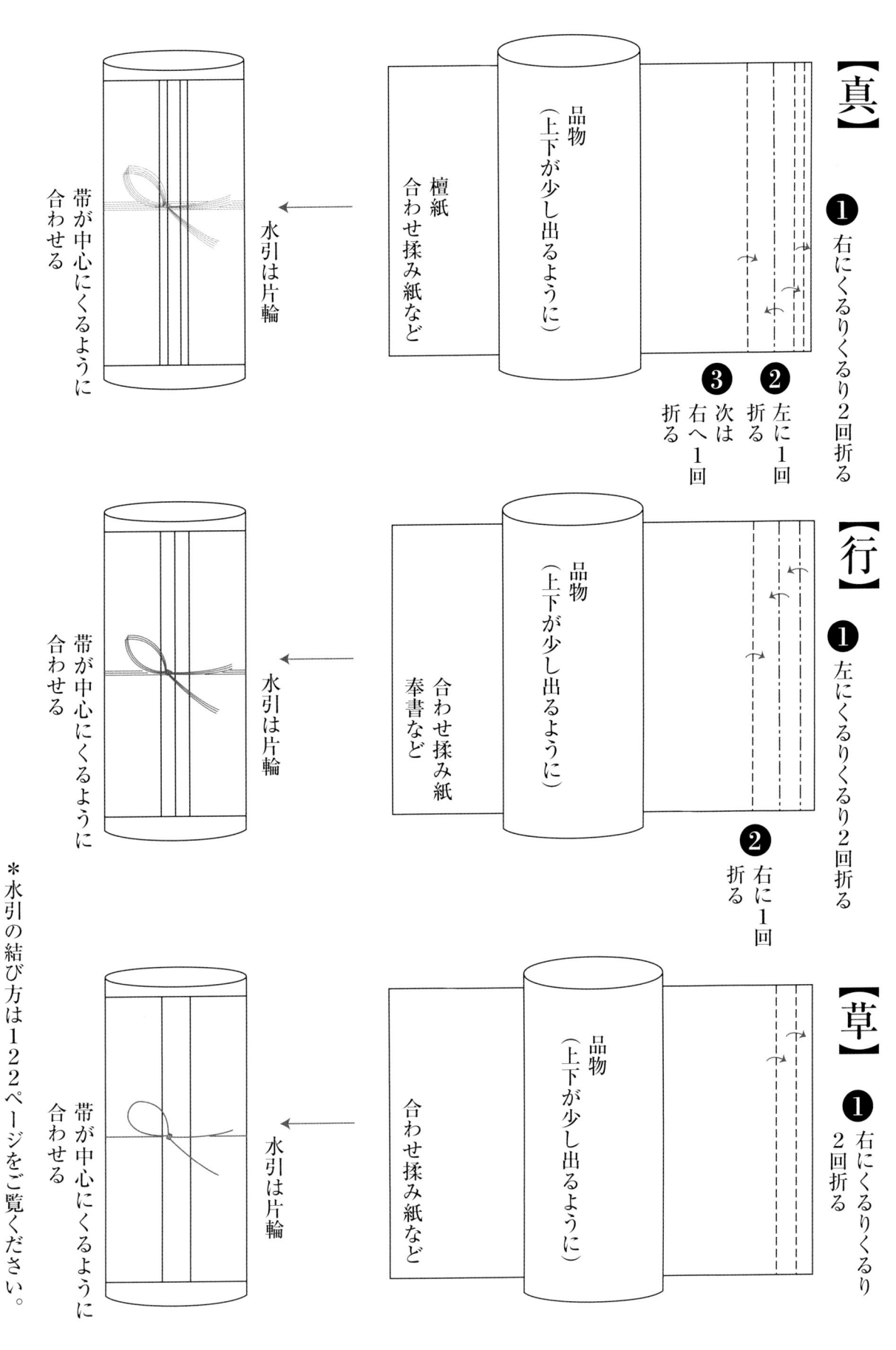

月謝包み

糊入れ奉書

中央から少し下、左に寄せて、名前を書きます。

例年六月六日から始まる（閏年《うるうどし》は5日）芒種の節気。古来より、この六日に習い事を始めるとよいと言われてきました。先人の知恵、恒久の習慣には、あなどれない何かが潜んでいます。そういうことを大切にしていけば間違いない、とご先祖様もおっしゃいます。

今は一年分の領収日を書き込んだり、日付印を押す「月謝袋」で納入する例も珍しくありませんが、せめて初回は、自らの手で折り込み、楷書でわかりやすく名前を書いて持参したいものです。

芒種《ぼうしゅ》
◉六月五日ころ

梅雨入りのころ。稲など、田植えの最盛期でもある。

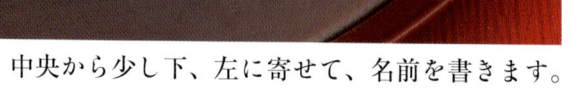

❶

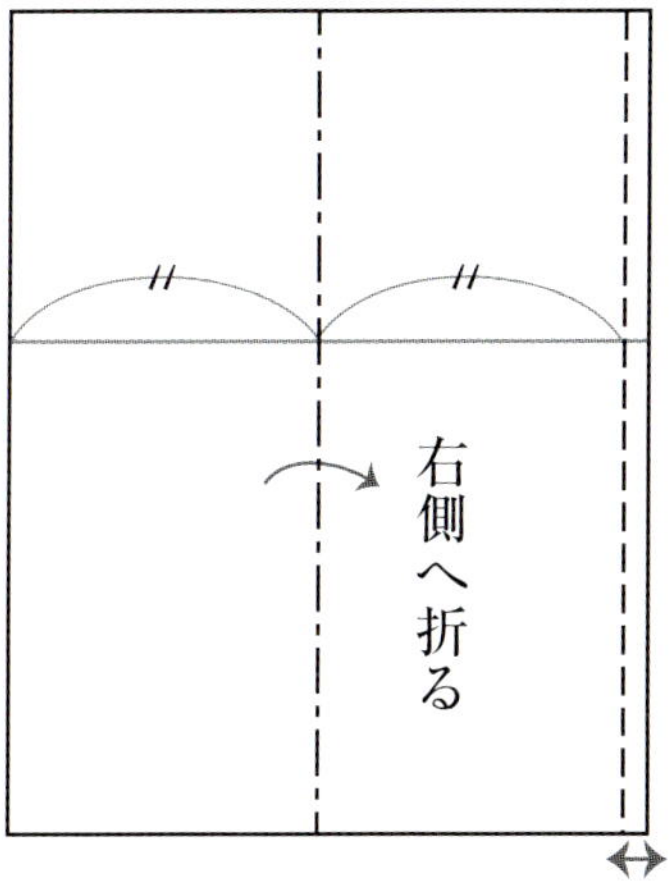

❷
端から2㎜程度空けて上の1枚を左へ折る

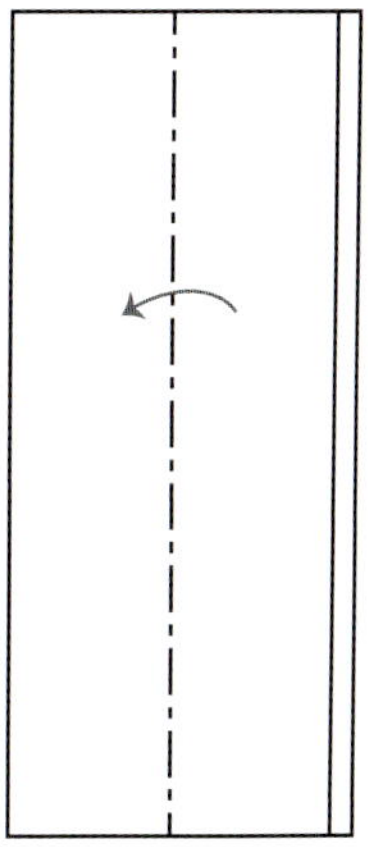

❸
さらに2㎜程度空けて残った1枚も左へ折る

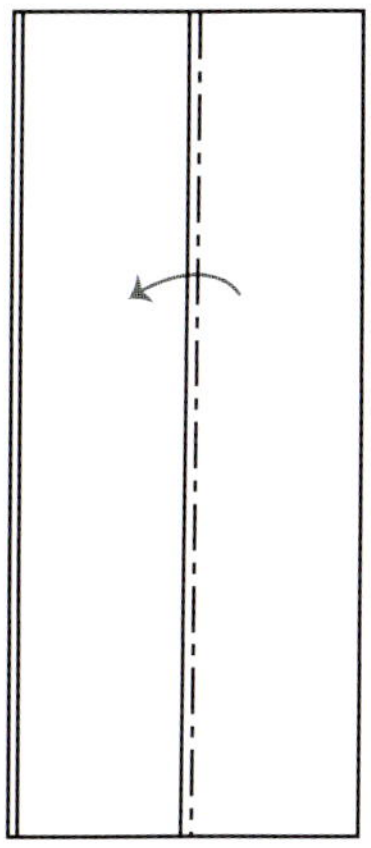

❹
上下をうしろに折る

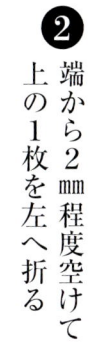

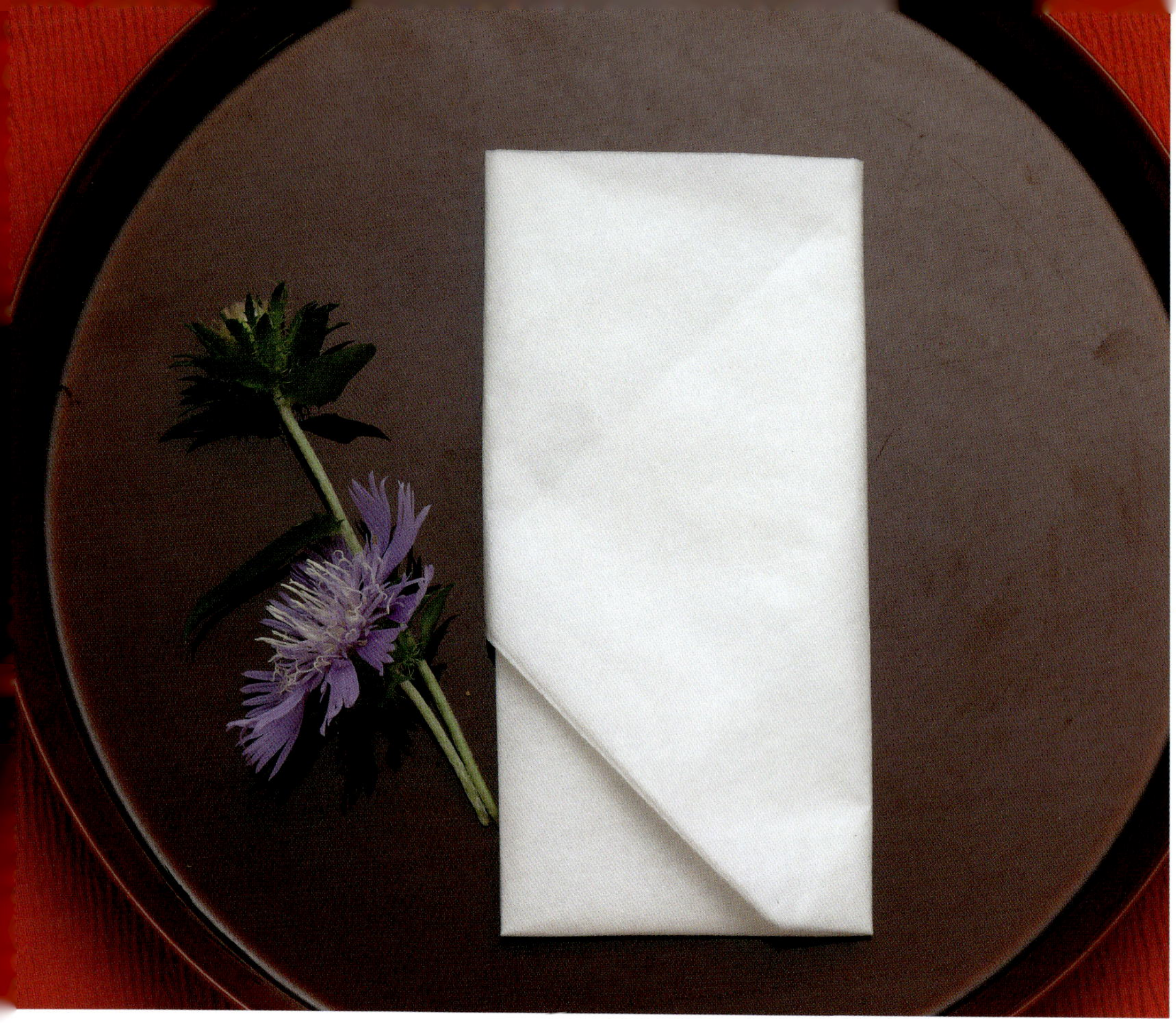

内包み

半紙

124 頁をご参照ください。

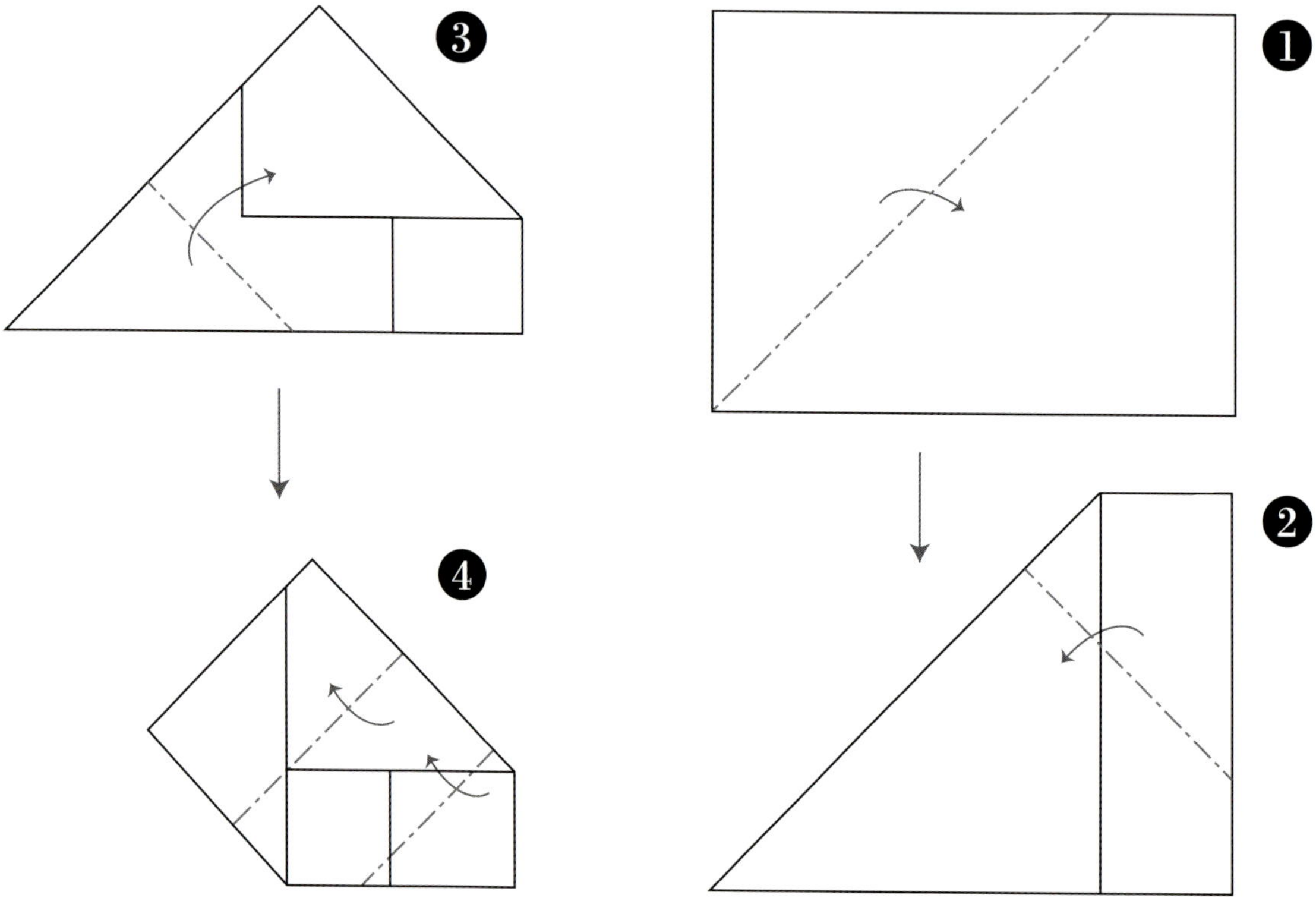

季語

田植え

いつも車で走る田んぼと畑の中の道。やさしい茶色でおおわれた麦の収穫期は、麦秋と呼ばれます。麦の秋とも言い、これは夏の季語になります。

「秋」という文字を分解してみると、のぎへんに火。ノギ（穀類の籾殻に付いている針のようなもの）のある植物に火を入れる、つまり収穫して食べられるようにするという意味を宿しており、百穀百果成熟の時を表しているのです。

麦の刈り入れが終わって畑が焼き払われると、やっと水を引いて田植えの準備です。それが昔の関東周辺の、二毛作という農業のやり方でした。

その頃になると、川沿いや山道の藪にオレンジ色の木苺が実をつけます。これは、桑の実と並んで果物の王様と言いたいおいしさです。ほろりとした食感とやさしい甘さは、一度食べたら忘れられません。子供の頃から田植えの時期が待ち遠しかったのは、実は木苺が実るからなのでした。

村中の田植えが終わると、さなぶり（早苗饗）、大さなぶりという祝いがあります。田の神様に感謝しつつ、お赤飯や野菜中心の精一杯のご馳走をご先祖様に供えて共にいただきます。お赤飯に付き物のごま塩は、祖母が丁寧に半紙に包んでいました。

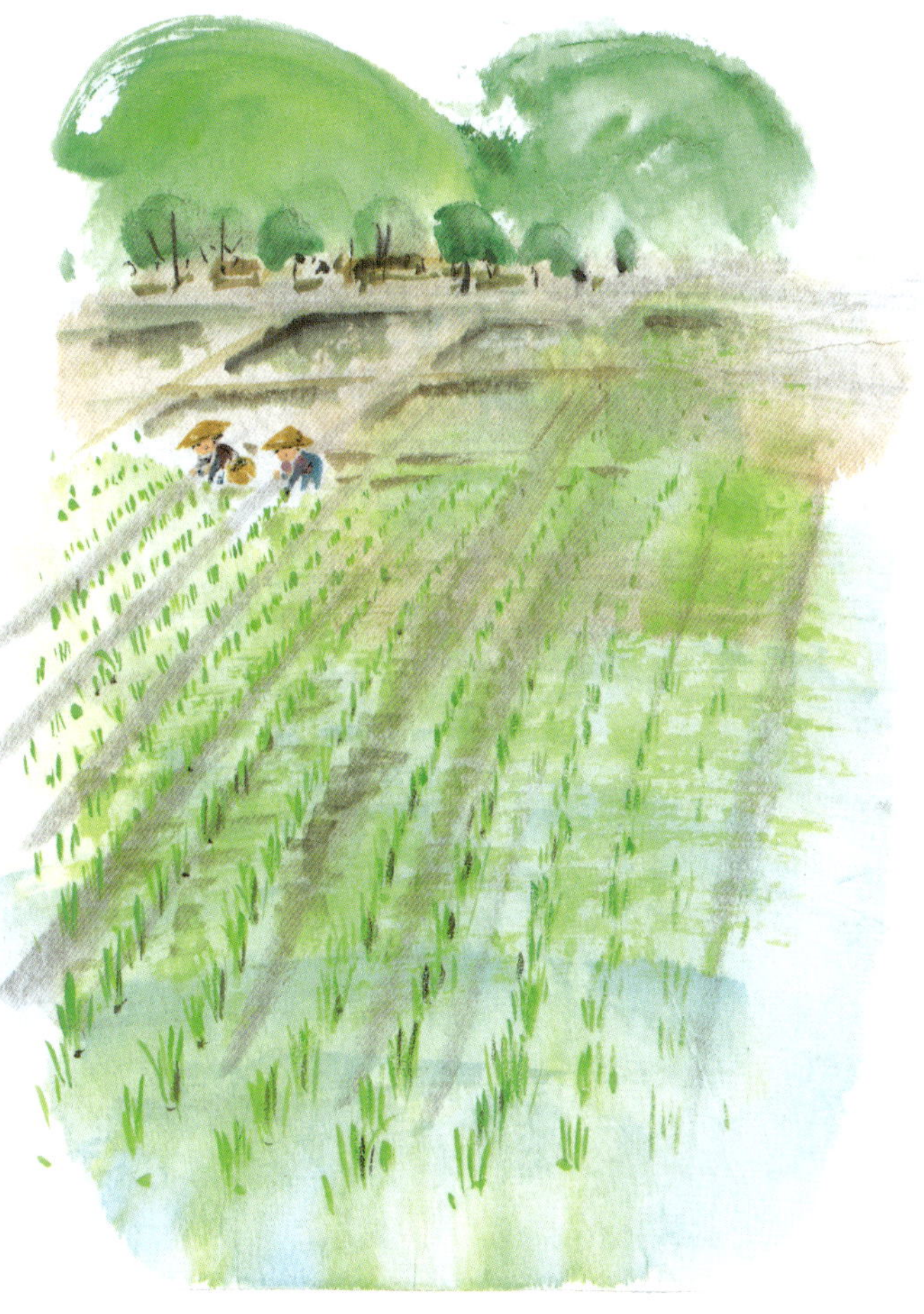

山川《さんせん》草木に神を見、それらとずっと仲良くしてきた日本人。折形になくてはならない和紙を漉く技法も、清流の川上からやってきた御前様が教えてくださいました。八百万（やおよろず）の神々に寄り添う暮らしには、何かほっとするものを覚えます。

このへんでもう一度、自然と向き合ってみてはいかがでしょう。まだまだ自然は、人を受け入れる懐を残してくれているはずです。

筆包み

奉書・檀紙・合わせ揉み紙
4分の1

稽古の「稽」は考えること。「古」は古るということ。ただの練習ではない。お稽古を始めるのは、六月六日がよいという説があります。新しくお習字を始める方、書を趣味とする方などに、穂先美しい筆を贈るのはすてきなことです。

筆の用途にならい、万年筆やボールペンを包むこともできます。デパートの箱から出して、和紙に収めてみませんか。

1 合わせ揉み紙を1／4にカットした紙を用意。正方形を確保し、残りの部分の下1／2を切り取る

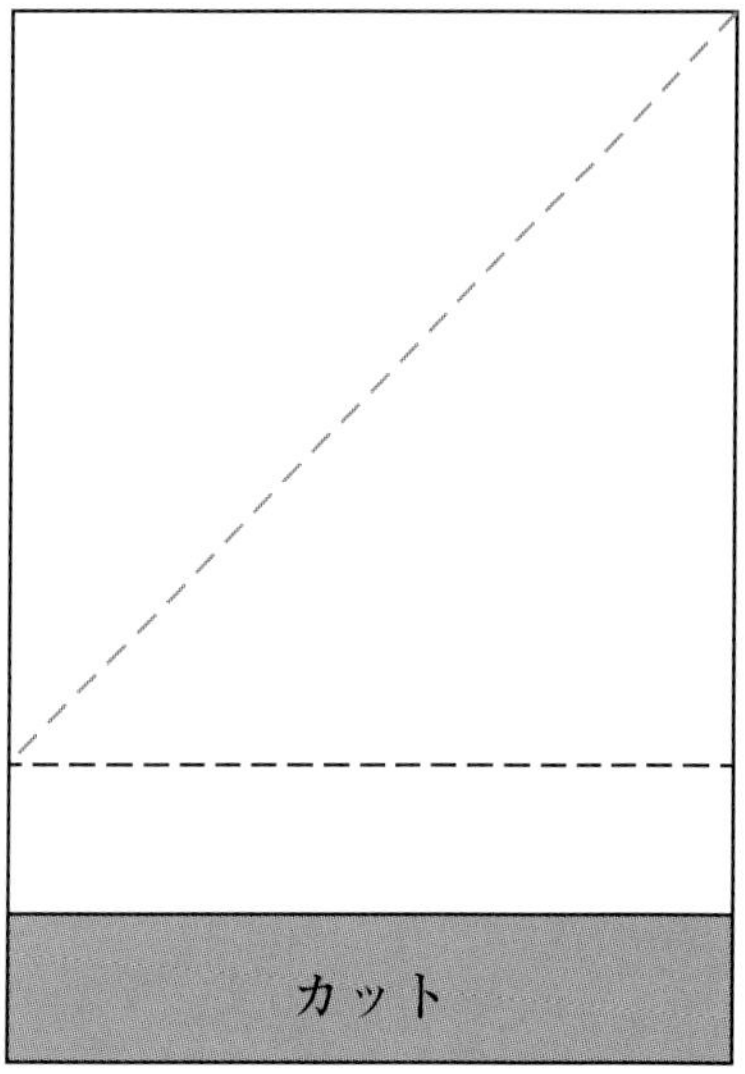

2

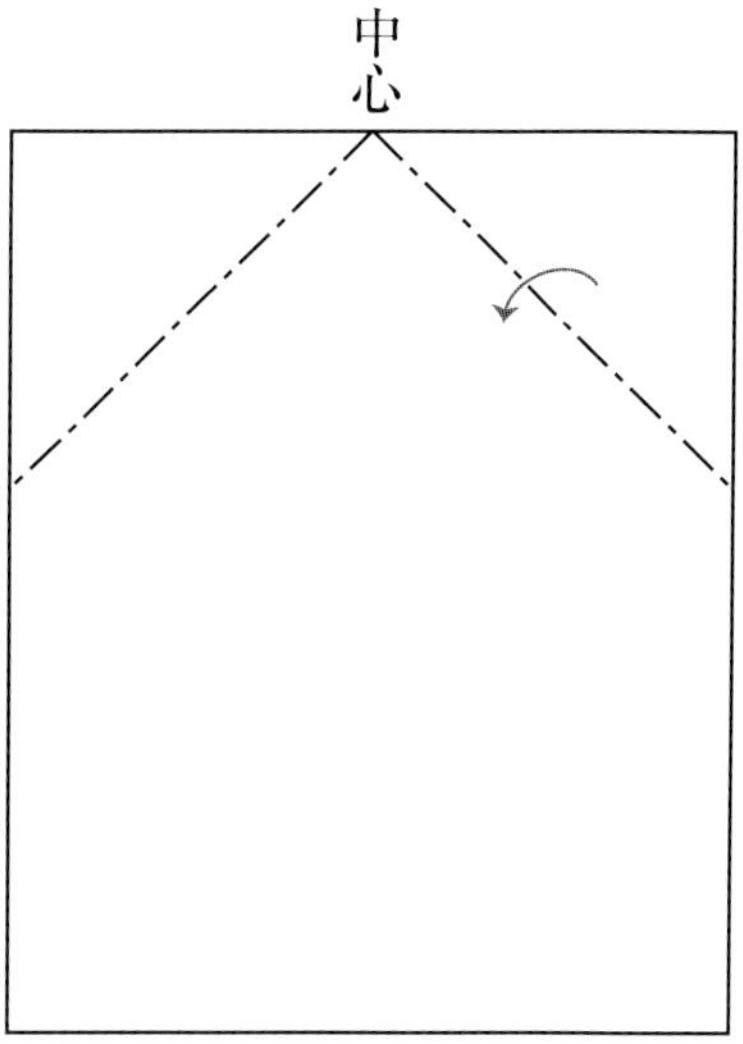

3 包みたい筆の大きさに合わせて折る

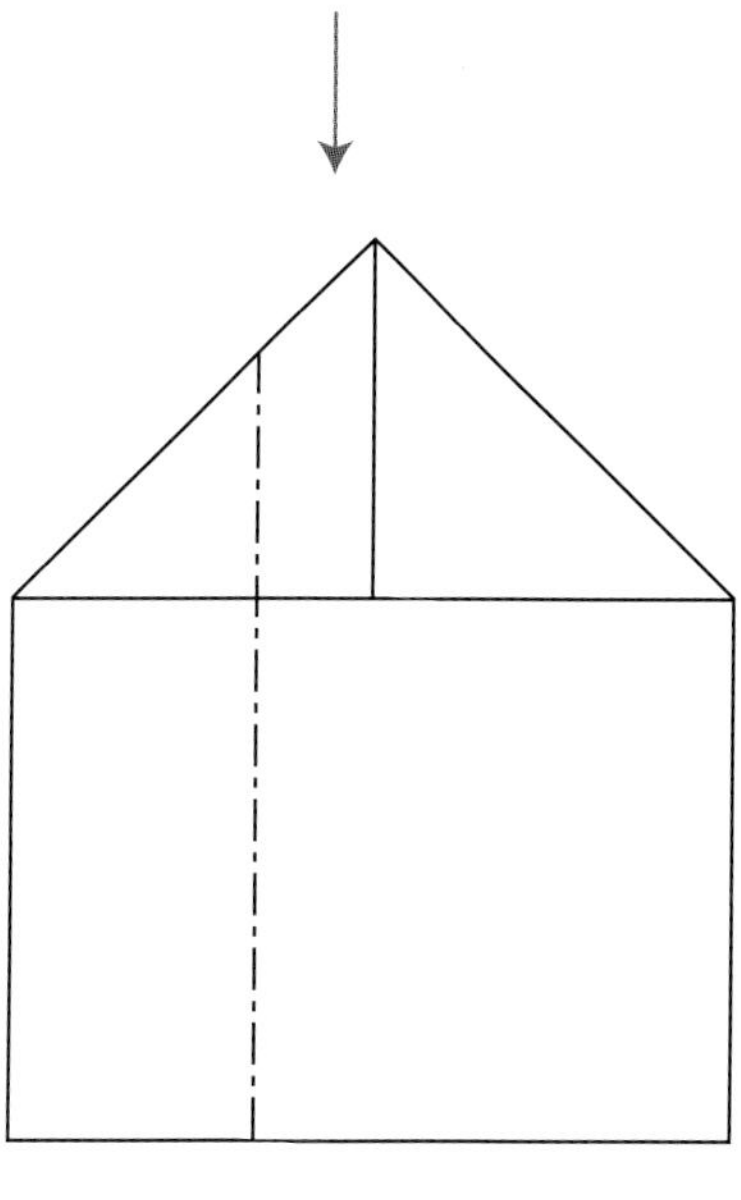

4 中心線から左端までを2：2：1に分ける。左側に2を残すように折る（ア点とする）

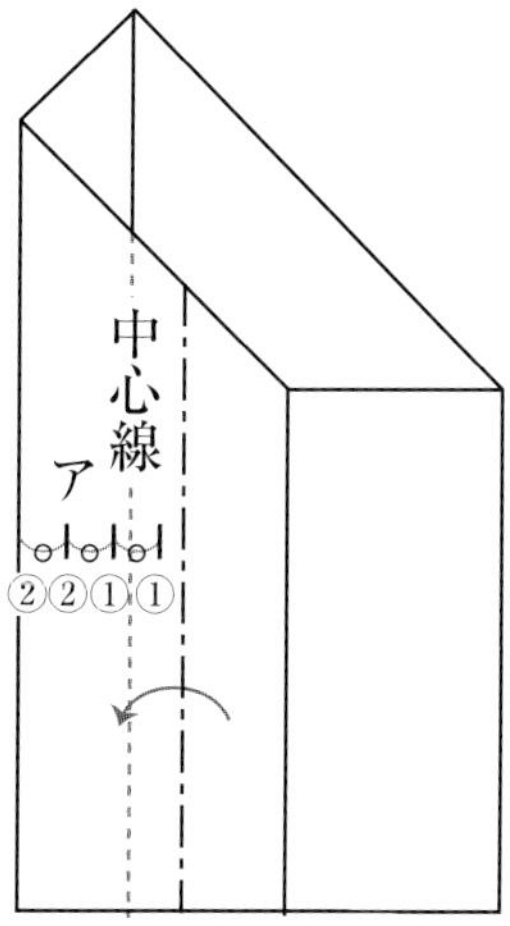

5 右側を折る

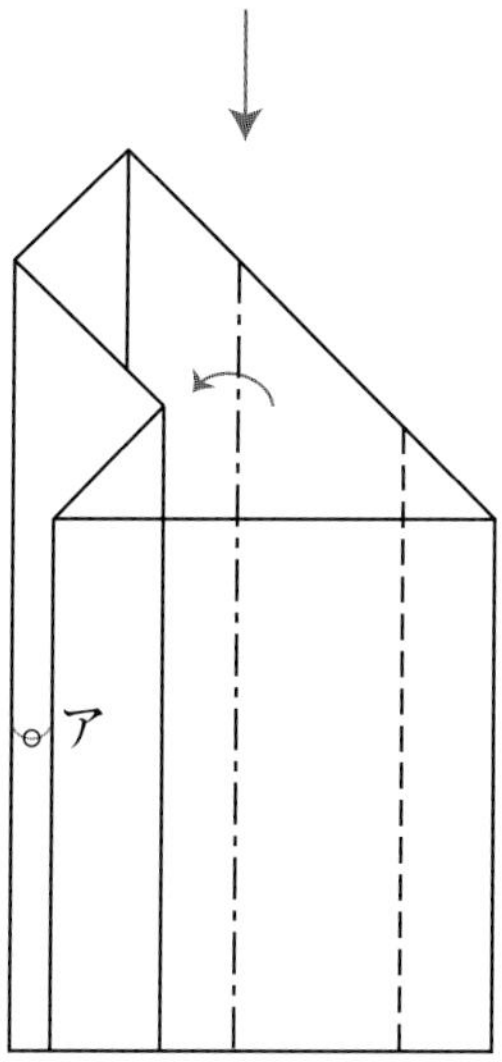

6 中心点を合わせるように右側に折るア点で折り返す

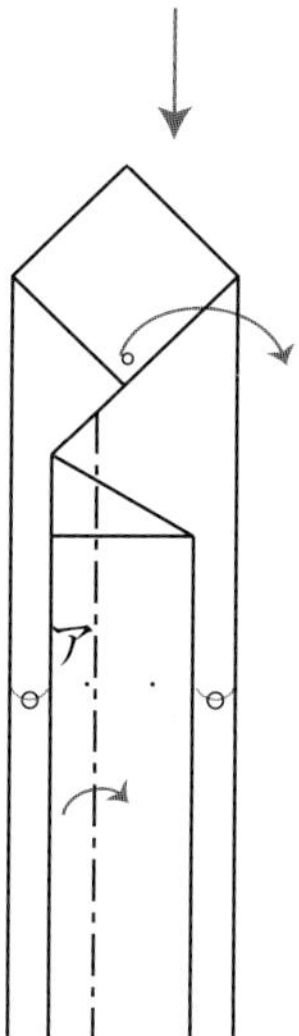

7 筆の1／3が上からのぞくように裏側に折り上げる

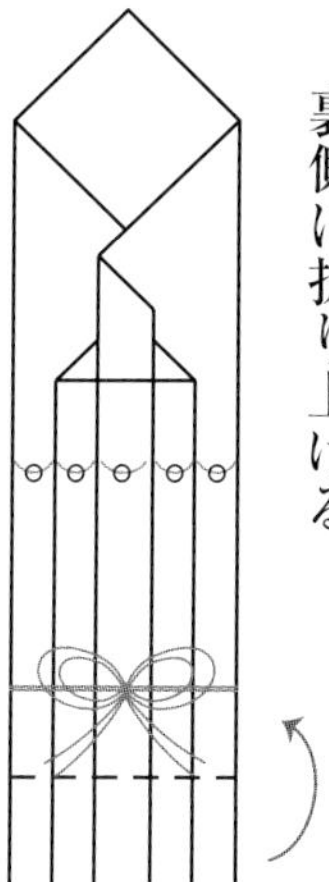

中心線に注意して、ひだが揃うように折り返す
最後に両輪結びの水引をかける（122ページ参照）

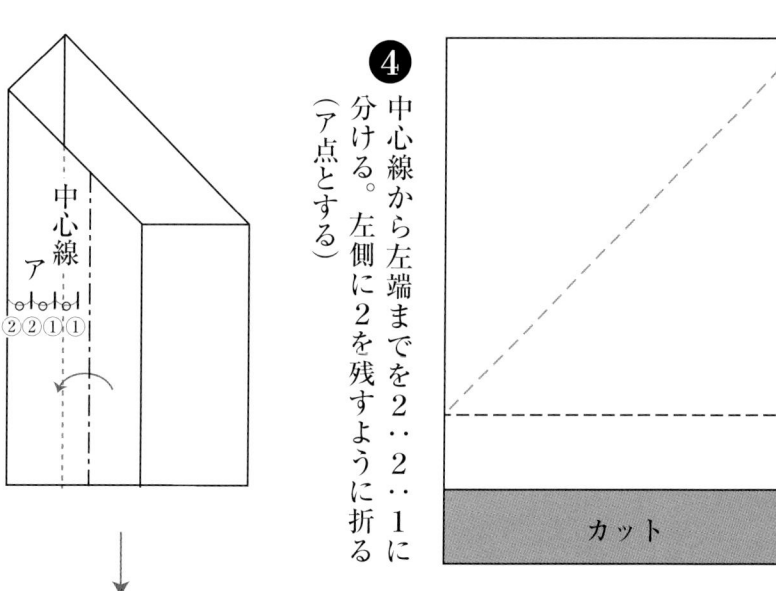

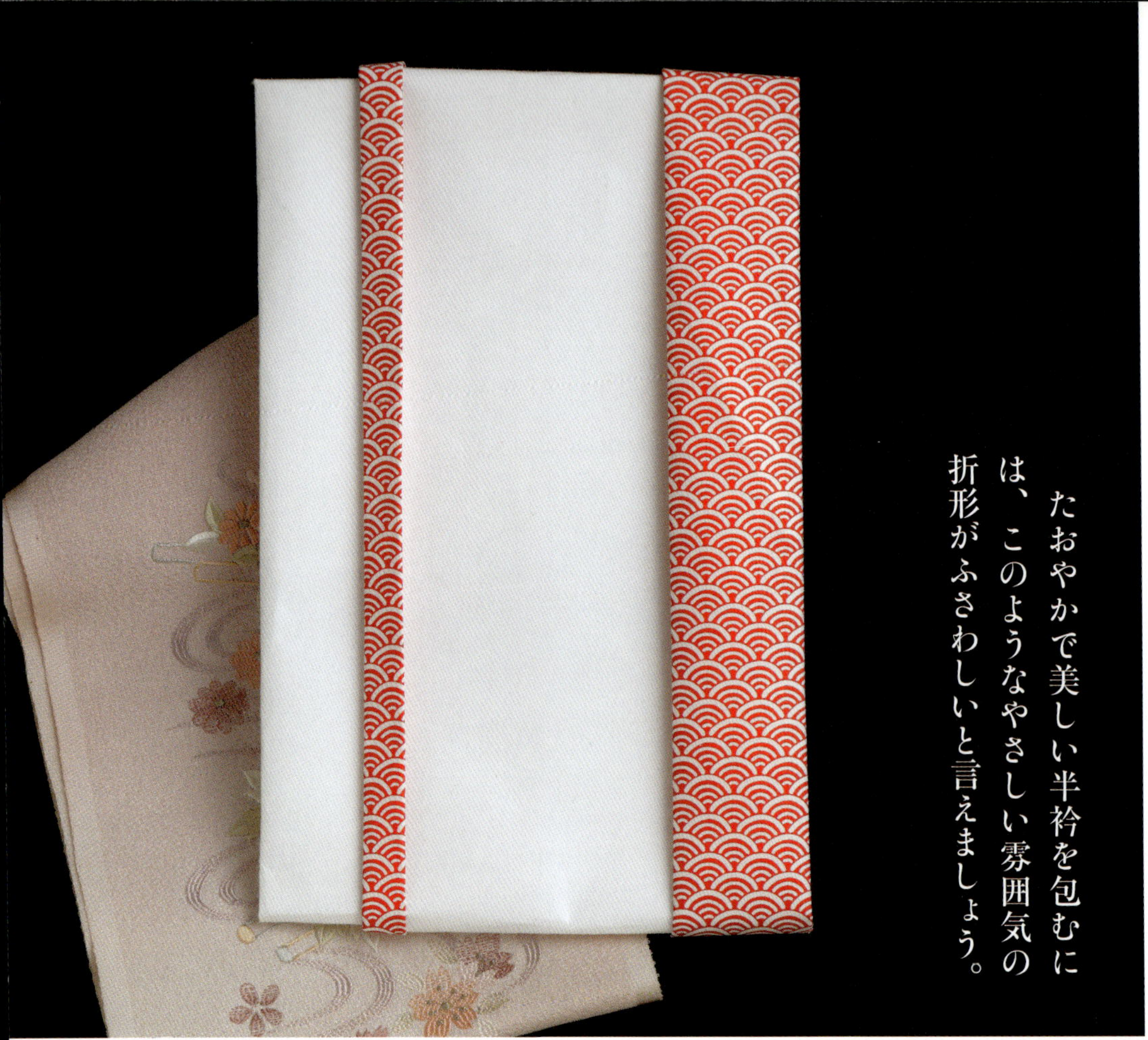

半衿包《はんえり》み

たおやかで美しい半衿を包むには、このようなやさしい雰囲気の折形がふさわしいと言えましょう。

糊入れ奉書・合わせ揉み紙など別紙

季語

半夏生

半化粧という植物をご存知でしょうか。白い葉と花穂を持つ、ドクダミ科の草です。

それが咲くのはちょうど、七十二候の「半夏生」(7月2日〜)の頃。こちらは「はんげしょうず」と読みます。

わが家の庭の片隅では、いつ頃からかこの植物の群落が幅をきかせるようになりました。

何年か前のこと。月のない真っ暗な夜、庭を歩いていてはっとしました。漆黒の中に、ぼーっと真っ白いものがいくつも浮かび上がっていたのです。それはこの世のものとは思えない幻想的な光景でした。不思議に恐ろしさはなく、近づいて、ああこれだったかと納得した次第です。

谷崎潤一郎の『陰翳礼讃』に、薄暗い中の歌舞伎役者のおしろいの顔、能役者の面の下から覗く肌のことなどが書かれていましたが、そのような世界に通じる妖しい美しさでした。

そんな人の襟元を彩るのは半襟。そこに涼やかな風を送る扇子とともに、あの美しい方に贈りましょうか。

❶ 奉書紙を用意します
指4本分強、右に折り返す

❷ 左端に小指1本弱分を空けて、折り返す

❸ 上の紙の左端で1㎝の帯をくるりくるりと折る

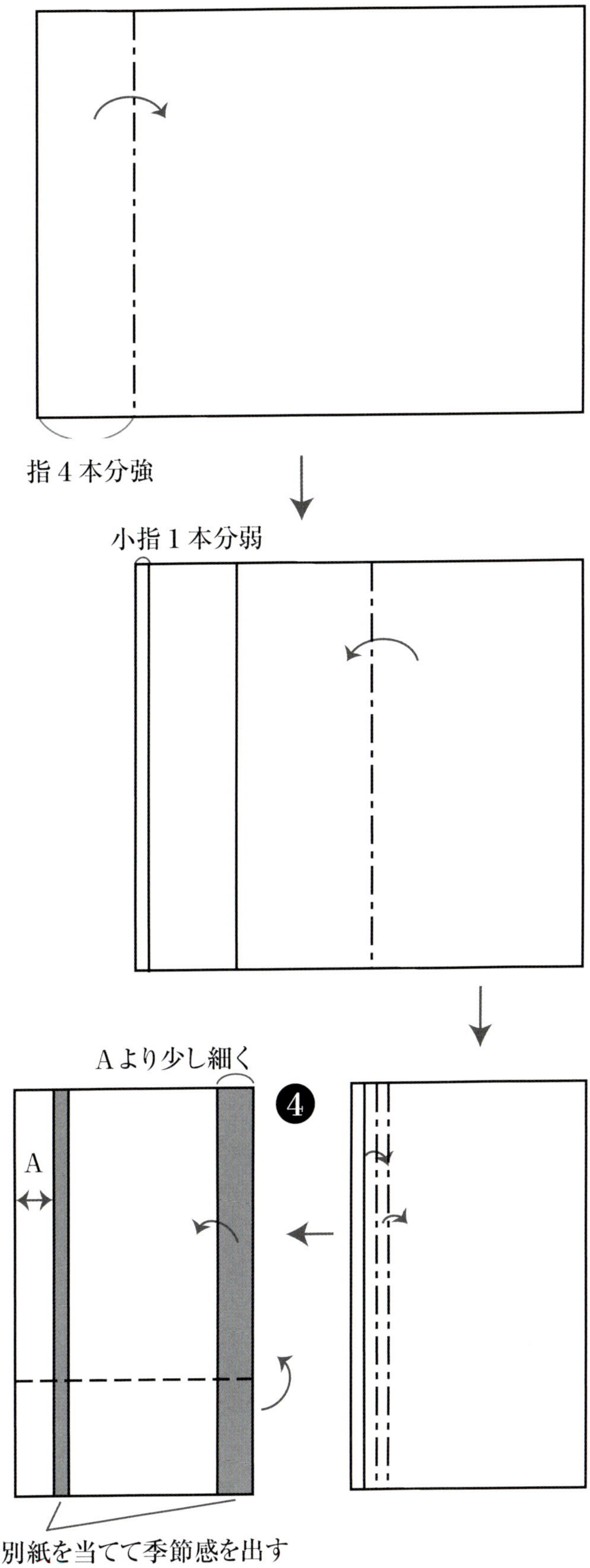
左記写真をご参考に

夏至《げし》

◉六月二十一日ごろ

一年でもっとも昼が長く夜が短い日。暑さが日に日に増していく。

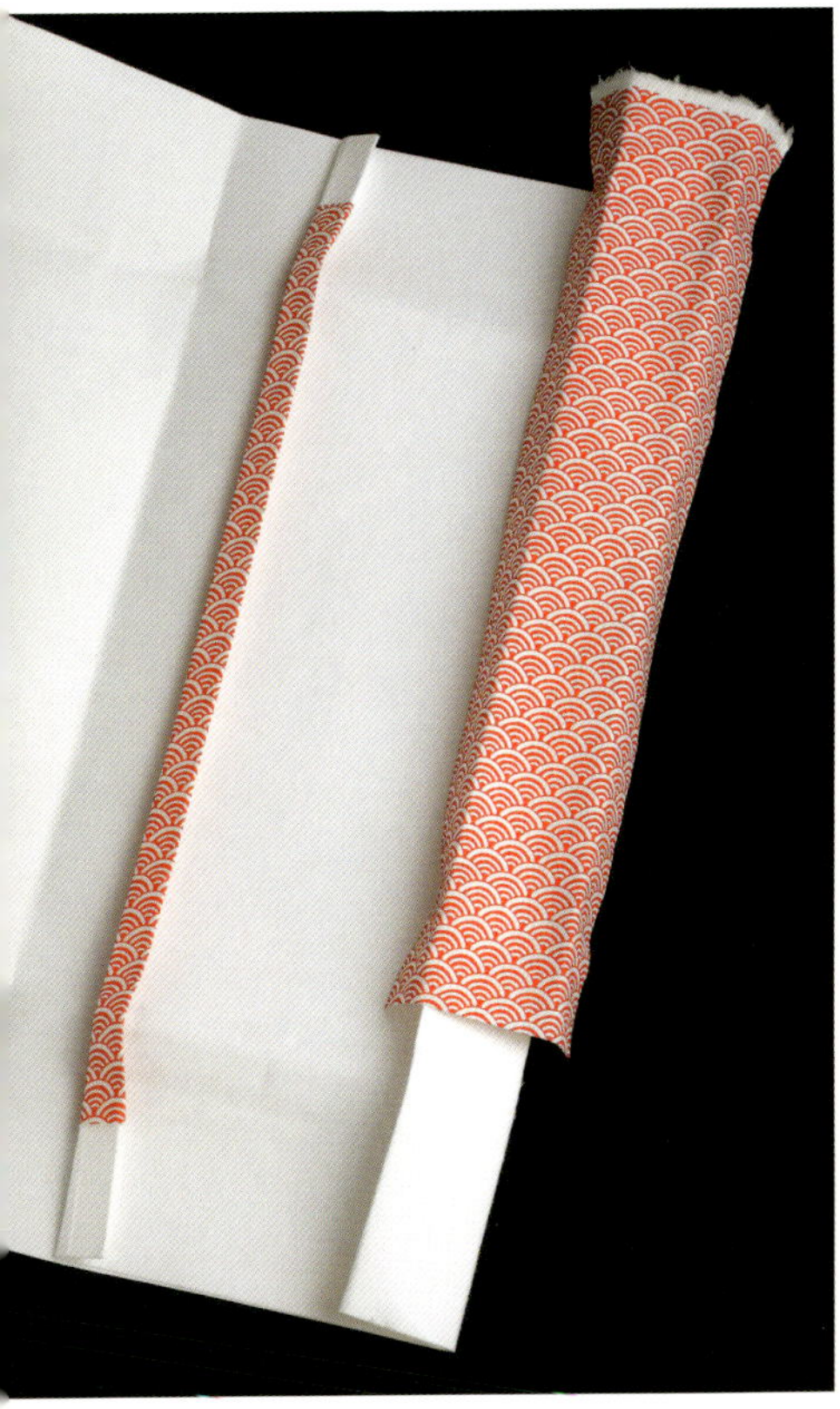

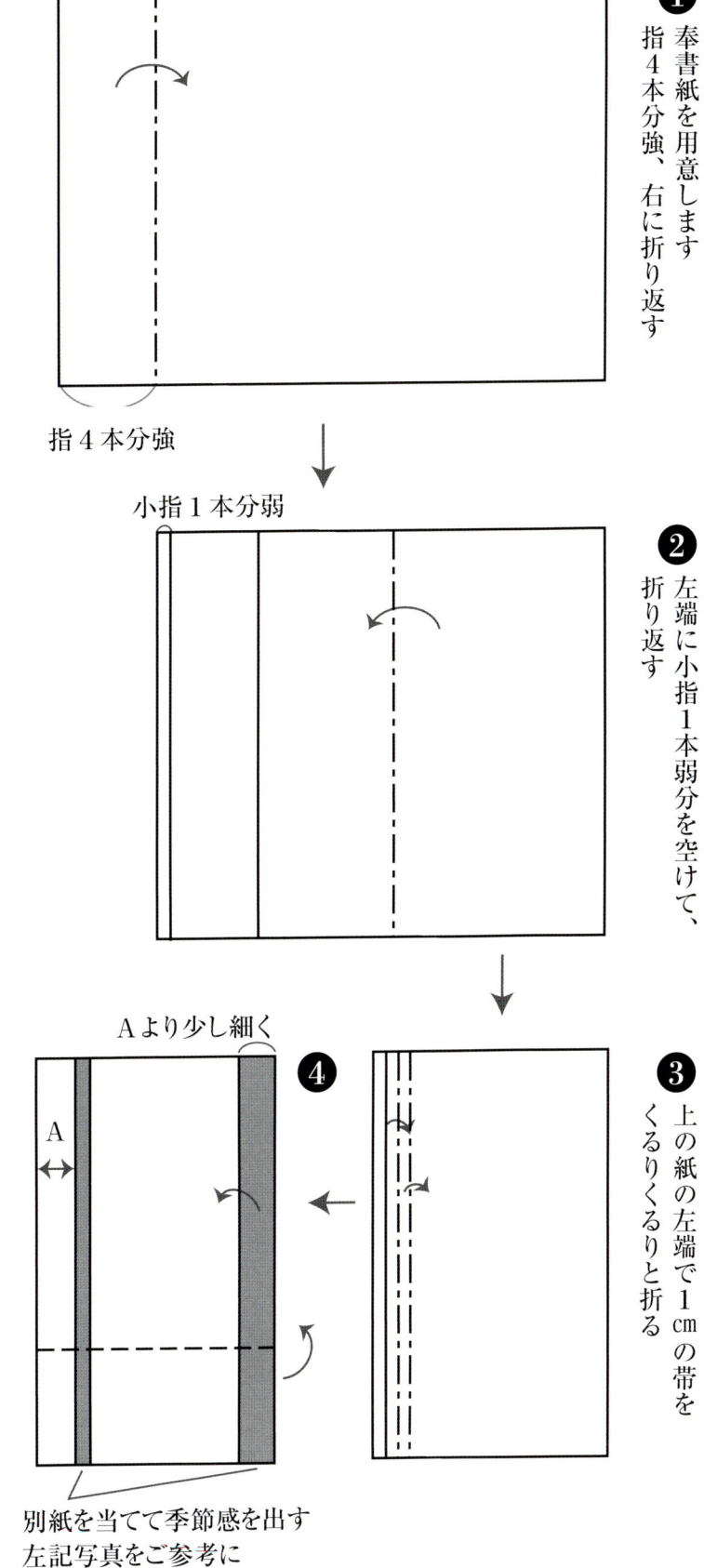

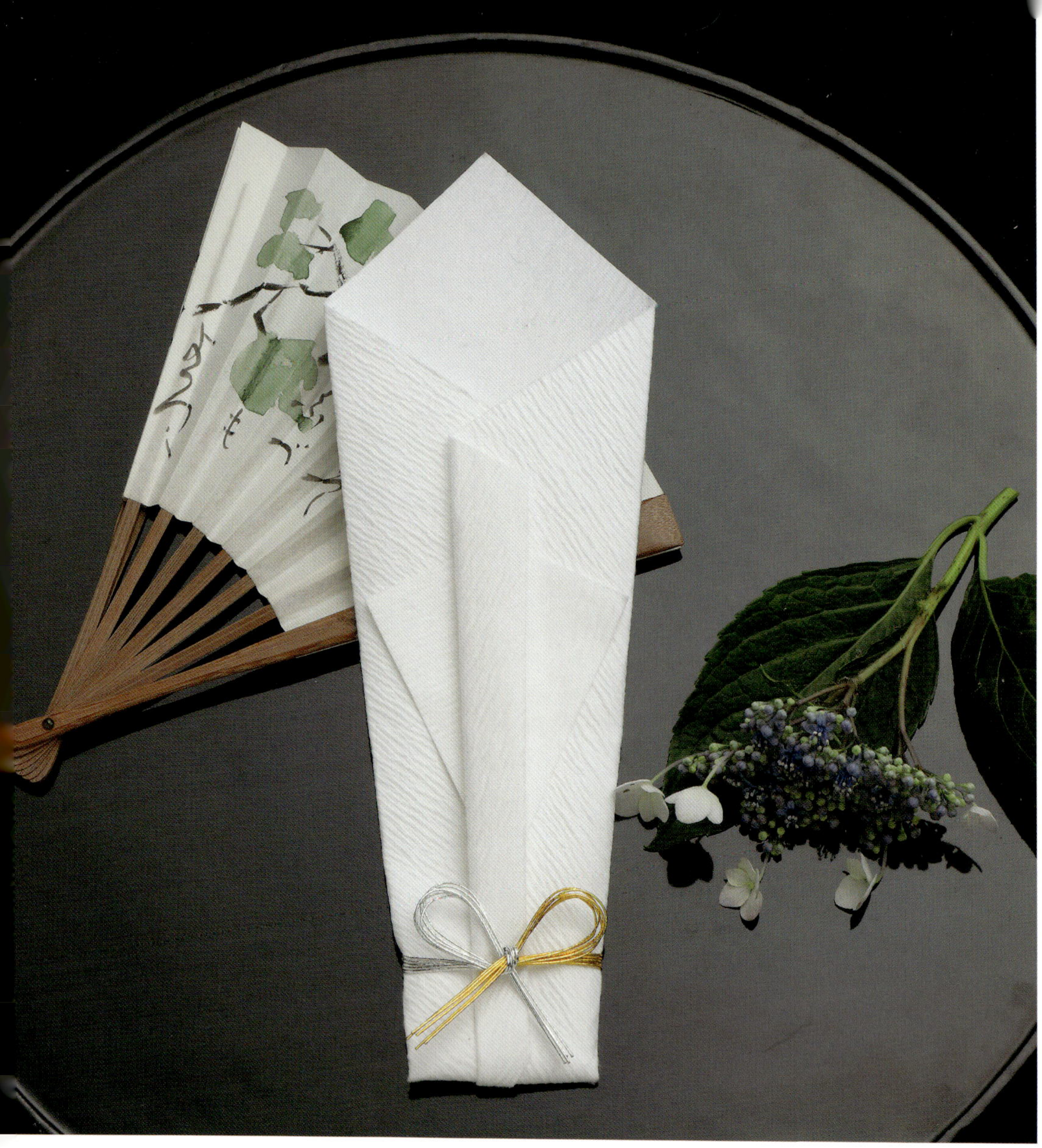

扇包み

檀紙（4分の1を正方形にカット）
別紙（檀紙より一回り小さめ）・水引

お公家様の檜扇も、武士が携行した紙製のものも、扇は日本で生まれました。

舞扇のような立派なものから身近な扇子までありますので、大きさと価値に見合う和紙を選んで折り上げます。

❶ 檀紙4分の1から正方形をとる
正方形を確保し、残りの部分は切り取る

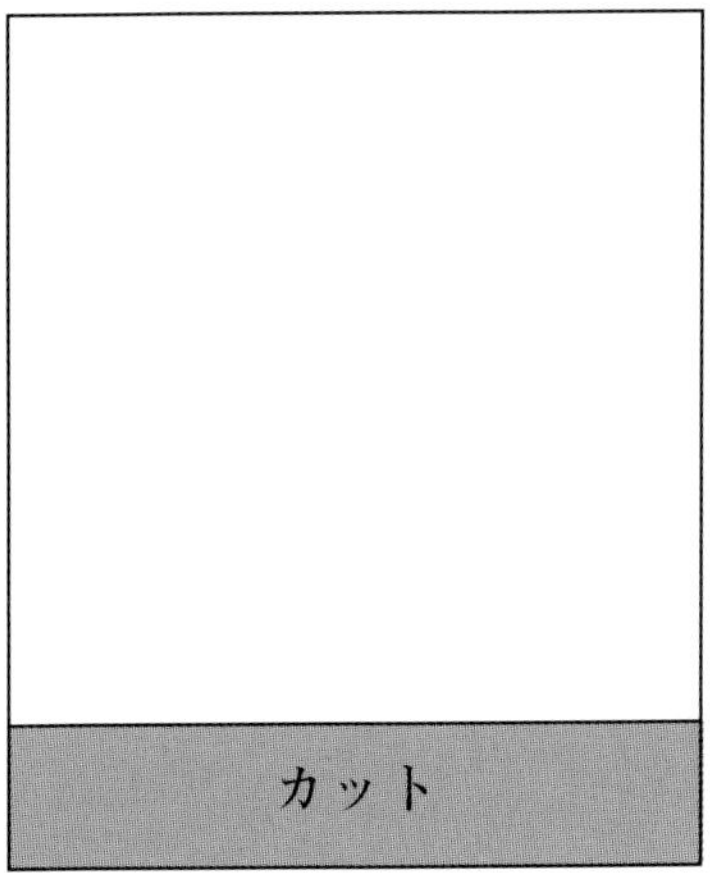

❷

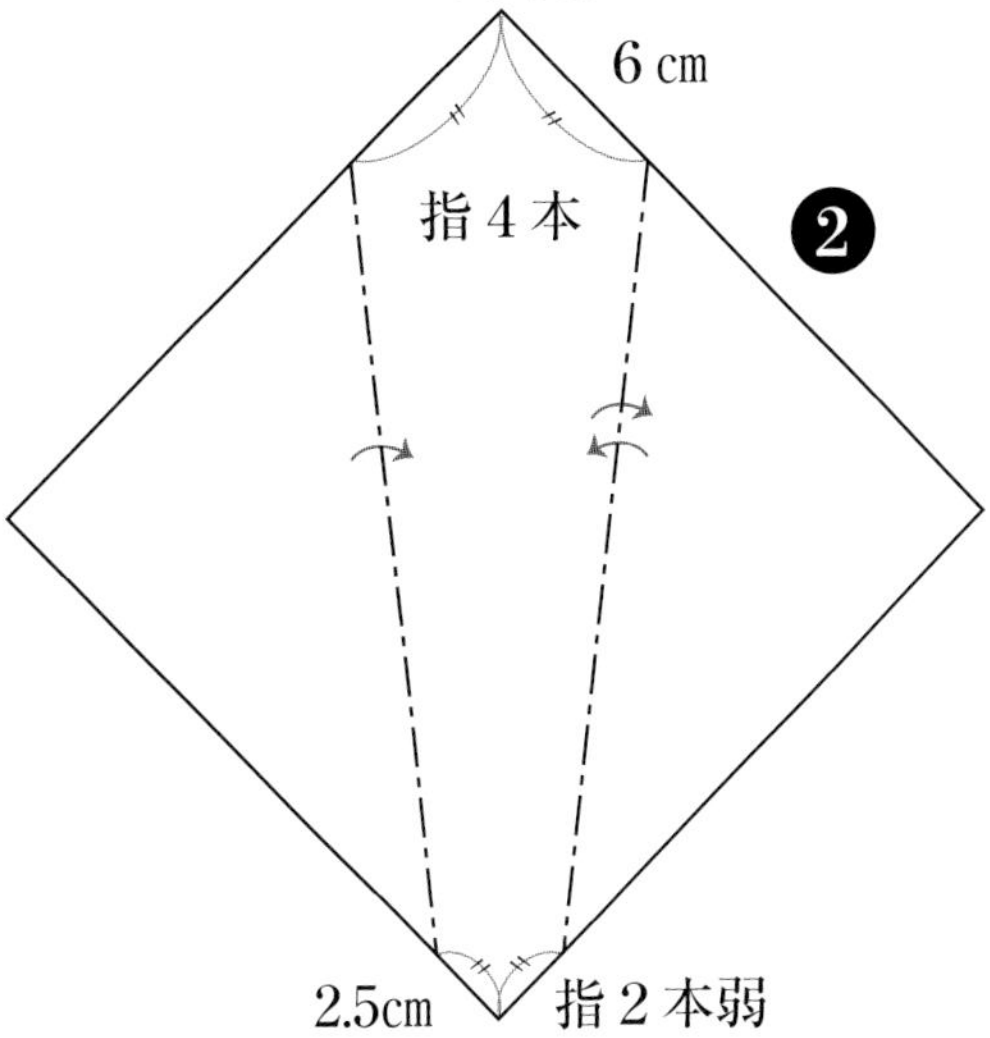

❸

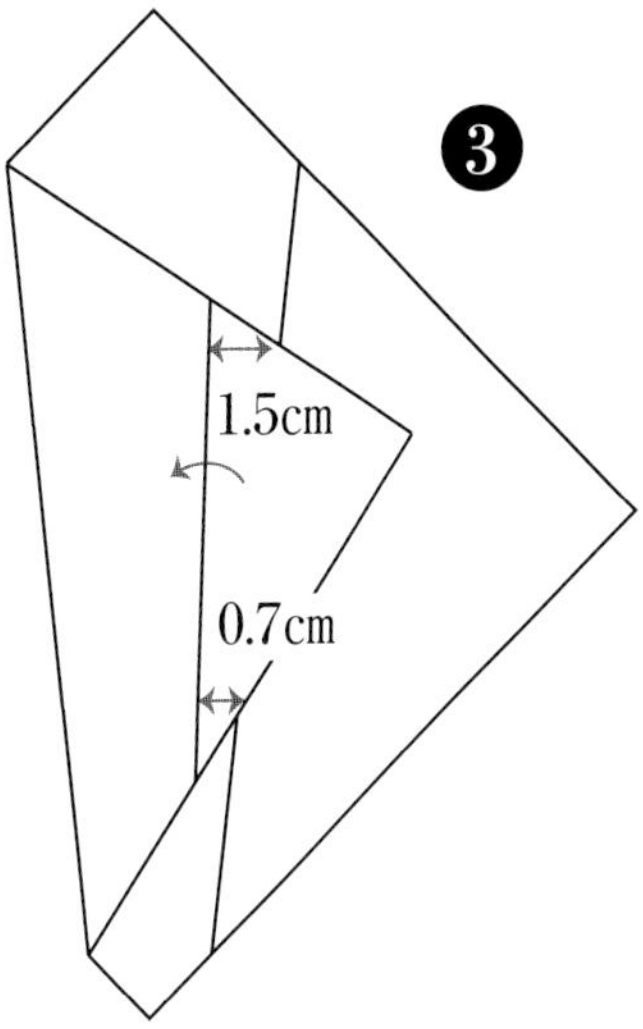

❹

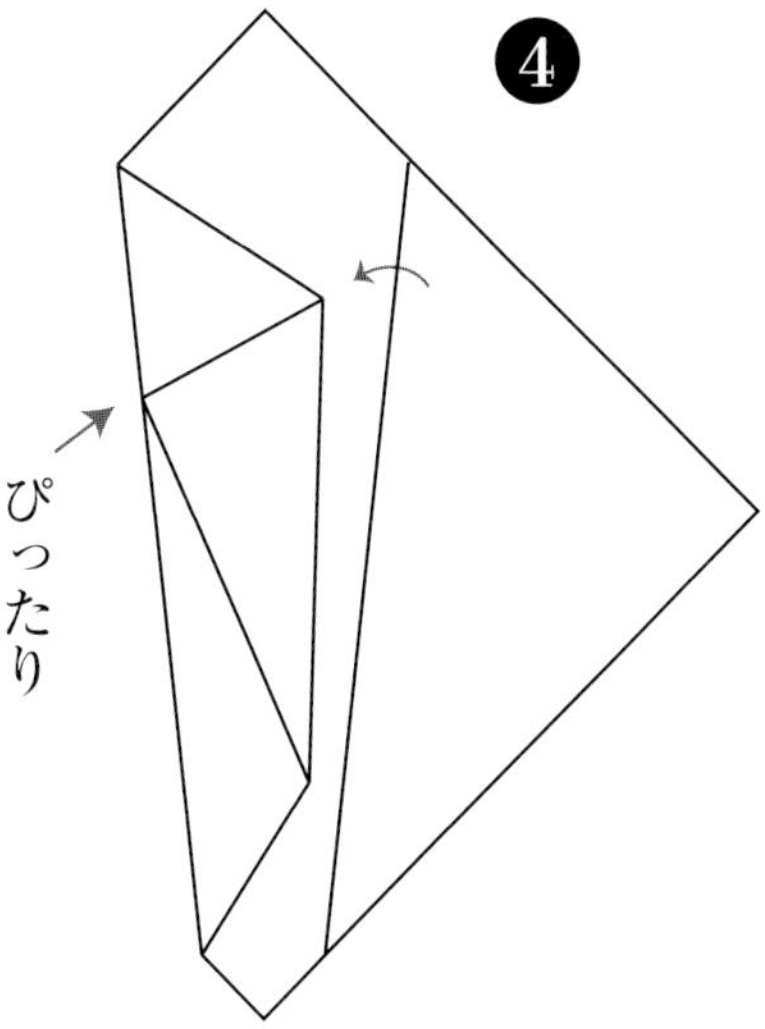

❺

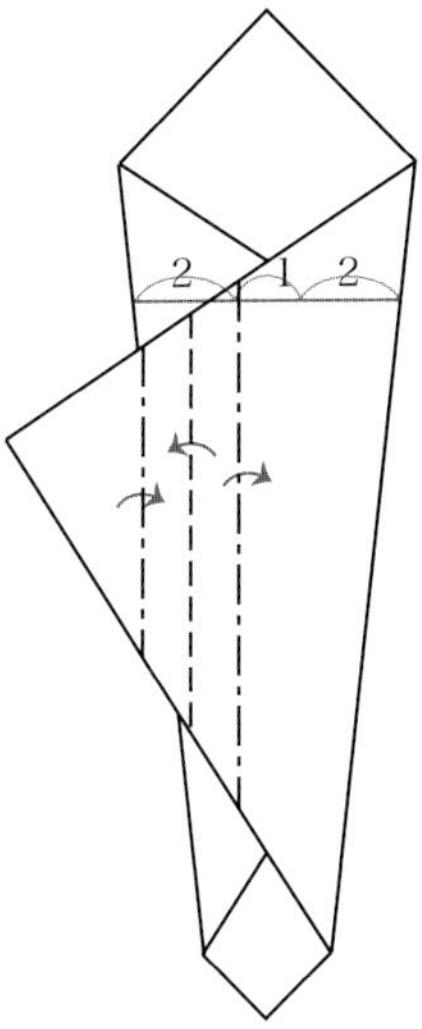

❻ 縦の帯はほぼまっすぐに
うしろに折り返して水引をかける
（122ページ参照）

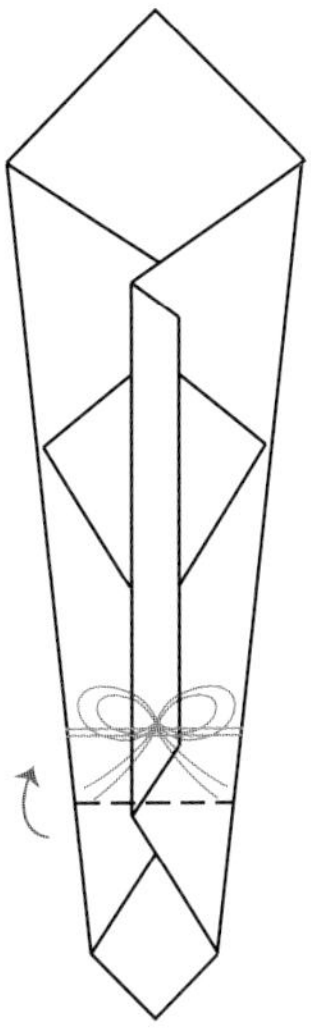

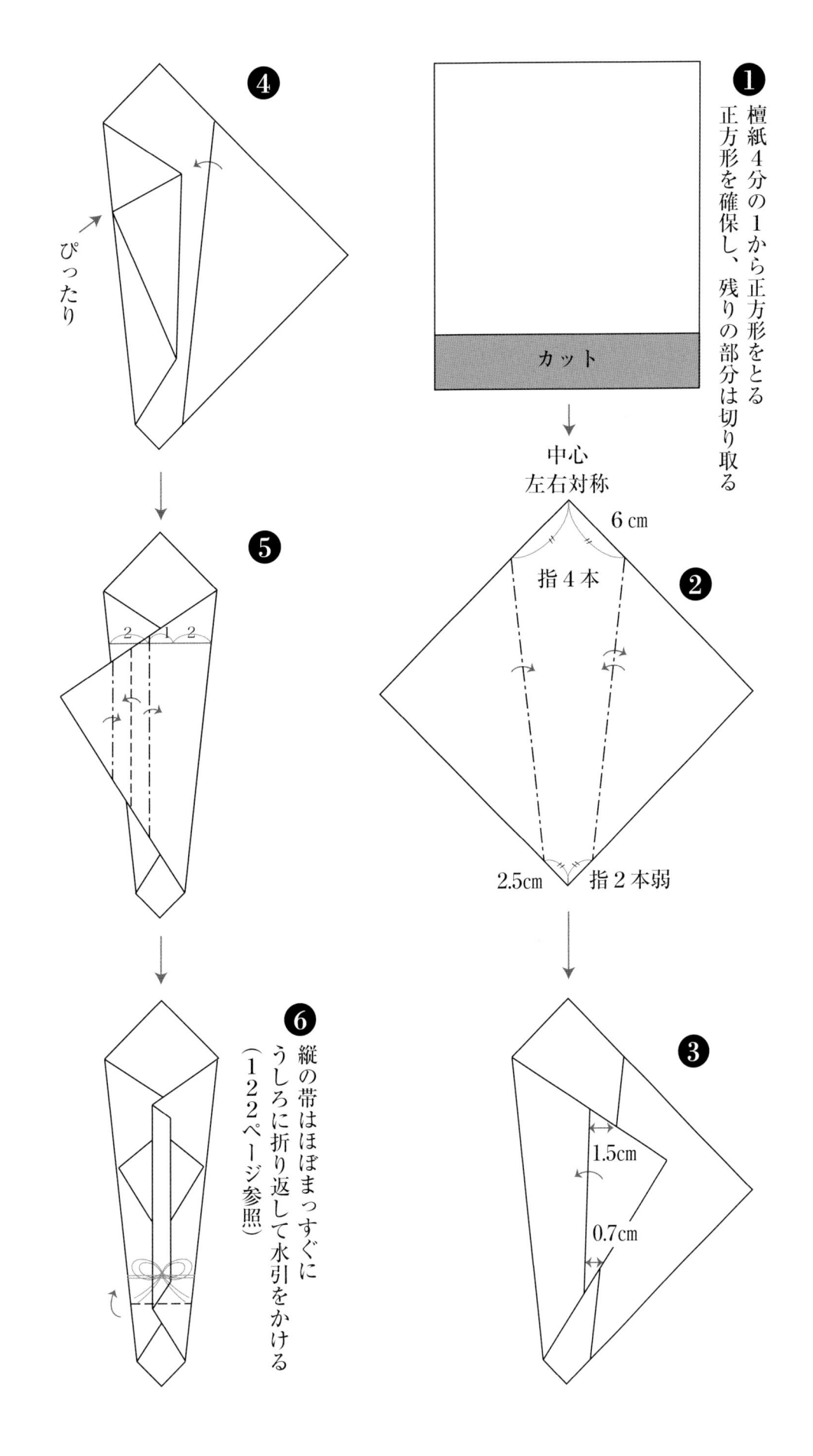

短冊包み

未使用のものを贈る場合（A）と、何かが書かれたものを贈る場合（B）とで、帯の下方を折り分けます。

合わせ揉み紙2分の1（縦長）
檀紙（2分の1、縦シボに使う）

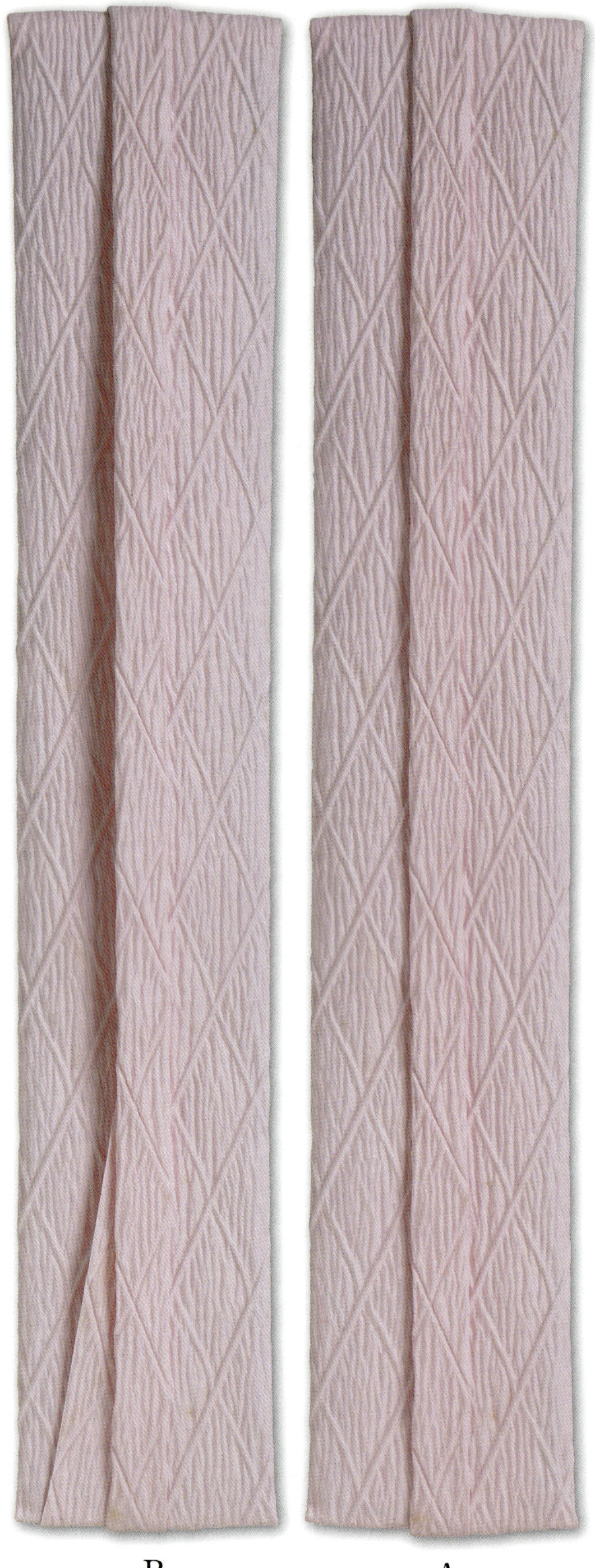

A　B

※縦シボ…縦にシワが入るように紙を使用すること。

小暑《しょうしょ》
◉七月七日ころ

本格的な夏が始まる。
暑中見舞いを書き始めるころ。

❶ 合わせ揉み紙40・5×56cmを縦半分にカット

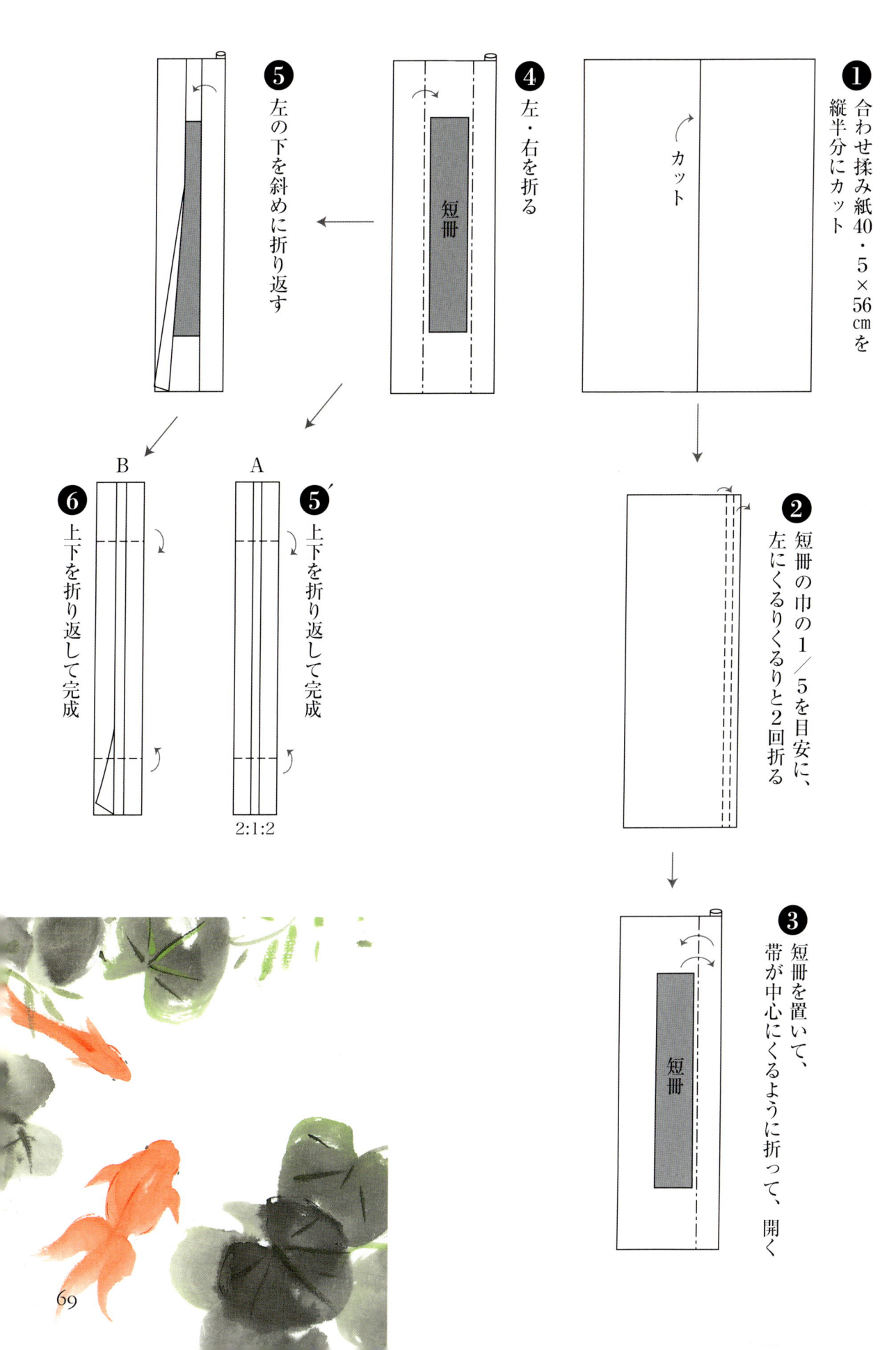

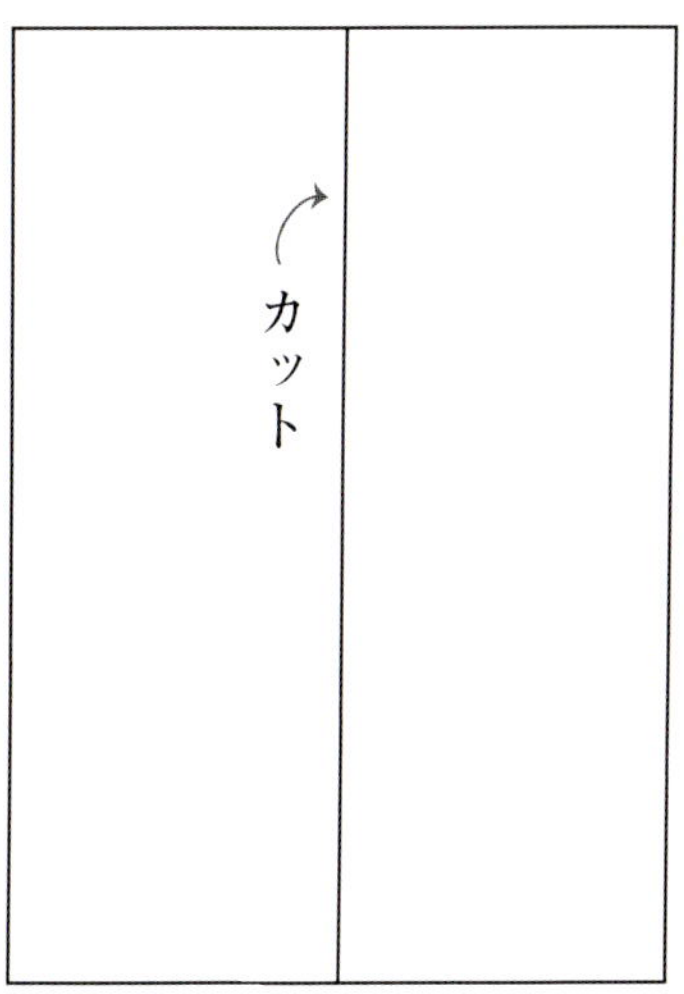

❷ 短冊の巾の1／5を目安に、左にくるりくるりと2回折る

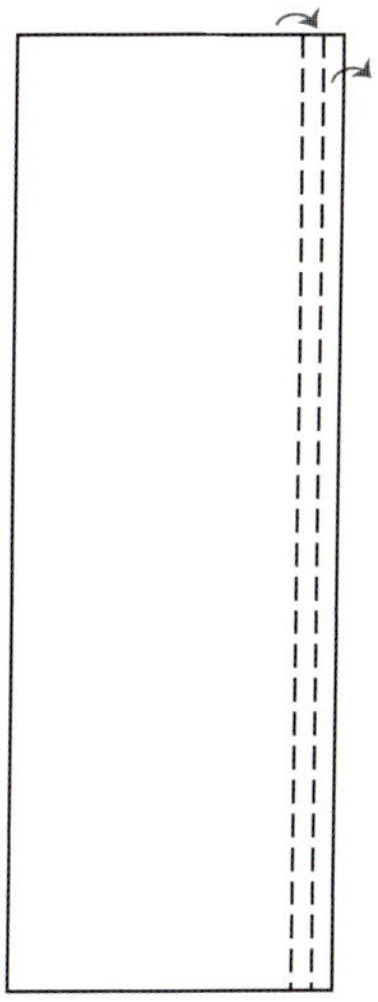

❸ 短冊を置いて、帯が中心にくるように折って、開く

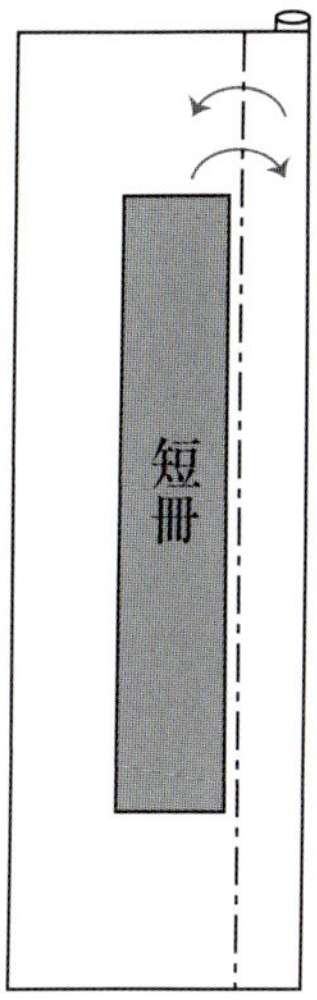

❹ 左・右を折る

❺ 左の下を斜めに折り返す

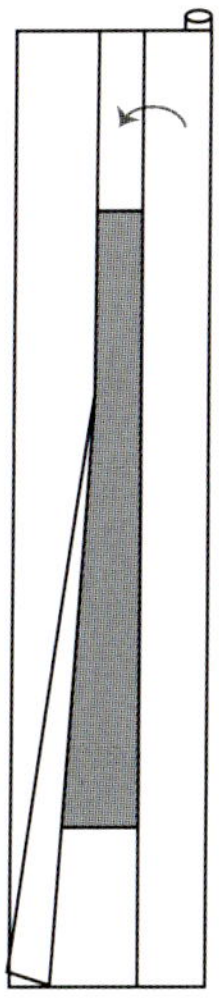

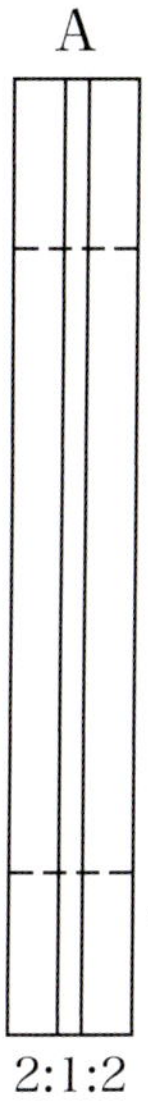

❺′ 上下を折り返して完成

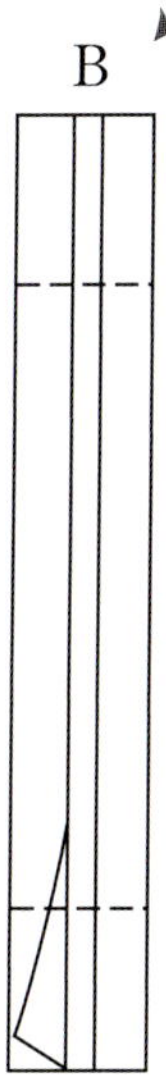

❻ 上下を折り返して完成

墨包み

奉書・檀紙4分の1にし、正方形程度（墨の大きさに合わせる）・水引

書に欠かせないのが墨と筆です。箱から出しており包めば、墨の香がこぼれるようです。

【七夕《しちせき》・乞巧奠《きっこうでん》】

一年に一度、織女が天の川を渡って牽牛と逢瀬を楽しむという七夕は、七月七日の行事です。長い間旧暦である月の暦によって生活してきた日本では、現在の八月に行われていました。

古代の中国に伝わる星祭の伝説に由来、宮中ではこの日に「乞巧奠」と呼ばれる行事が行われました。

織女は機織りや針仕事を司る星で、女性の幸せを願い、裁縫、芸事、詩歌文学の技が巧みになる事を乞うたのです。

現在に伝わる五色の短冊は、元来梶の葉に、芋の葉の露で摺った墨で歌を詠みつづり、学芸の上達を願ったものでした。

❶
奉書1／4を用意し、正方形にする

❷
下の辺は1／6の間隔で印をつける
上の辺は1／3の巾から2㎜少ない巾で印をつける
中心線のところで折り返す
左右、同じ

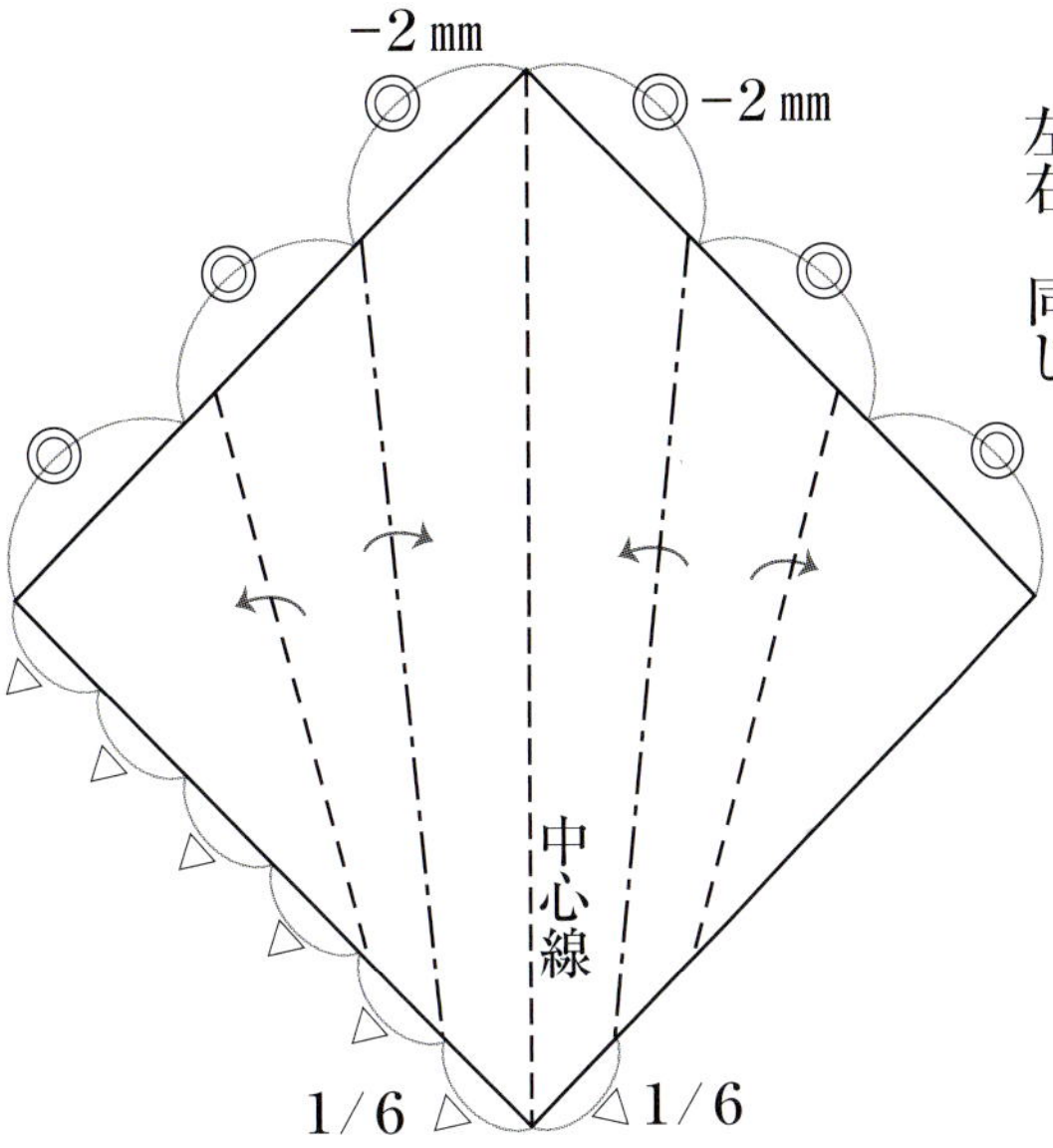

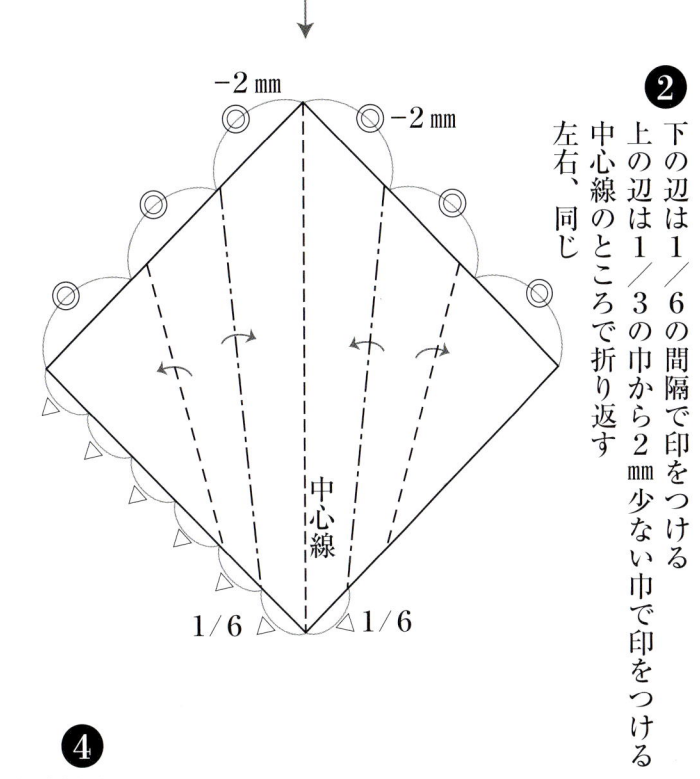

❸

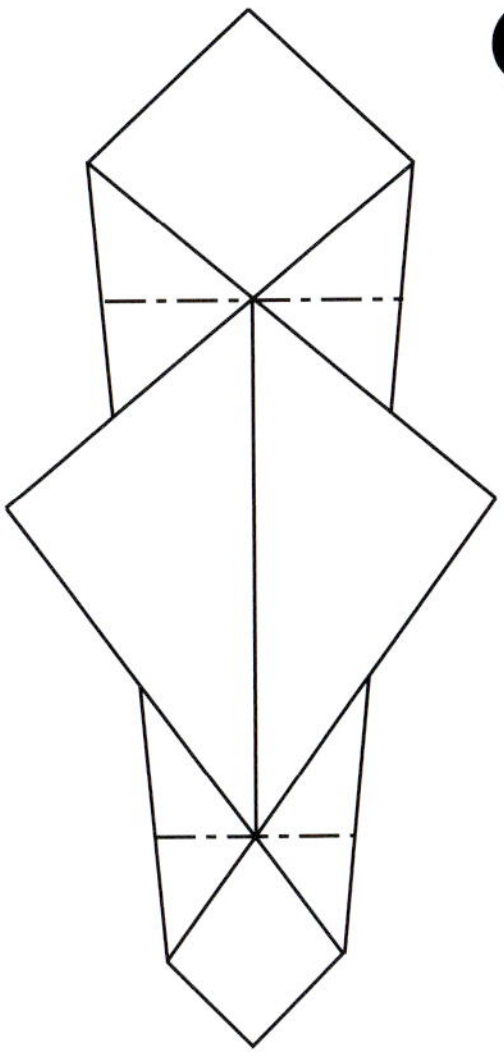

❹
図のように上部を折り上げ、三角が少し見えるようにする
最後に片輪結びで水引をかける
（122ページ参照）

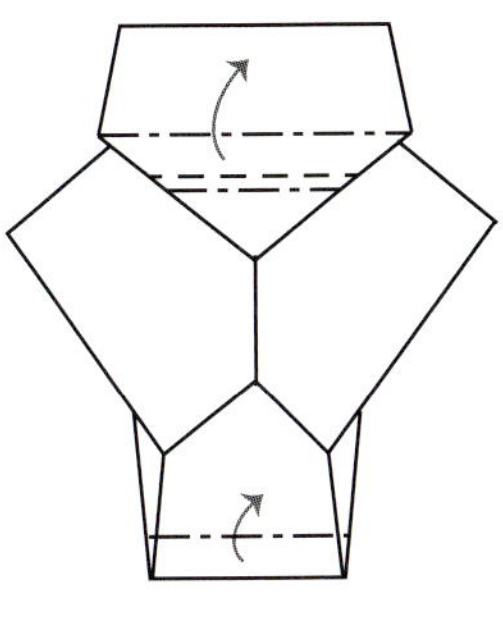

色紙包み

合わせ揉み紙・檀紙など

お世話になった先生のお誕生日に、生徒一同で寄せ書きをしてお贈りしたり、書や画をたしなむ方に未使用の色紙を差し上げたりする際、このような形に包み上げられていたならば、酷暑の中にも爽やかな感動が湧き起こることでしょう。

大暑《たいしょ》

◉七月二十三日ころ

夏本番。
涼を求めて、夏の風物詩が目白押し。

❶ 合わせ揉み紙など大判の紙を用意する
おおよそ正方形にカット
包む色紙の、縦と横の長さを合わせた長さが一辺の長さ

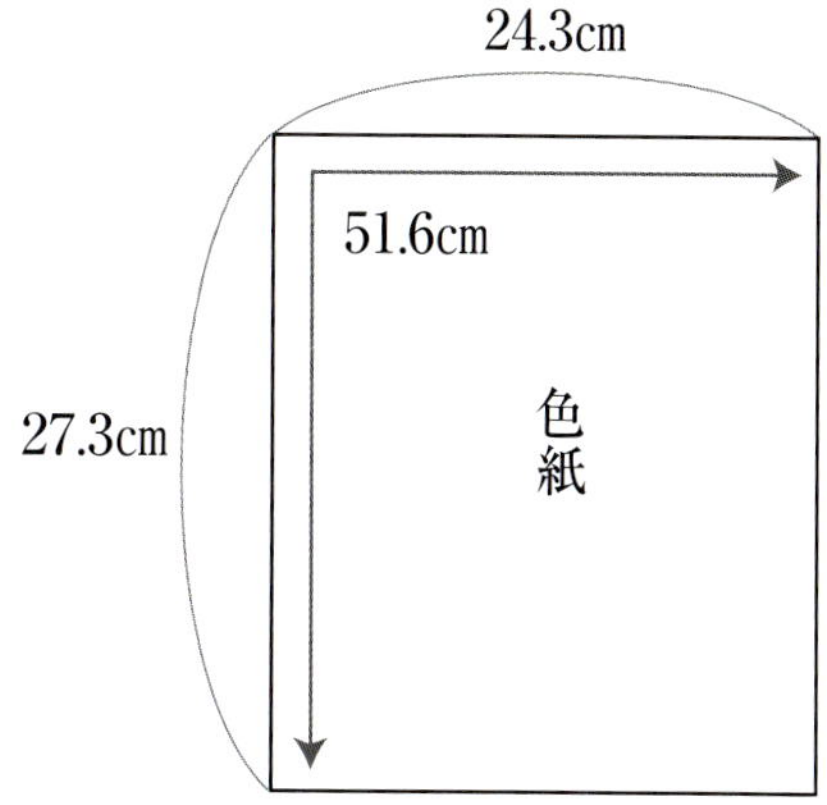

❷ 上下を約5㎝余裕を空けて折る
次に、左右で折って中心で折り返し、つき合わせる

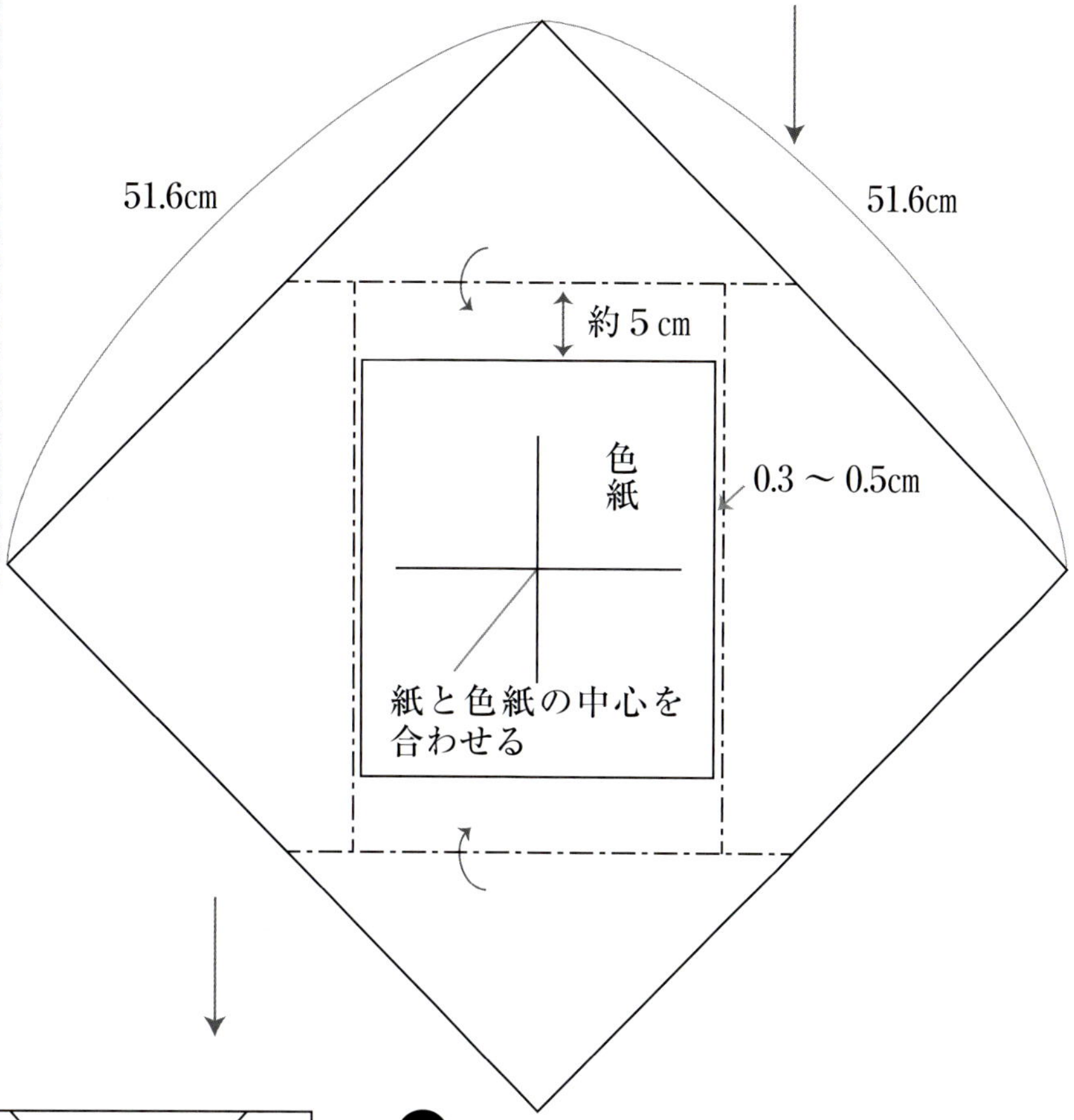

❸ 中心に帯をつくる
上下を裏側に折る

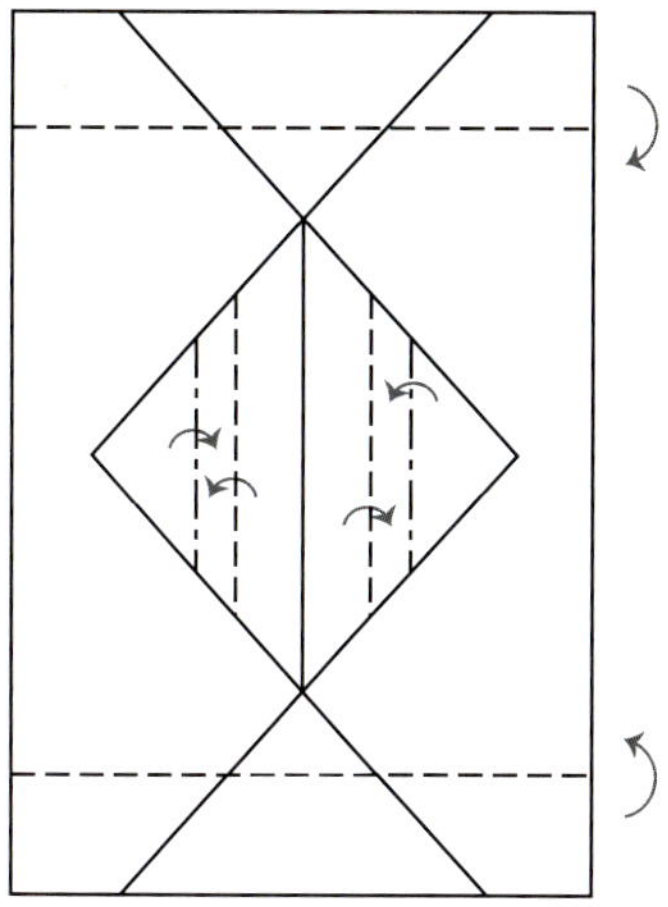

中心の帯の部分に別紙を重ねる

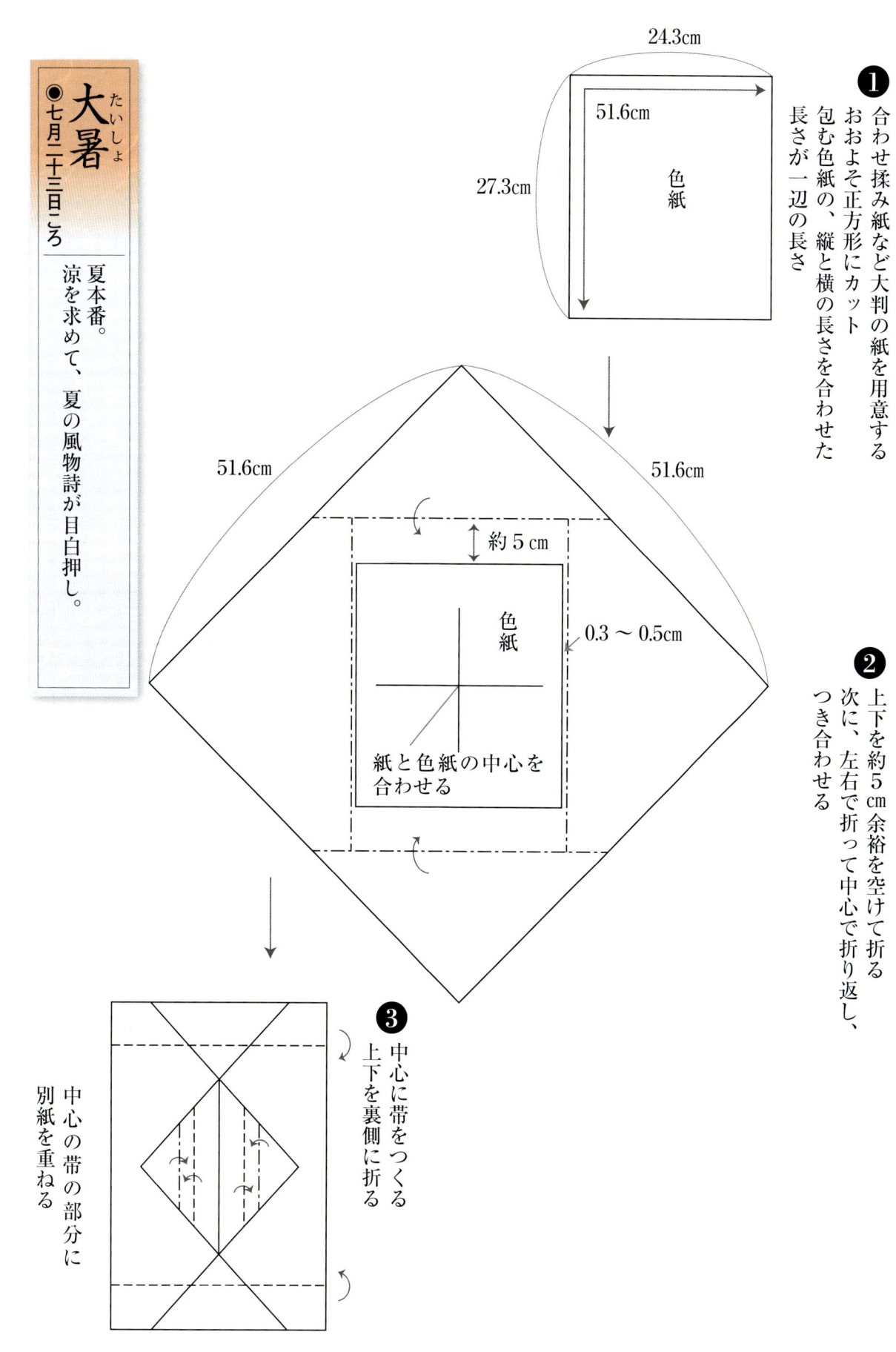

葉書包み

奉書4分の1

夏になると、暑中見舞い用の葉書が郵便局にもお目見えします。手漉きの和紙や、涼しげな写真やイラスト付きの葉書もあります。

筆まめな方へのちょっとしたプレゼントや、旅土産の絵葉書を贈る際に活躍してくれる折形です。

❶ 奉書1／4を使う
右端を、左側に谷折り、次に右側に山折りする

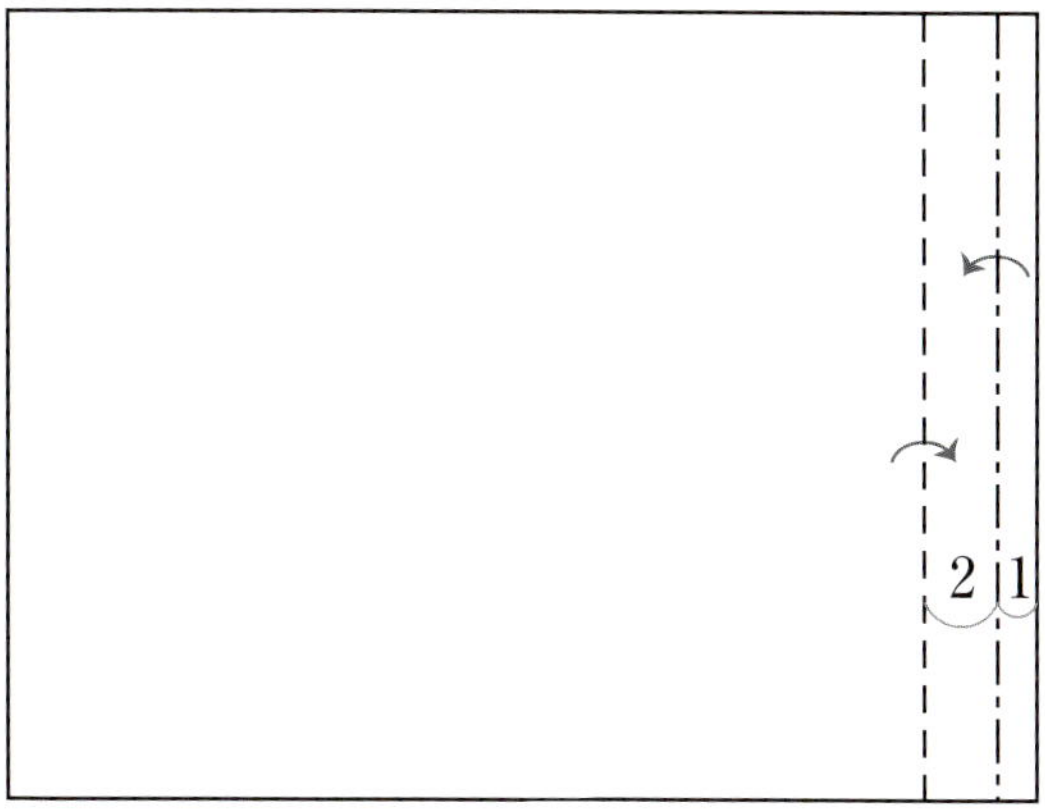

❷ 上下を手前に折り返す

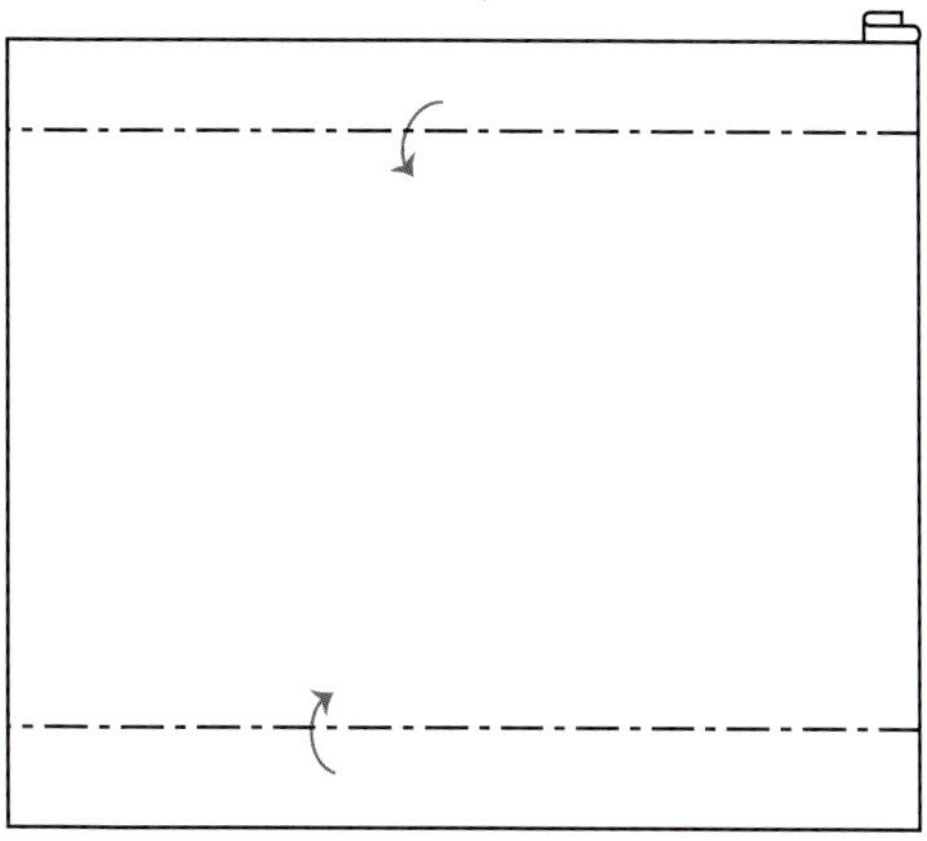

❸ 右端の折り返しが中央に来るように左右を折る

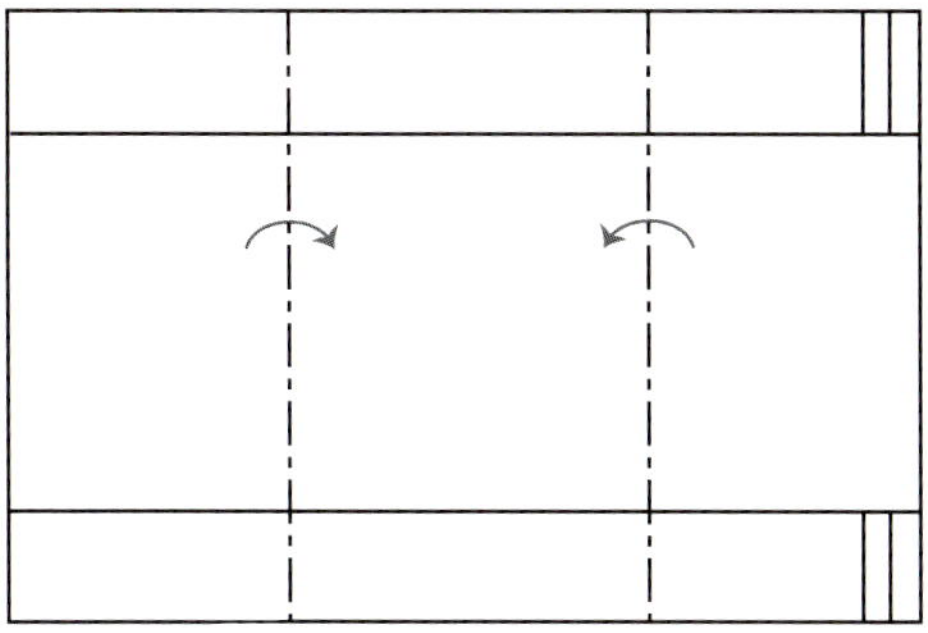

❹ 左端を帯の下に滑り込ませる

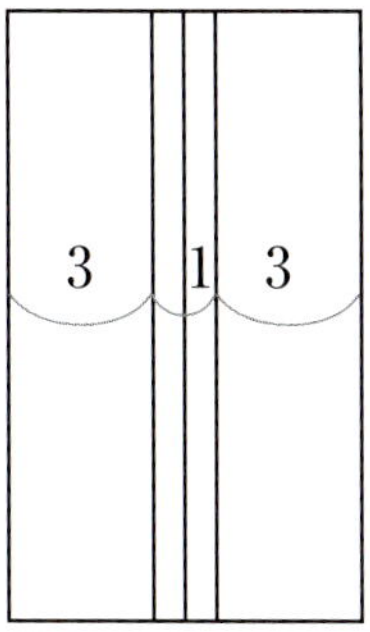

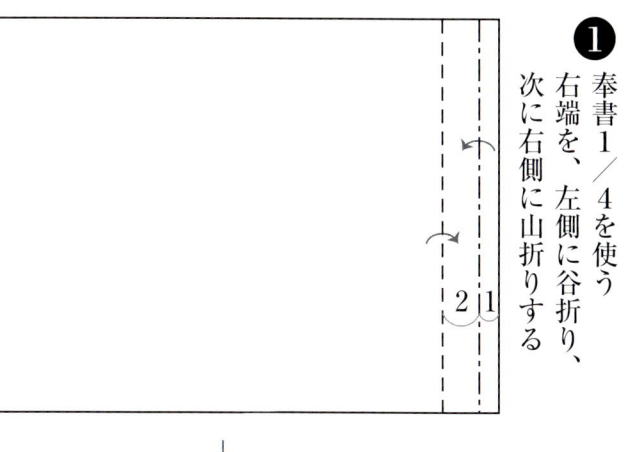

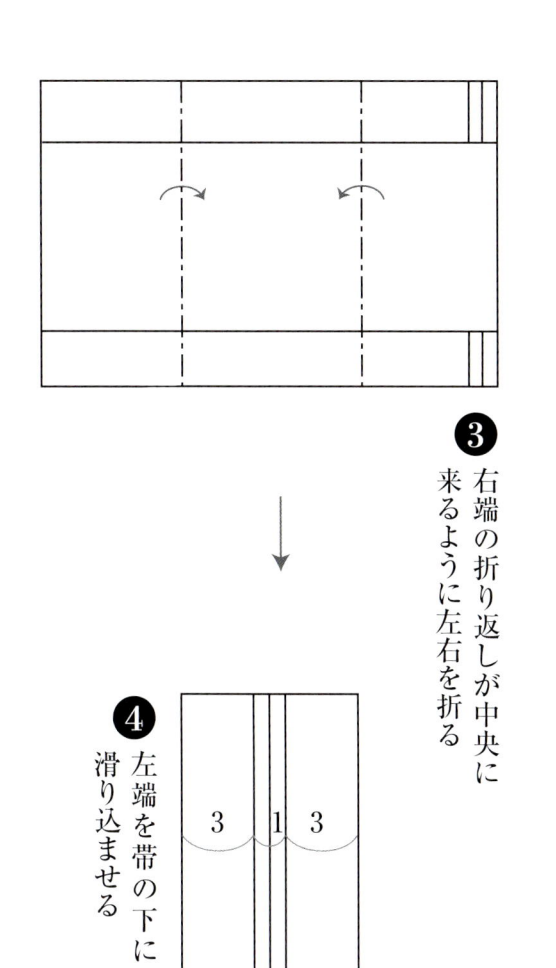

❖贈進紙幣包み

しあわせを運ぶ鳥、魔除けにもなると言われるフクロウをイメージした新しい折形です。

❖婚礼祝い包み

上下に3本のひだを折り出した、最上位（真）の格を持つ包みです。

秋

糸包み［1］

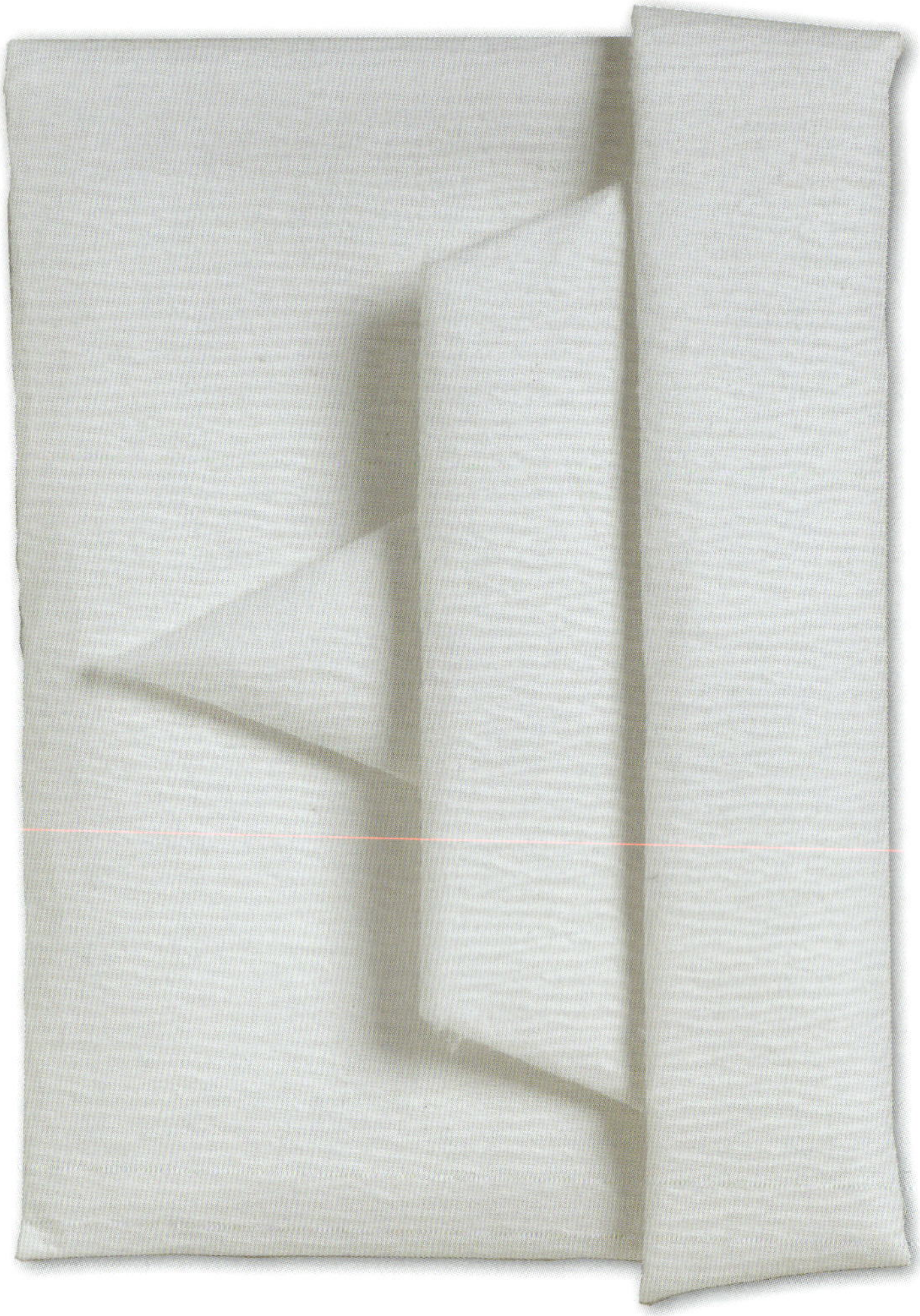

合わせ揉み紙3分の2

これは、七夕・乞巧奠（前出）にちなんだ包みです。江戸時代までの暦（旧暦）では、これらはこの時期に行われていました。糸紡ぎや染め、機織りなど、その昔女子に必須とされた手仕事に関連したもの、また貴族社会を中心として婦女子に必要なたしなみであった奏楽用の糸を贈る際に使ったものとがあります。

現代であれば、刺繍糸、ギターの弦などに応用して生かすことができそうです。

立秋《りっしゅう》

◉八月七日ころ

まだ暑さのさなか。朝夕は秋の気配を感じる。この日以降は残暑となる。

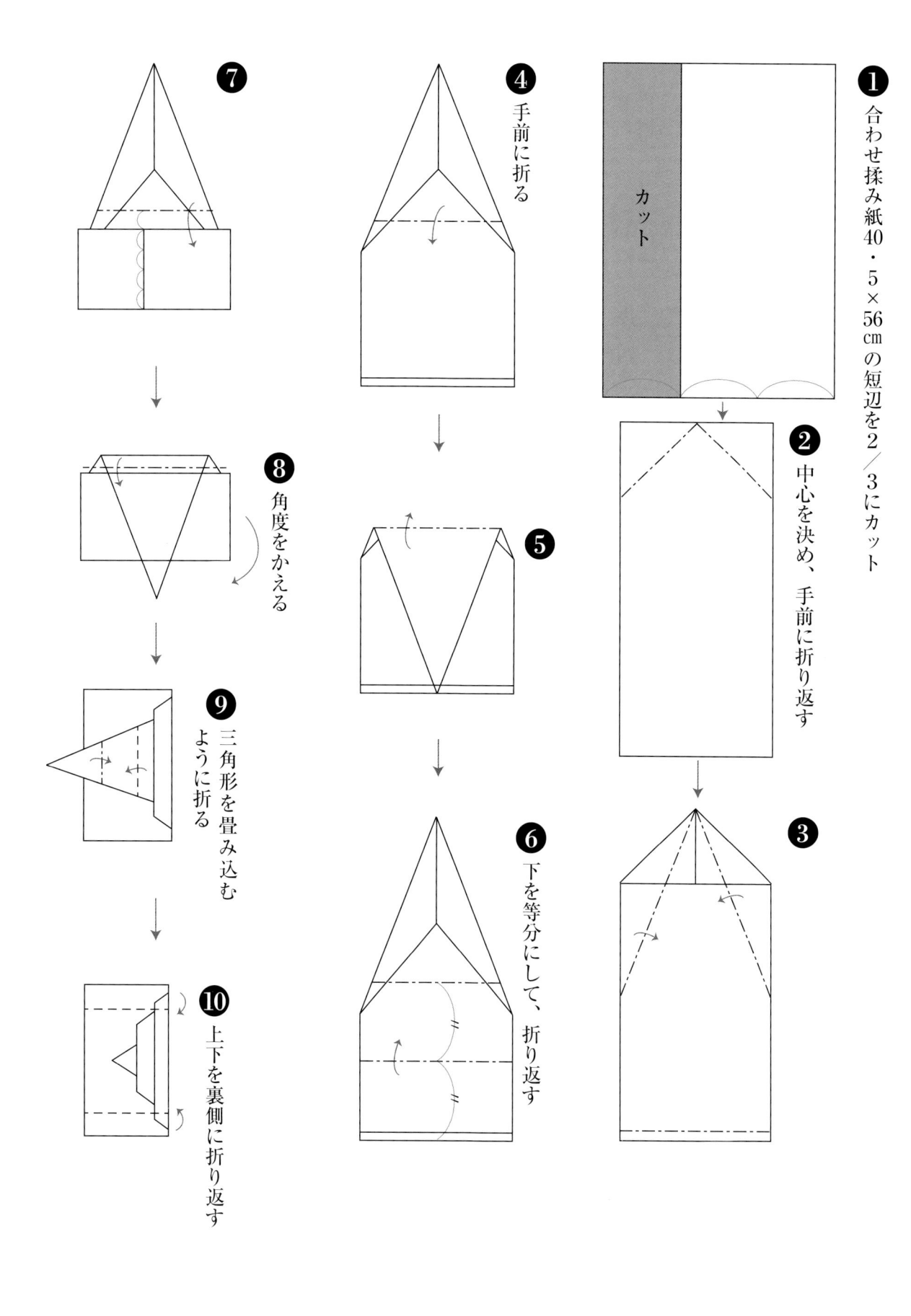

❶ 合わせ揉み紙40・5×56cmの短辺を2/3にカット

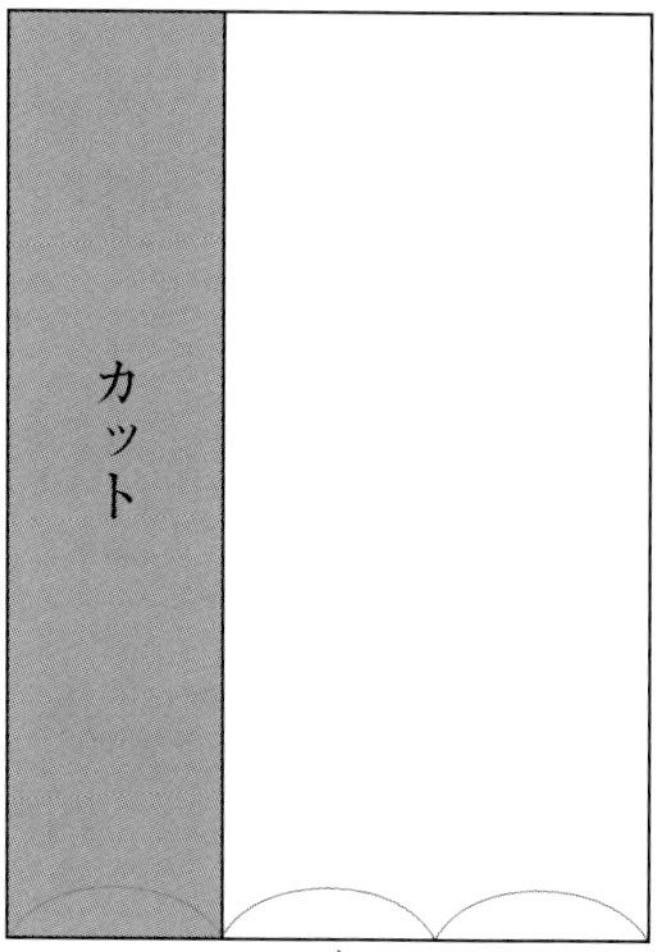

❷ 中心を決め、手前に折り返す

❸

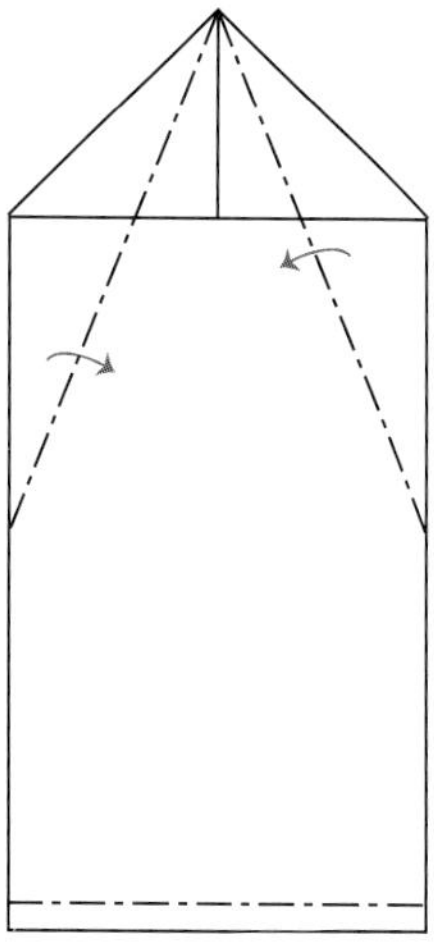

❹ 手前に折る

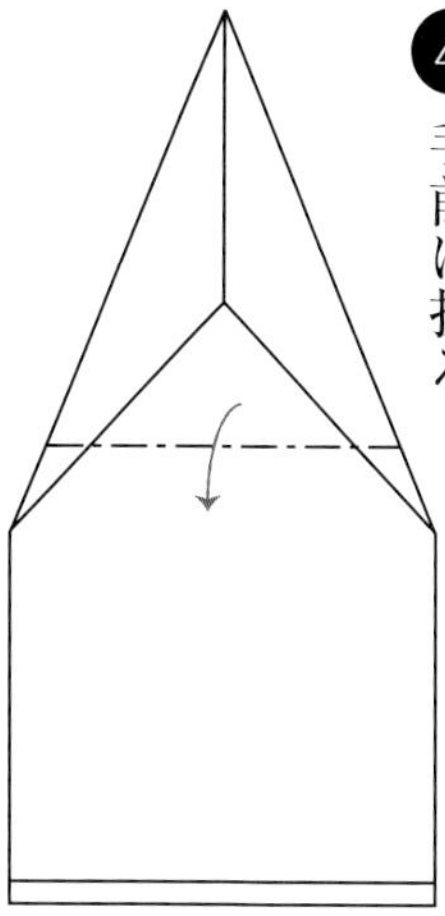

❺

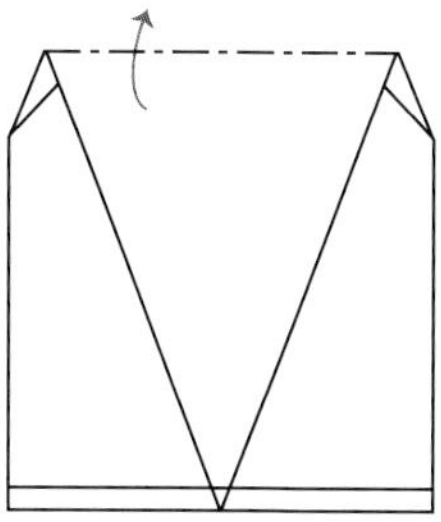

❻ 下を等分にして、折り返す

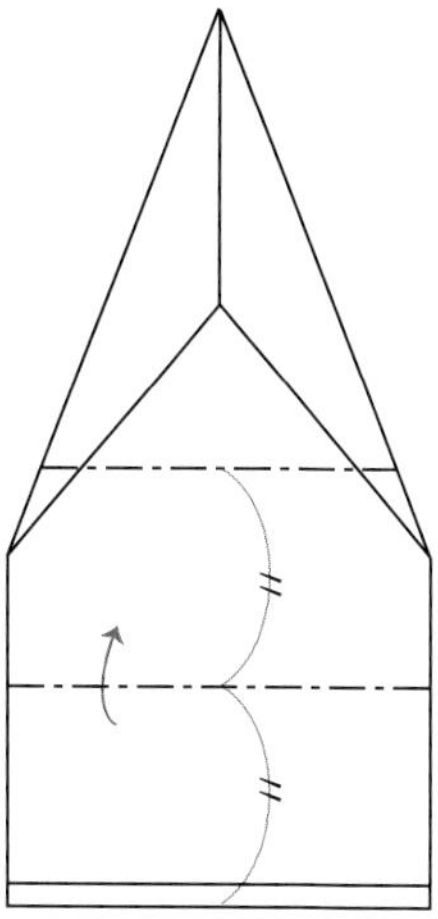

❼

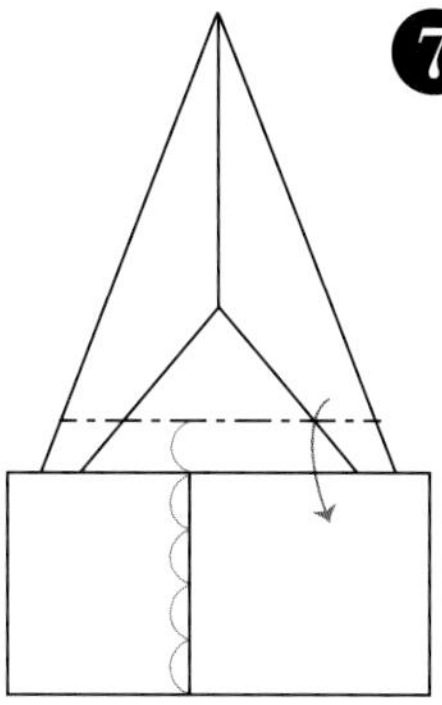

❽ 角度をかえる

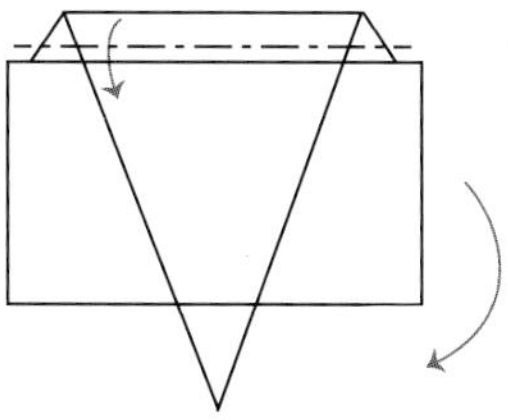

❾ 三角形を畳み込むように折る

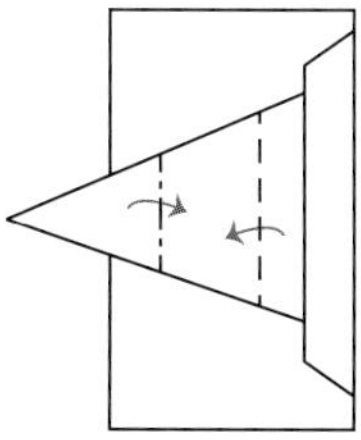

❿ 上下を裏側に折り返す

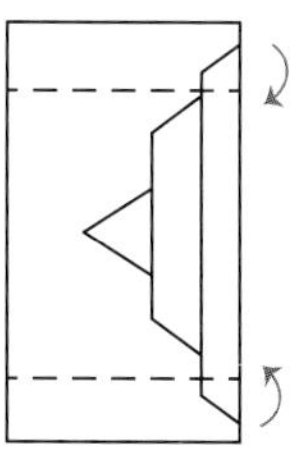

糸包み［2］

合わせ揉み紙15㎝程度の正方形
五寸縁紅紙

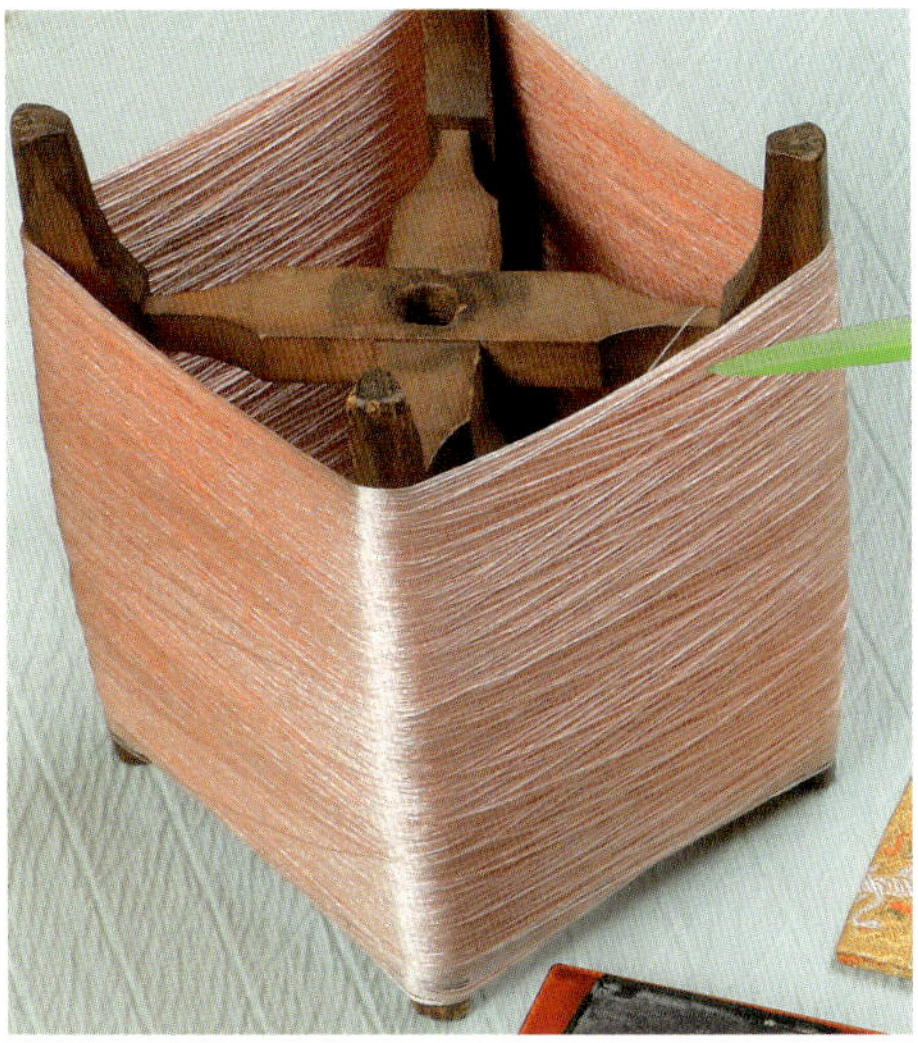

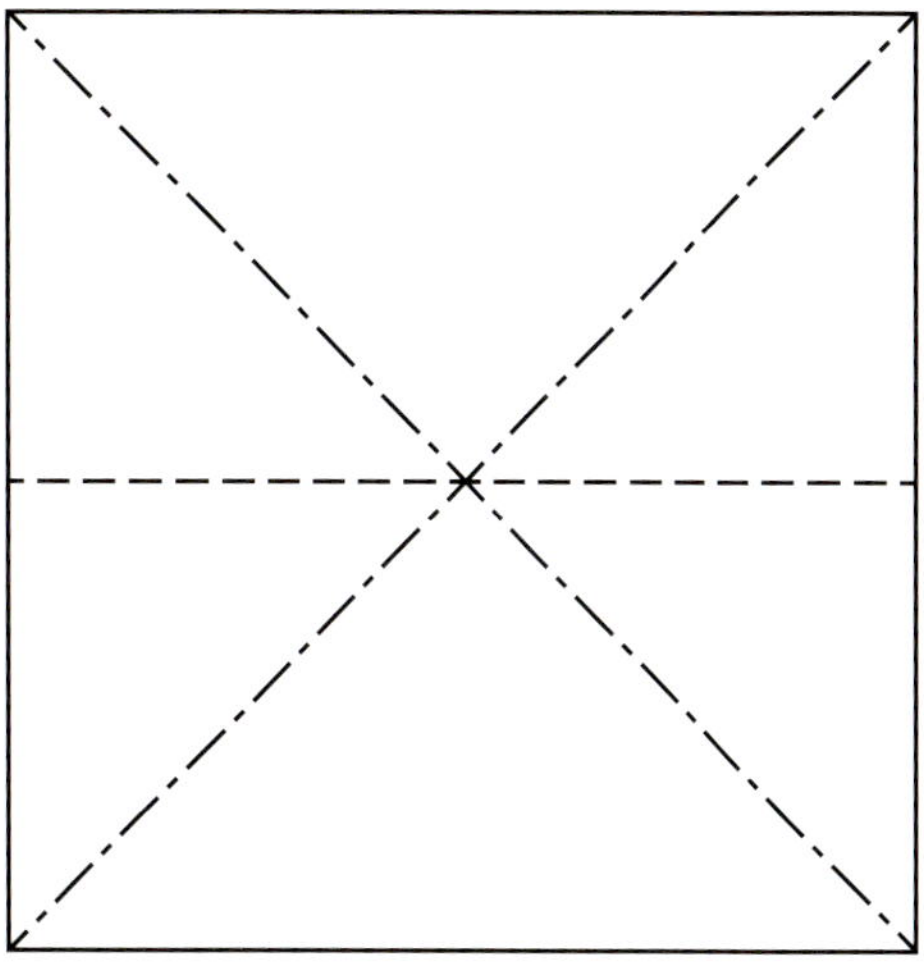

❶ 合わせ揉み紙、15㎝の正方形
裏面。表面が色の面

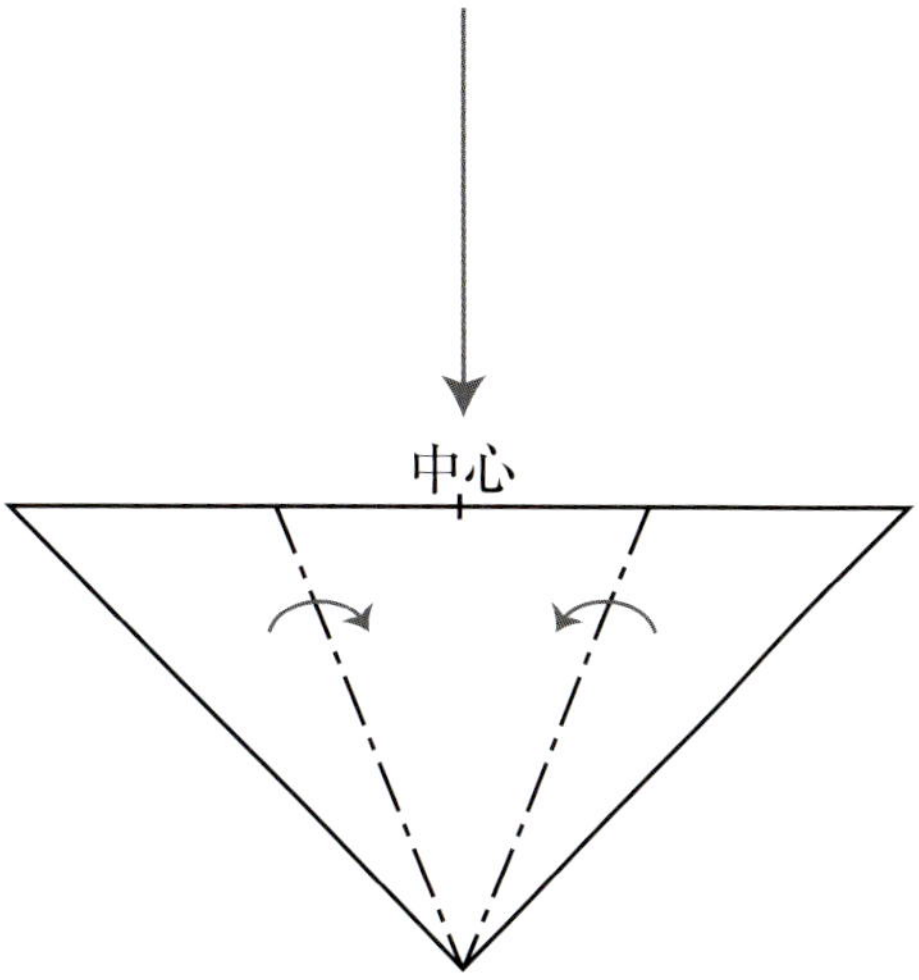

❷ 手前の紙を中心に折り返す

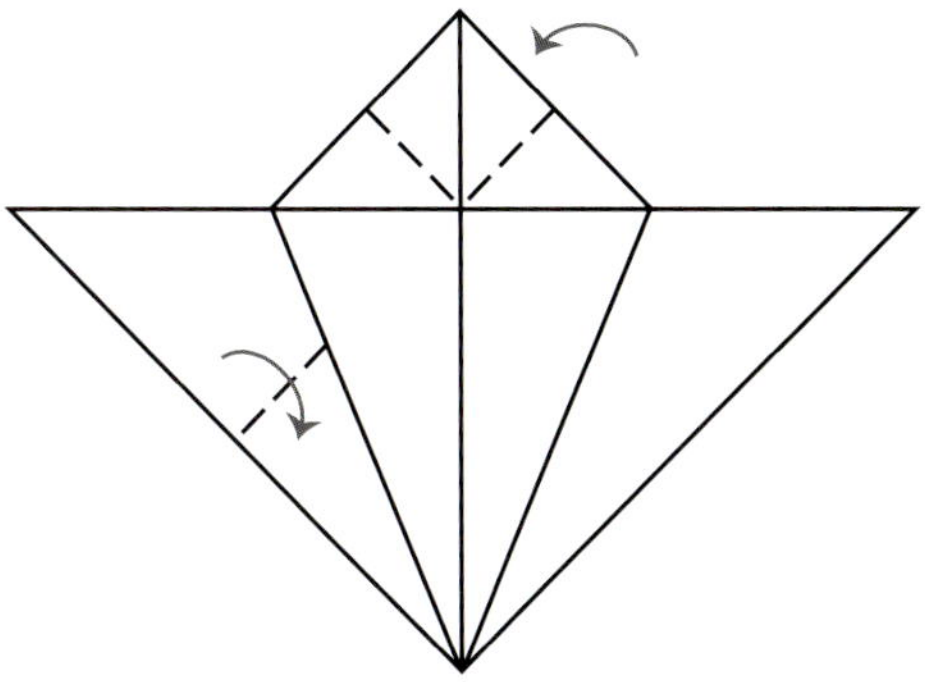

❸ 折り線を入れてから、指を入れて
開きながら、内側に紙を折り込む
左下も同様に

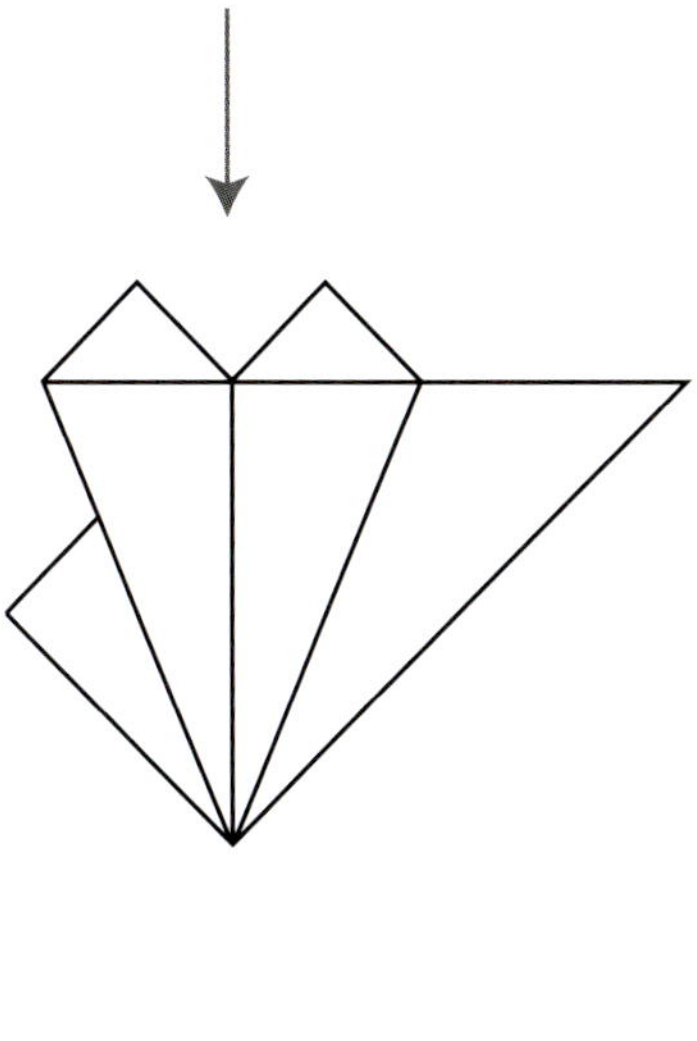

❹ 中にものが入るスペースが
できました

手拭い包み

奉書・合わせ揉み紙など。横巾はたたんだ手拭いの3倍。縦巾はたたんだ手拭いより1～2㎝短い。水引紅白

季語
秋風

筑波山麓では、「山笑う」の季節から紅葉前まで、あたりは緑、緑、緑。千の緑に囲まれています。

庭の片隅では、全国でこの地域にしか見られないというホシザキユキノシタも毎年顔を出してくれます。花が咲いている時はいいのですが、それが終われば、地面に這うような丸い葉がひっそりと存在するだけとなります。

お盆に備えて家の内外の掃除に拍車がかかる頃、間に合わない草取りのために他人様の手を借りることもあるのですが、気がつくと大事な野草が根こそぎなくなっていたり。ある年ホシザキユキノシタは、紐式の電動草刈機で飛ばされてしまいました。

可哀想なことをしましたが、根は生きていたのでしょう、翌年にはまたかわいい花を付けてくれ、大喜びしたことを覚えています。

最近は、お盆を終えても草の勢いは止まりません。草取りの合間に木陰で休む働き者の友人に、涼やかな風が吹きますように。

首にかけて手軽に汗を拭くことができるよう、何かと便利な手拭いを贈りました。

処暑《しょしょ》
●八月二十三日ころ

暑さがやわらぎ、朝夕は心地よい秋の気配が漂うころ。

お正月の挨拶まわりの持参品として、暑い時期の贈り物として、手拭いは昔から広く活用されていました。今でも手拭いは人気品で、専門店も多く見られます。

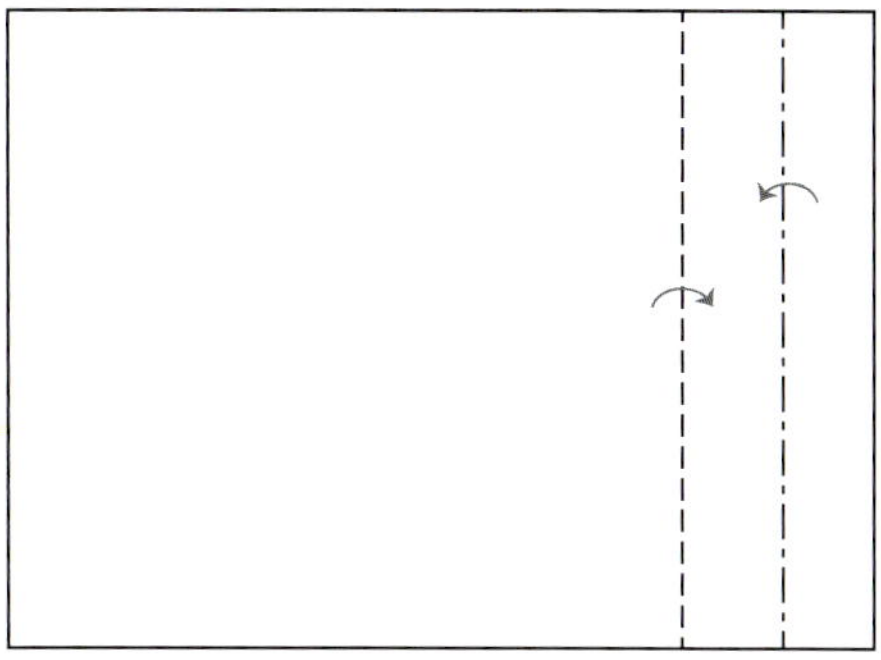

❶ 合わせ揉み紙（40・5×56cm）の1／4（20×23cm）
3cm内側を目安にして、
左に1回、右に1回折る

❷ 左、右と折る

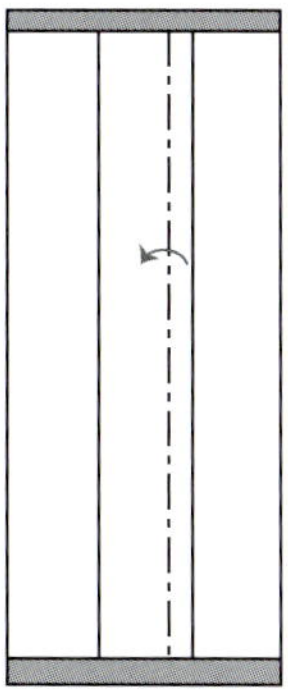

❸ 帯の中心に折り返す

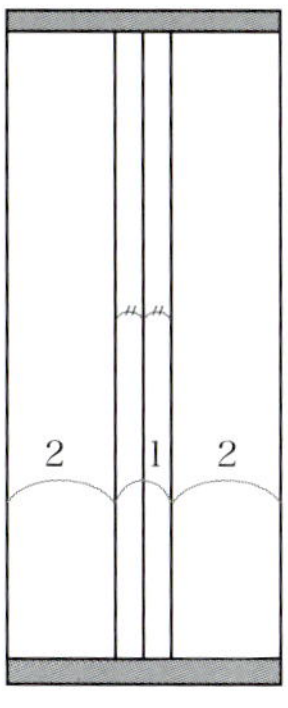

❹

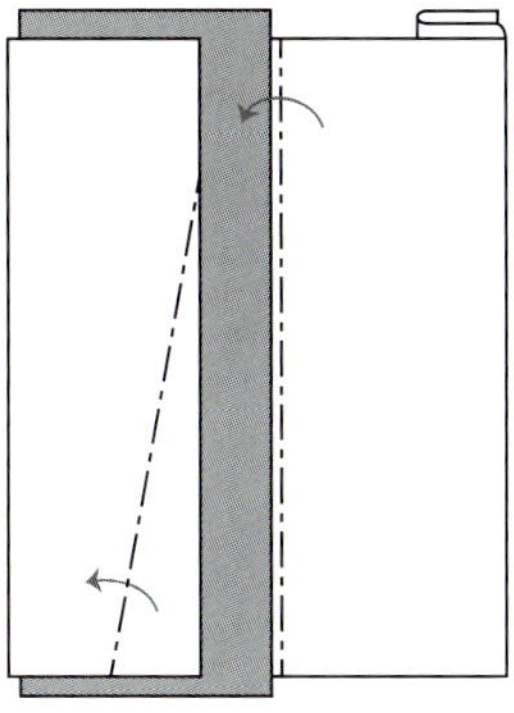

❺ 一旦、上まえを開き、
下まえを斜めに折り
上げて、再び閉じる

水引をかける

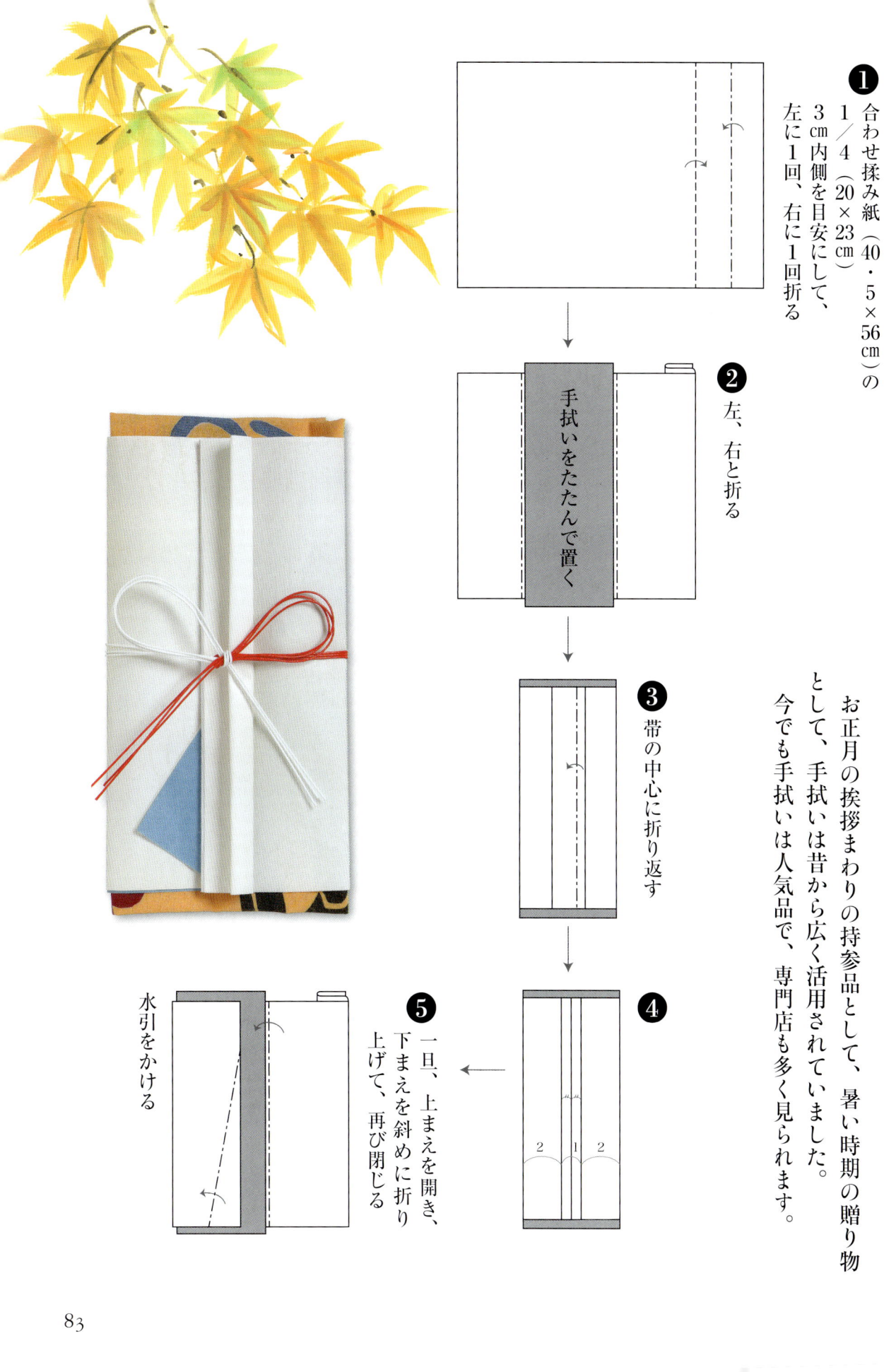

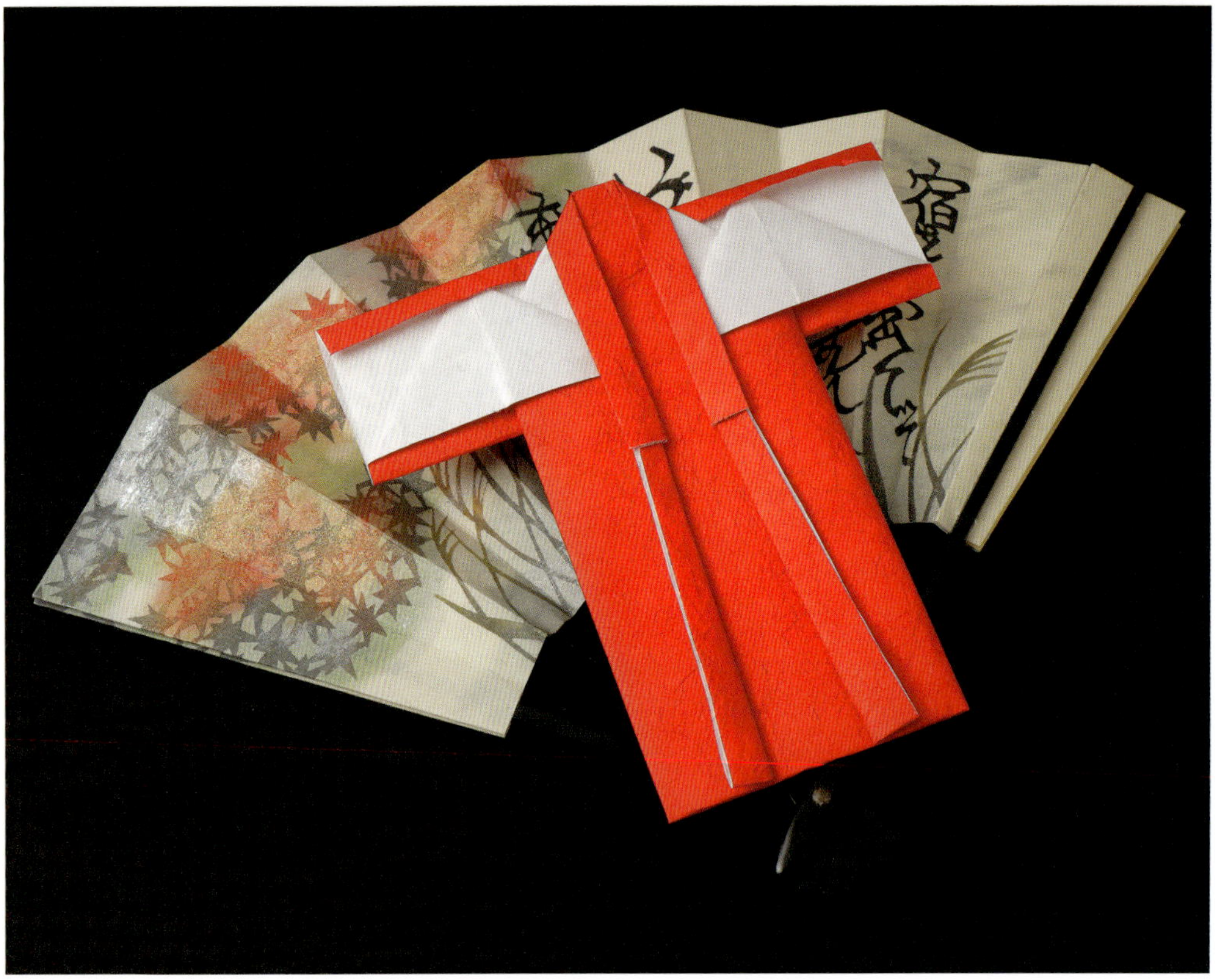

還暦祝い包み

合わせ揉み紙
2分の1（縦長）

【重陽の節供】

五節供の一つで、江戸時代までは盛んに行われていた行事です。

古来中国では奇数を陽数として尊んできました。中でも九はその最大で、それが二つ重なるので、九月九日を「重陽」、あるいは「重九」（ちょうく）と言い、この日を祝っています。

この時期はちょうど菊の季節で、重陽の日に菊を飾る習慣があり、そこから「菊の節供」という言葉が生まれています。

中国では、古くから菊の葉から滴った水には、不老長寿の効能があるとされていました。平安時代、重陽の前日に菊の花を真綿でおおい、そこに、朝露と香りをしみこませ、その綿で身体や顔などを拭きますと、長寿が叶うと言われていました。

白露《はくろ》

◉九月七日ころ

本格的な秋到来。冷気が混じり始める時も。草原に露が白く見えるころ。

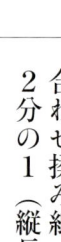

❶ 合わせ揉み紙（40・5×56㎝）の1／4（40・5×14㎝）大。裏返して、上部を8㎜、9㎜向こう側に折る

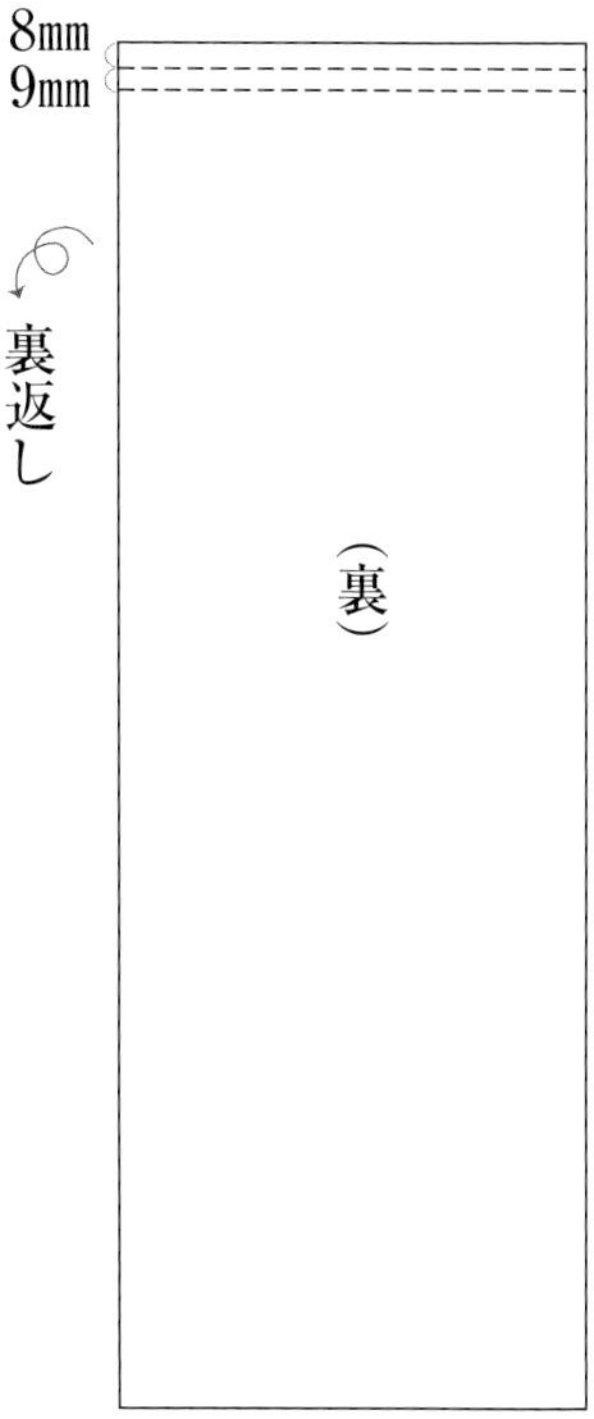

❷

❸

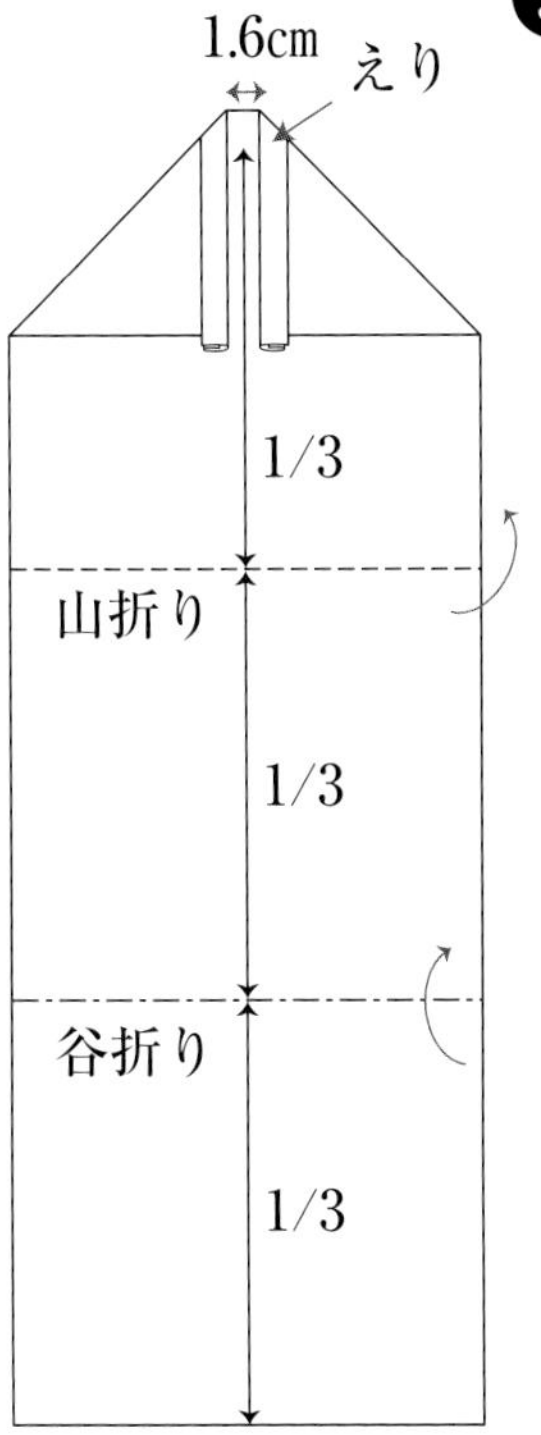

❹ 左右から中心に向ってつき合わせるように折りながら、袖になる部分を開く

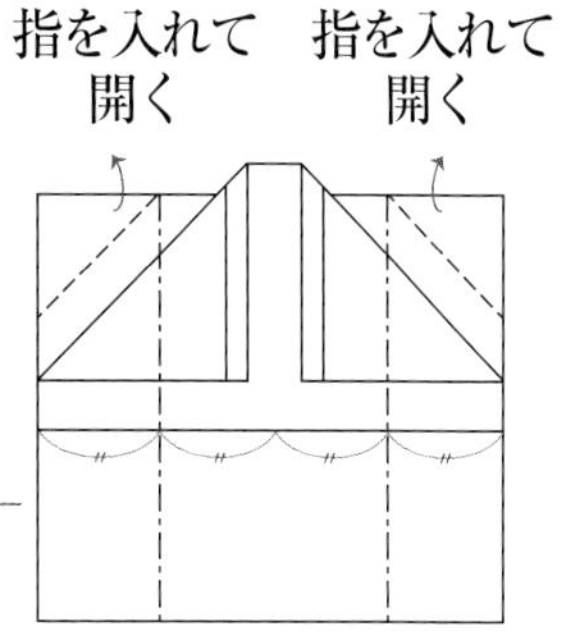

❺ 左右に8㎜折って、えりの下に入れ込む

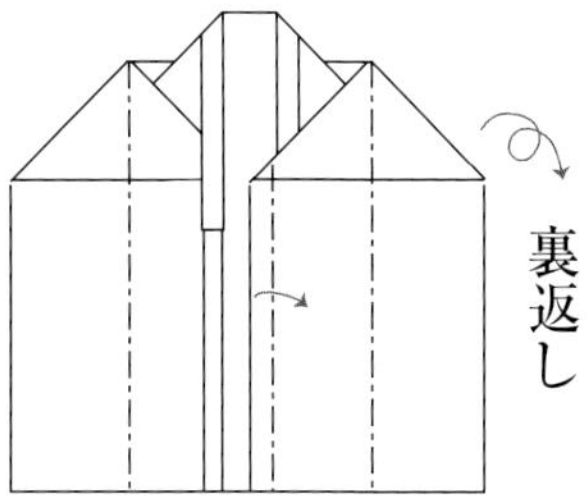

❻ すそを9㎜折り上げ、さらにその半分を折り上げる。すその折り返しを、前側にひっかける

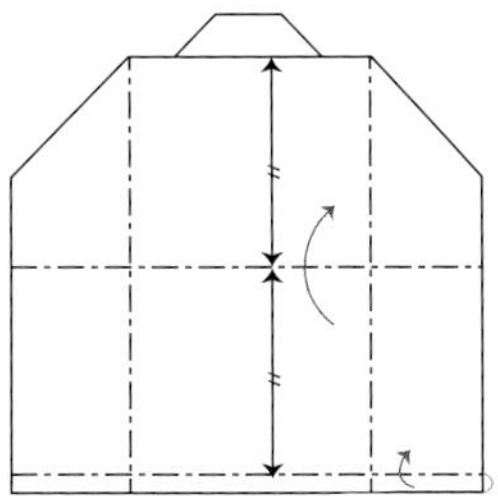

十二支と、十干（甲乙丙丁戊己庚申壬癸）の組み合わせが元に戻るまで、六十年を要します。自分の生まれ年の干支の年が再び廻ってくるのは六十年後ということです。

今のように医療が発達していなかった昔、六十年を生きるのは大変なことでした。その年を迎えたお祝いとして、赤ちゃんと同じ朱の祝い着を模して考案されたのがこの折形でした。

ほかの折形同様一枚の和紙から折り上げられています。小さく折って贈り物に添えてもかわいいものです。

布施包み

檀紙・奉書

信心深いなどという言葉はいつの間にかあまり聞かれなくなりましたが、亡き人を送る際にお坊さんのお世話になる方は多いと思います。お彼岸、一周忌、三回忌…と、故人を偲んで供養する習慣もまだまだ残っています。

お坊さんは、もともと生産活動をなさいません。しかし私たちに有難い法を施してくださいます。そのお礼として、またお寺のためにお使いくださいという気持ちの表れとして、喜んで差し出すのがお布施です。実はこちらが功徳を積ませていただいているのです。

そんな時、格調高い檀紙で、私たちが働いて得た尊い紙幣を丁寧に包んでお渡しできたなら、あの世のご家族も、草葉の陰で喜んでくださるかもしれません。

❶ 正方形をとった残りのうち、1/3をカットする

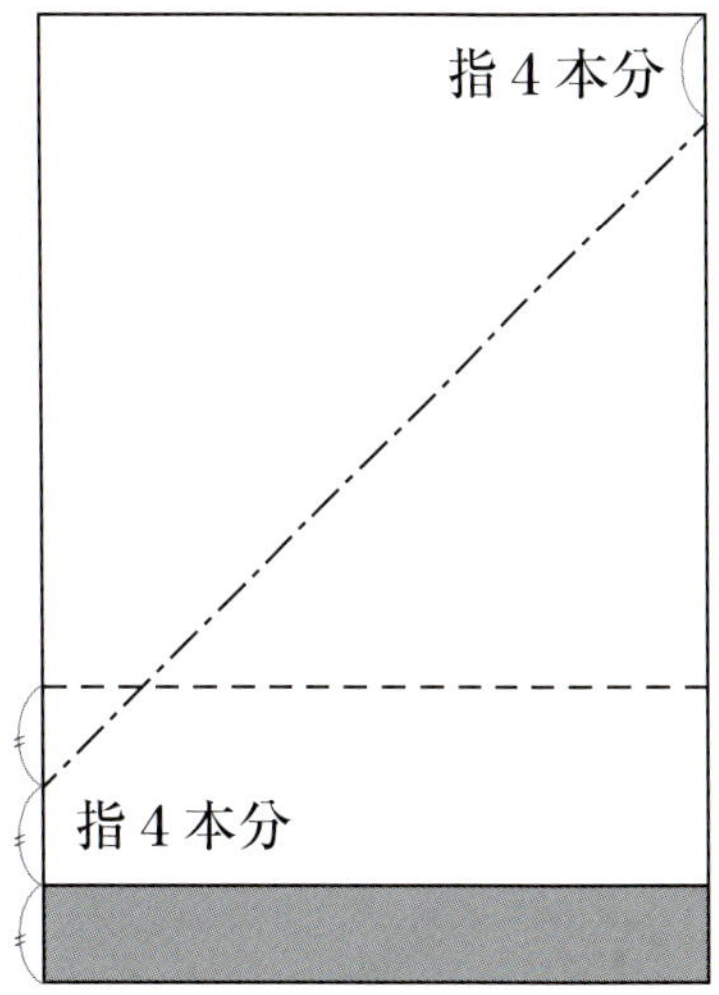

❷

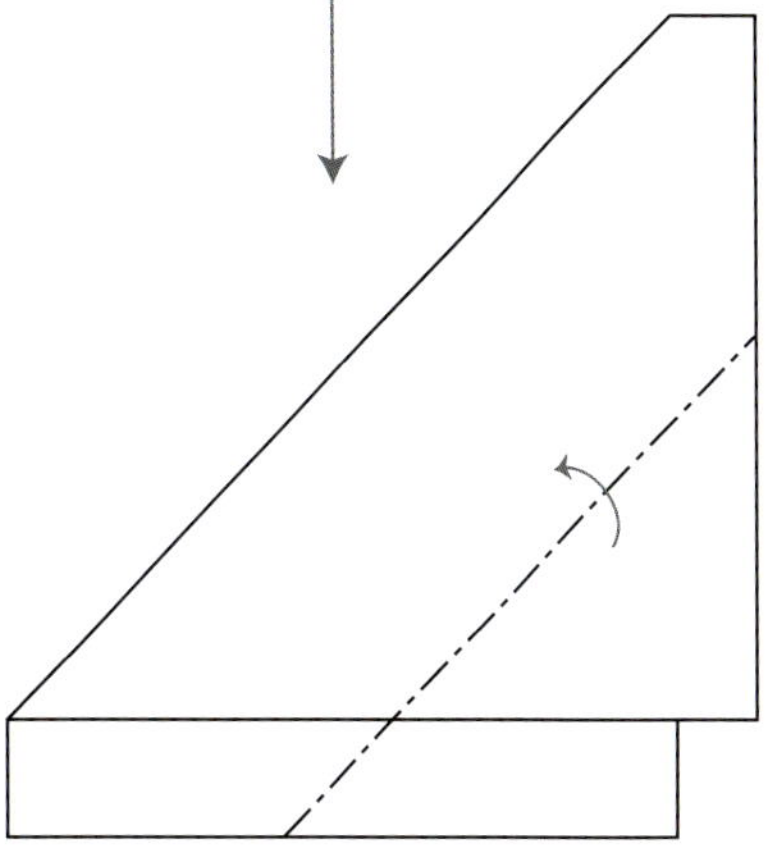

❸

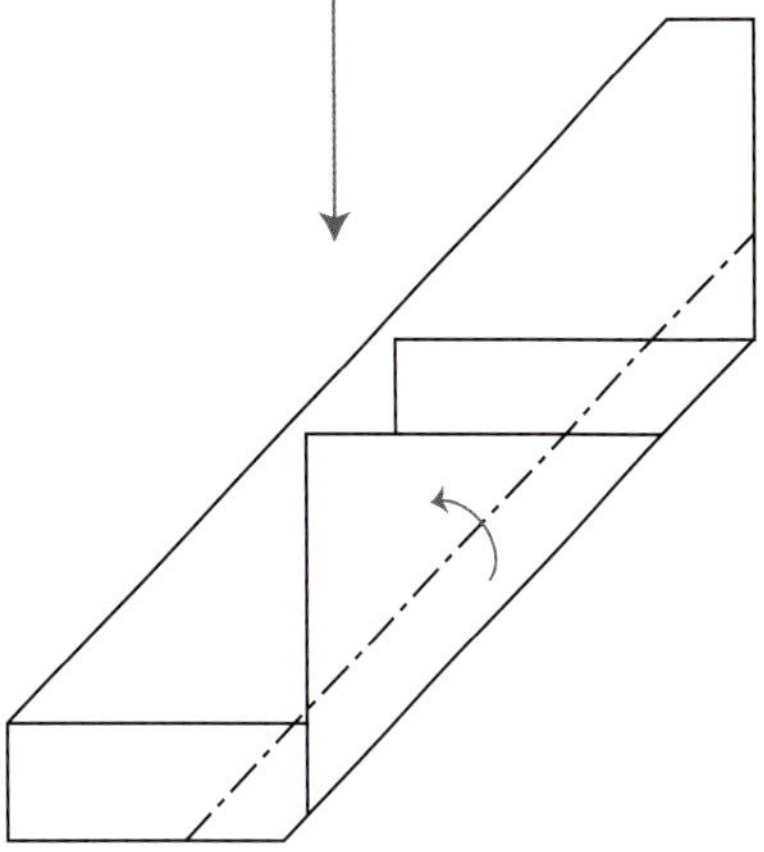

❹ 一旦開いて、三角形を下に折り下げる

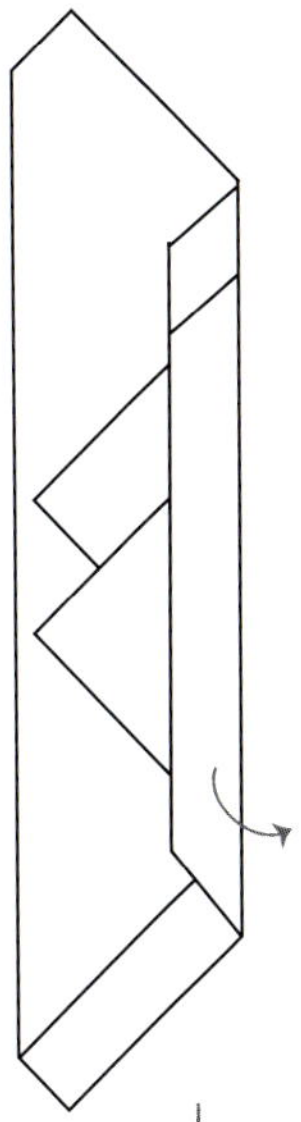

❺ 下の帯の淵より2㎜出して折り上げる

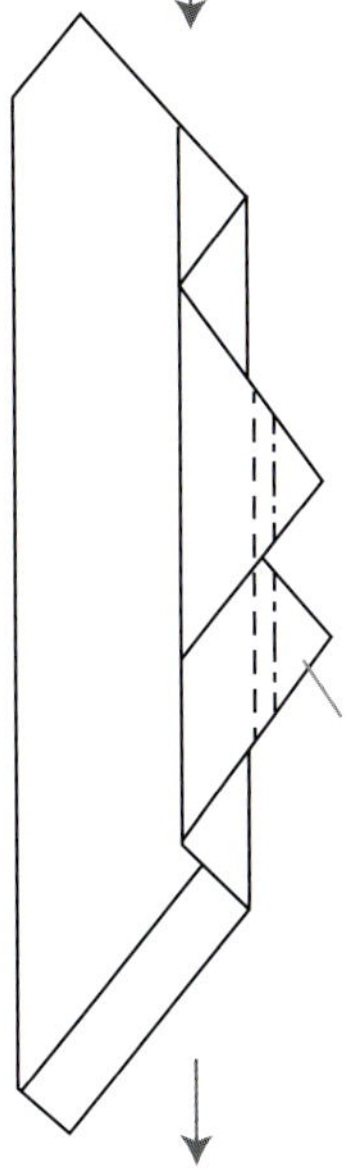

❻

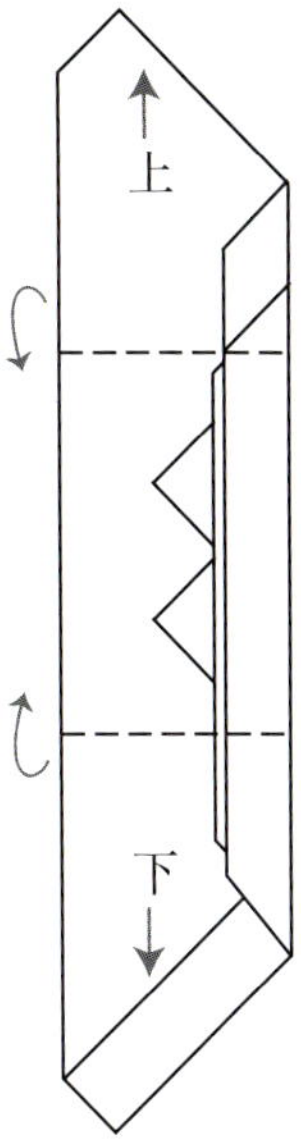

秋分《しゅうぶん》

◉九月二十三日ころ

昼と夜の長さが同じになる日。夜が長くなり、気温も下がりだす。

裏

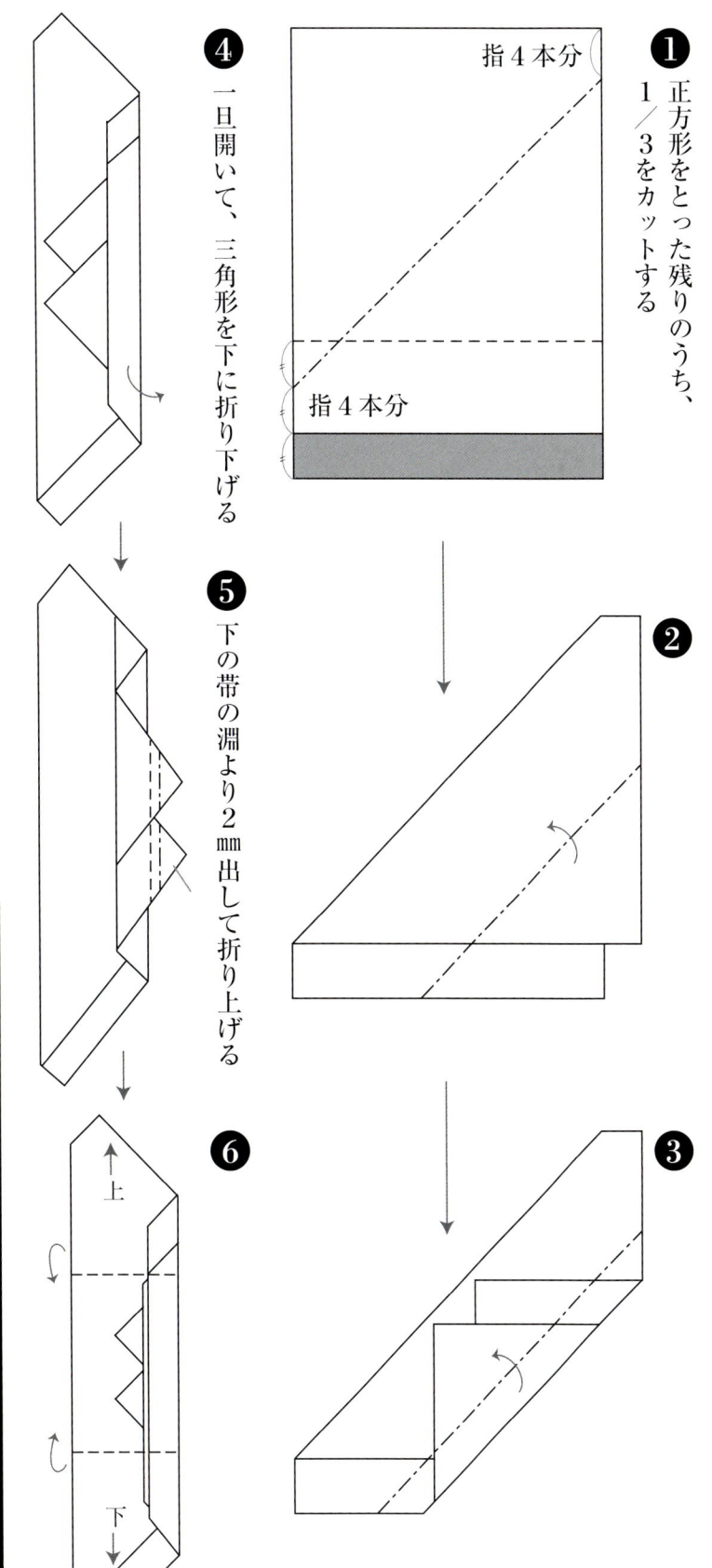

兎の粉包み

五〜六寸の縁紅紙

旧暦八月の異名に「仲秋」があります。その月の満月が仲秋の名月です。その頃は小豆が穫れるので、十五夜様のお団子には餡を添えました。

日本では翌月晩秋の十三夜を楽しむ風習も生まれましたが、この頃になると大豆が穫れるようになります。それで十三個のお団子にはきな粉を添えたのです。きな粉がこんなふうにかわいらしく包まれていたなら、お月様もきっとにっこりされるに違いありません。

寒露《かんろ》
◉十月八日ころ

草花に露が宿るという意。日に日に秋が深まるころ。

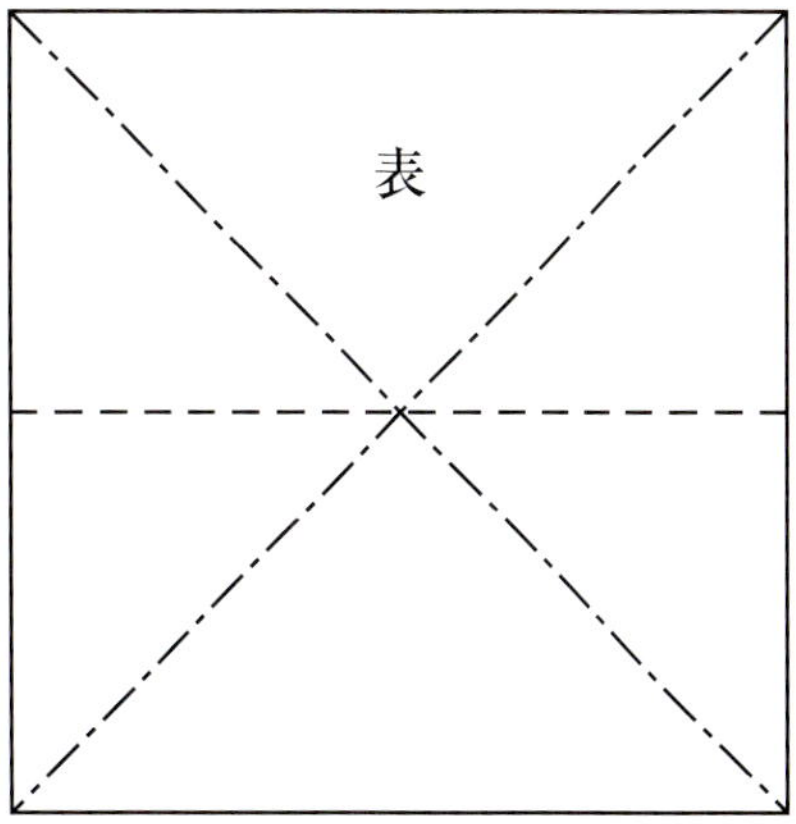

❶ 二重三角を作る

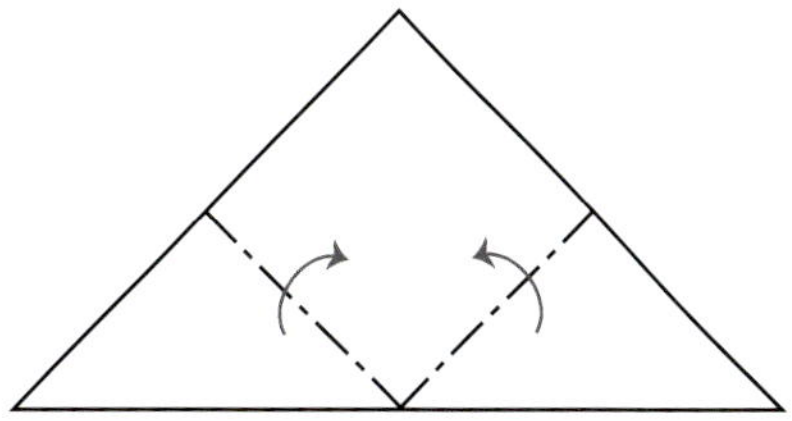

❷

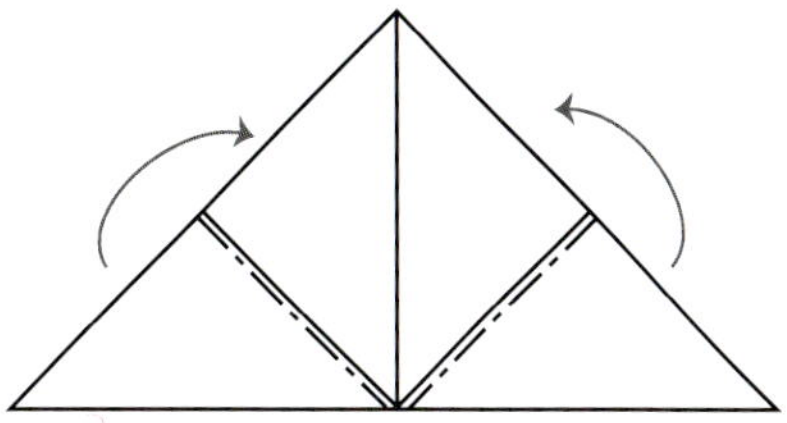

❸ 下の紙を、上の紙の下に
同じ形にして差し込む

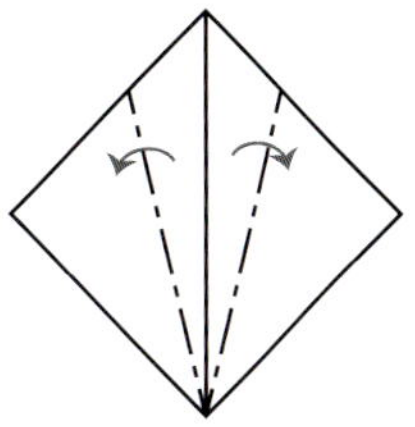

❹ 菱形の紙になる
上の紙を左右それぞれ
折り返す

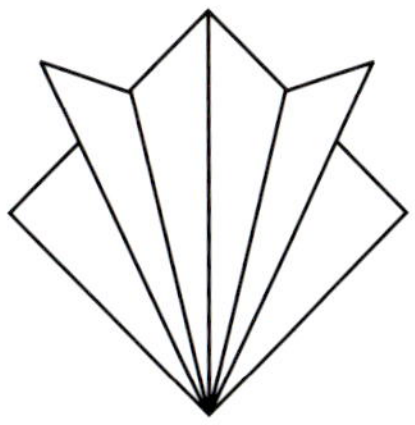

❺

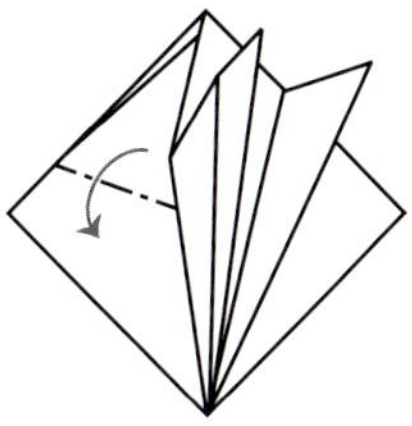

❻ 間に挟み込んだ紙を
斜めに折り下げる。
右側も同様に

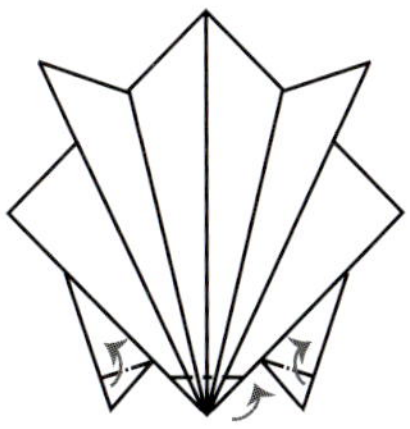

❼ 足を斜め上に折り上げる。
頭を裏に折る
耳と足は指を入れて広げる

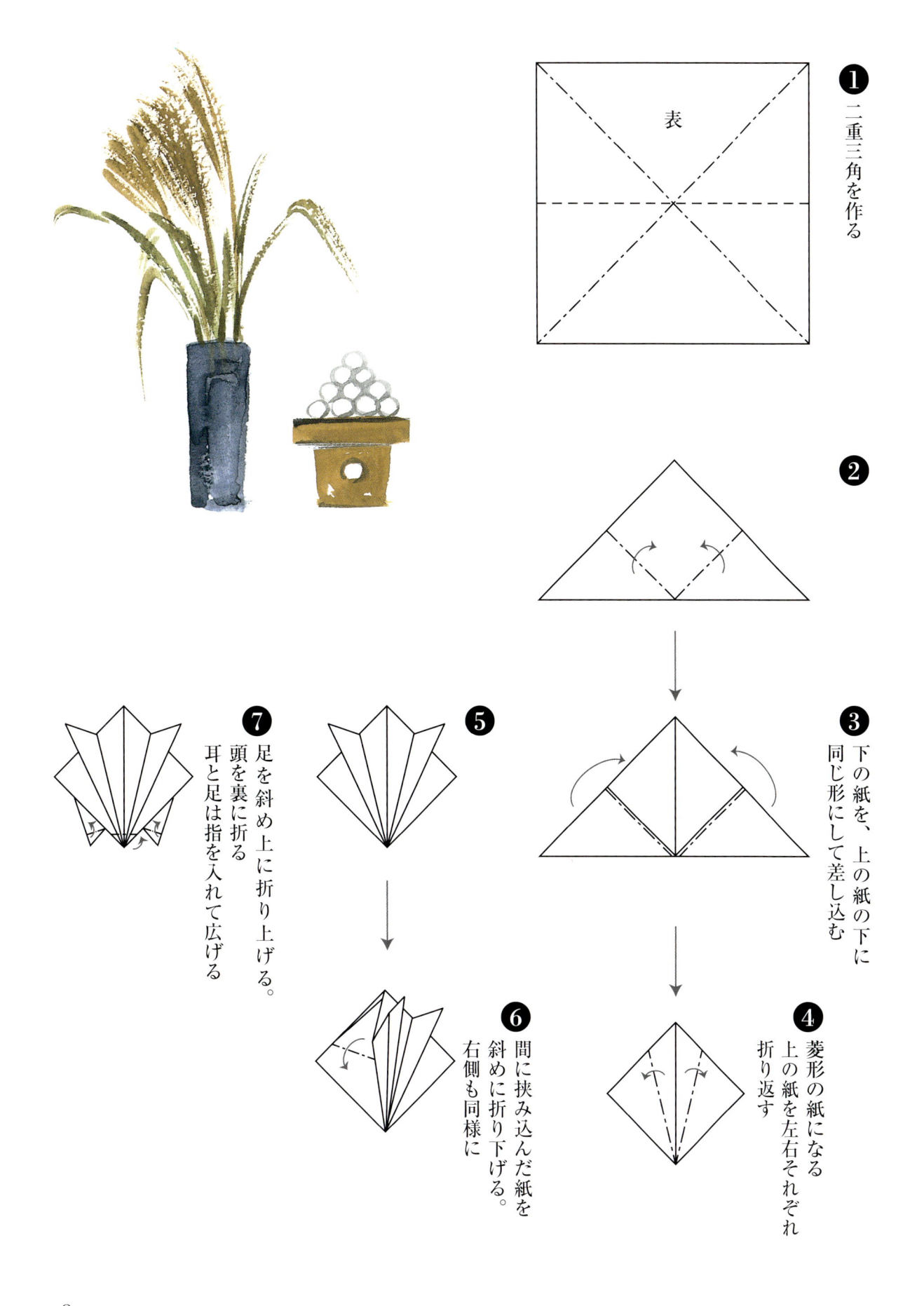

菊の花包み

白い和紙に重ねる別紙は、菊と同系色のものにします。比較的新しい折形ゆえ陰陽の原則と異なるところがありますが、おおらかに季節感を楽しみたいものです。

半紙大の奉書・檀紙・水引・別紙

季語

秋の野

もうずいぶん前のことです。近くに働き者の奥さんがいました。その人は植物が好きで、庭にいろいろな花や実を植えて季節を楽しんでいました。

秋になると決まって山に入り、珍しいきのこを採ってはわが家にお福分けをしてくれます。薄紫色の滑らかなきのこを貰った感激は今でも忘れられません。盛り方にも工夫がなされ、とてもすてきなプレゼントでした。

その人の秋の庭には色とりどりの小菊が咲くので、一枝ずつもらって鹿沼土にさし、根を作って地植えにすると、どんどん増えました。

そんなある日、急なことから彼女はこの世を去ってしまいます。菊の時期になるといつもその人を思い出します。天国の秋の野で、今年はどんな菊を手にしているでしょう。

たくさんの花を分けてもらったお礼に、わが家で咲いた小菊を手向けたいと思いました。

1 縦シボにして、半紙大に切り出す
（シボとはシワのこと）
正方形を取って、その残りの
1／3をカットする

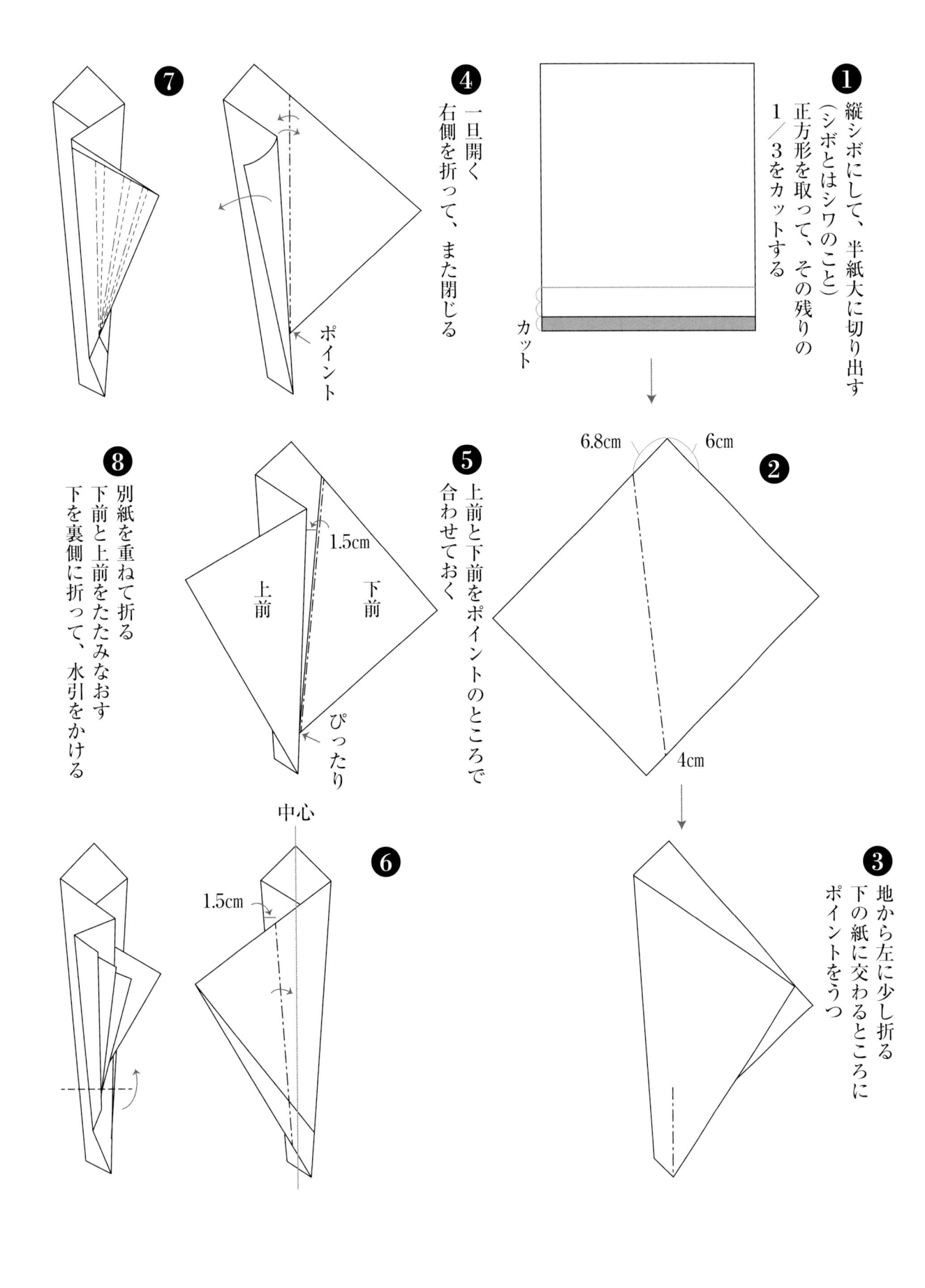

2

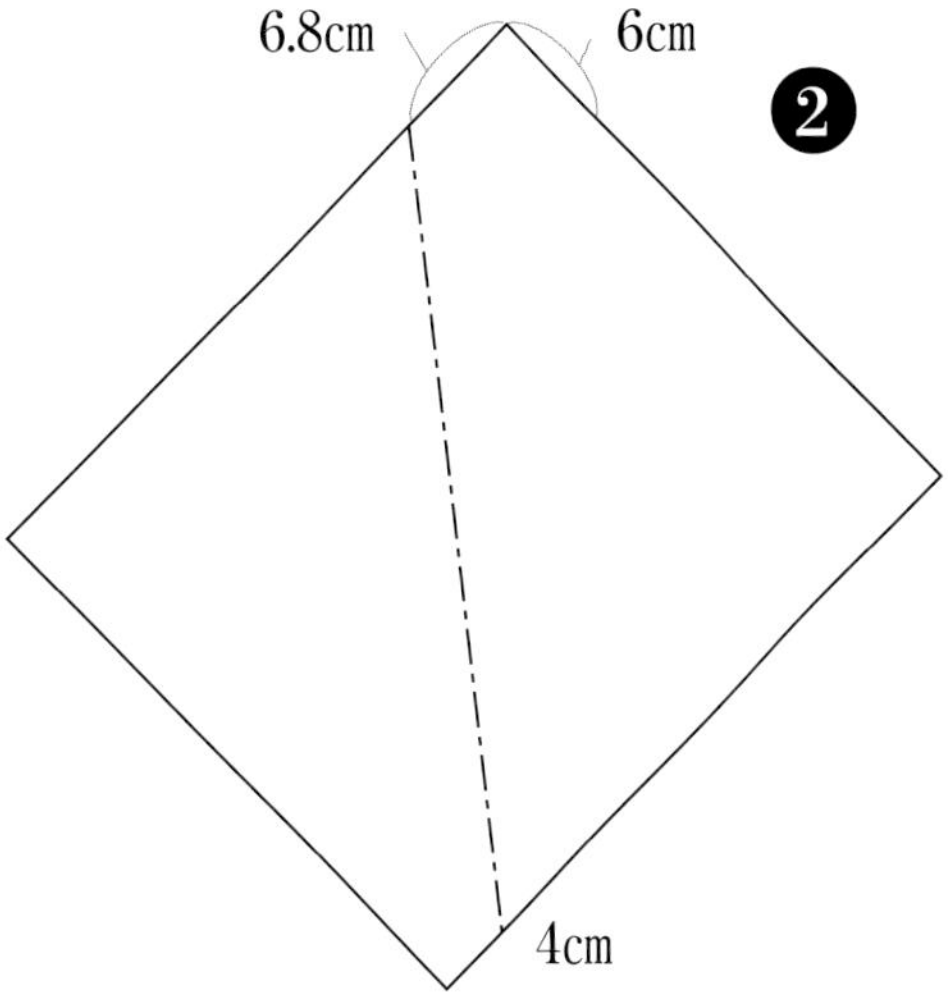

3 地から左に少し折る
下の紙に交わるところに
ポイントをうつ

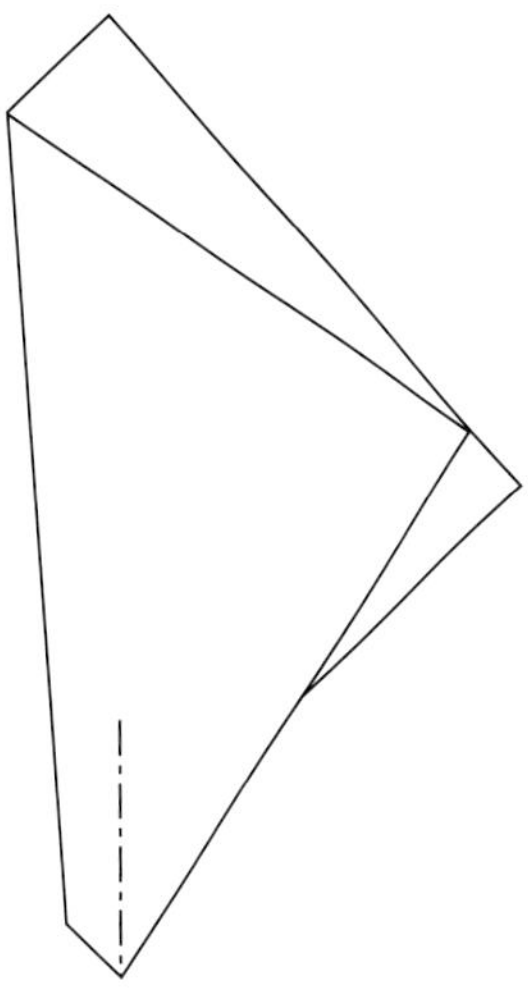

4 一旦開く
右側を折って、また閉じる

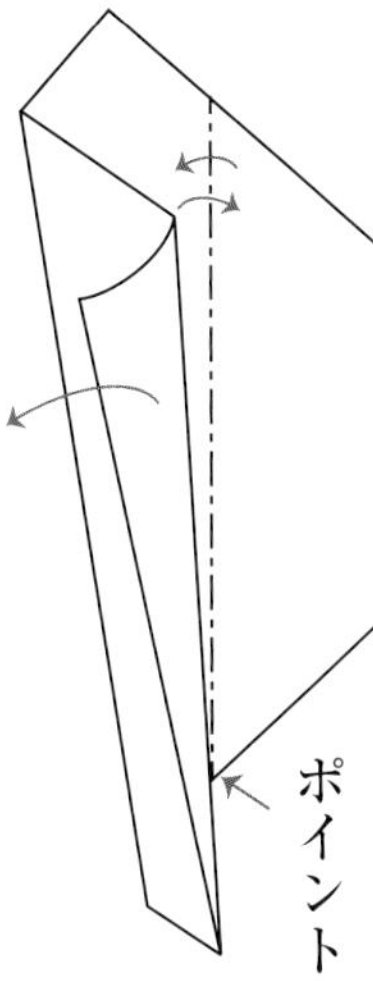

5 上前と下前をポイントのところで
合わせておく

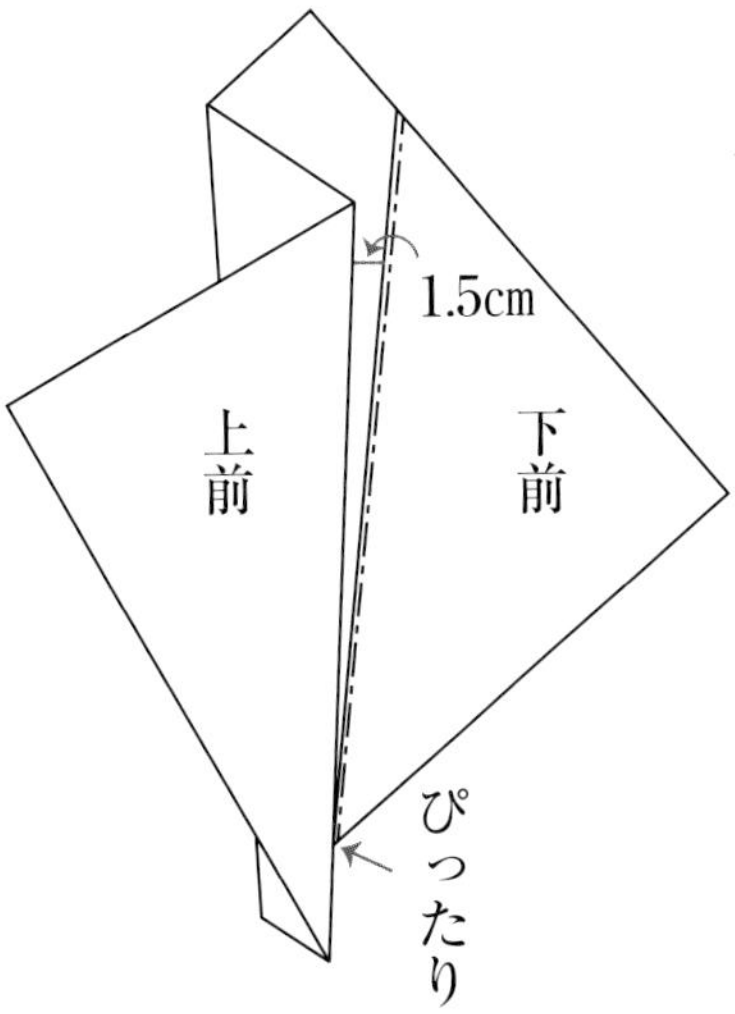

6

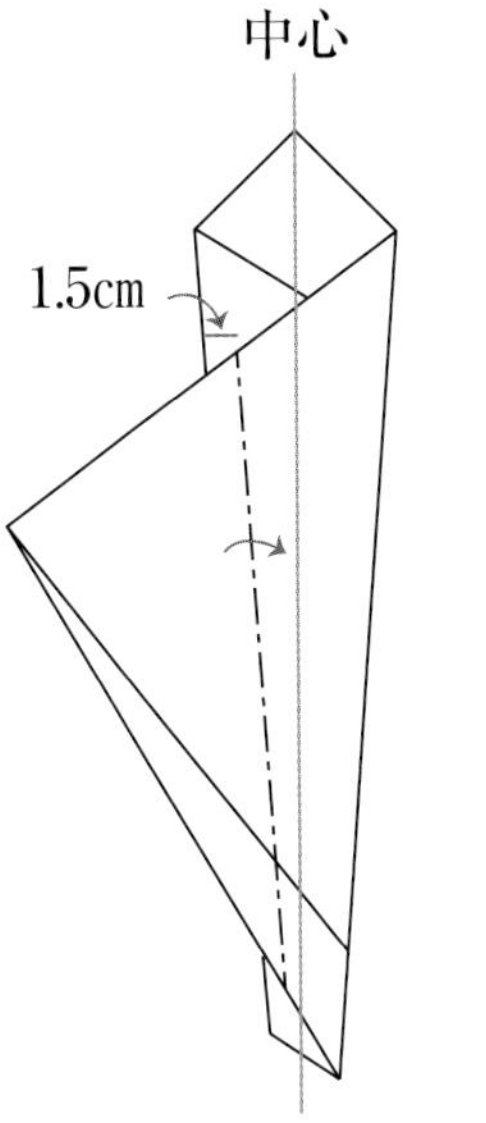

7

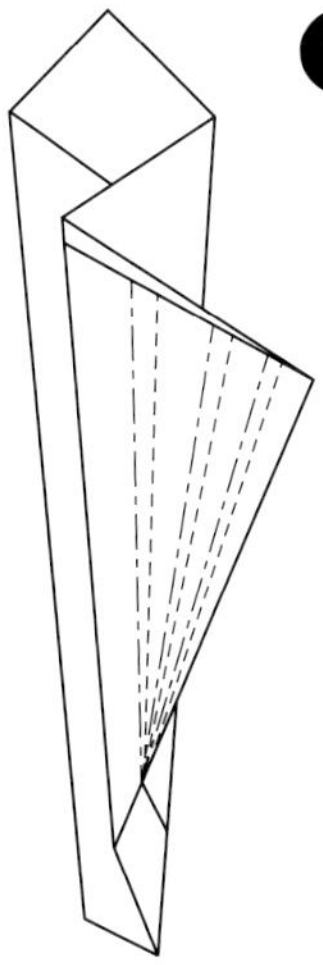

8 別紙を重ねて折る
下前と上前をたたみなおす
下を裏側に折って、水引をかける

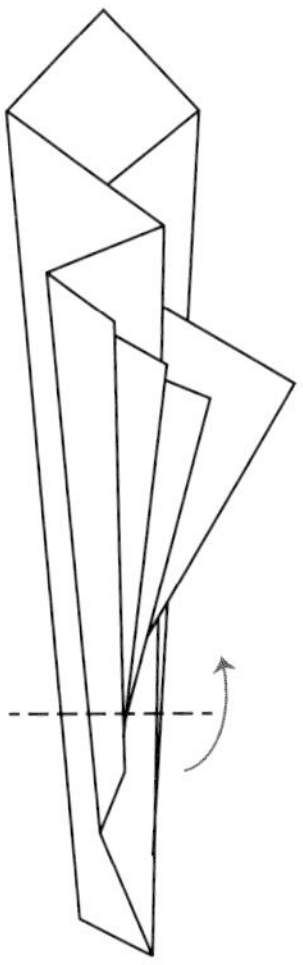

葬礼包み

檀紙・奉書

どんなに親しく、どんなに楽しい時間を共に過ごした人でも、いつかはこの世でのお別れの時がやってきます。見送る時の折形は、心ふさぎ、悲しみの涙が地に注ぐ、ということを表す形となっています。

市販の「御霊前」の袋は水引が上を向いていますが、それは本来慶び事の形状で、不祝儀の場合は、下を向けるのが常でした。

時代とともに、あらゆるものは変わっていきます。今の形が間違いというわけではありませんが、もともとの意味を知っておくことも大切かもしれません。

霜降《そうこう》

◉十月二十三日ころ

朝晩はぐっと冷え込む。木々の紅葉が始まり、晩秋を彩る。

❶ 檀紙、もしくは奉書を使う
中心より指1本ほど右にずらしたところで折る

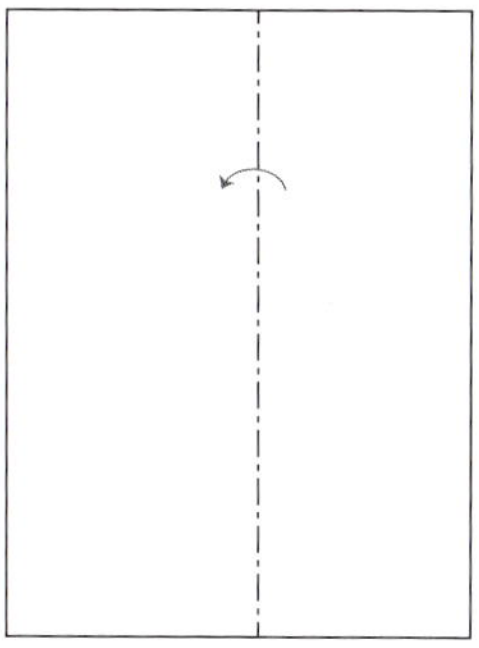

❷ 上の一枚を折り返す
（右側に2〜3㎜控えて）

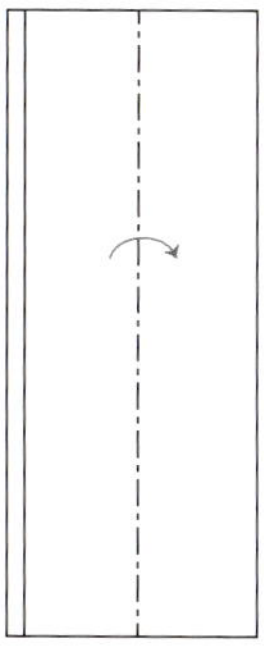

❸ 左から折り重ねる
（右側が見えないように深く折る）

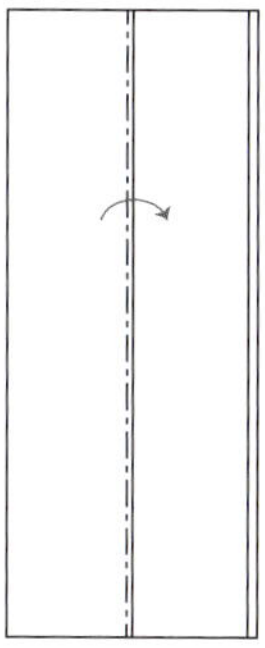

❹ 下・上の順で裏側に折る
（下からの折り返しに、上からの折り返しが少し重なるように）

水引は黒白または銀一色
一旦、天地を逆さにして結び切りの形に結び、それを戻す

弔事内包み

半紙

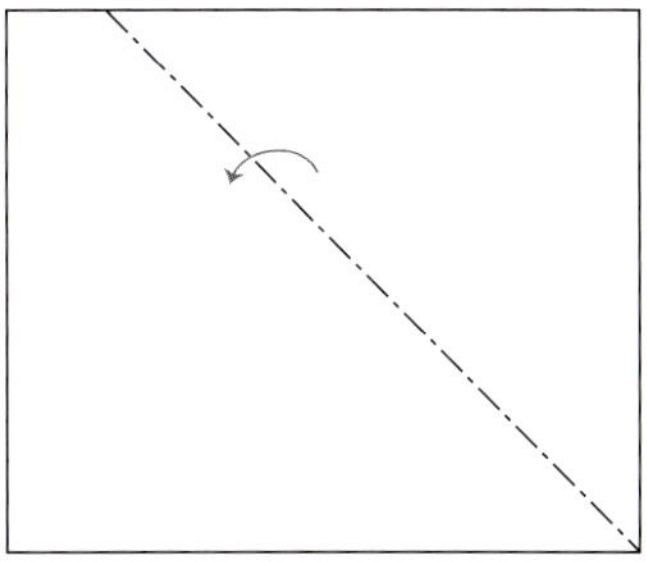

❶ 正方形に折る

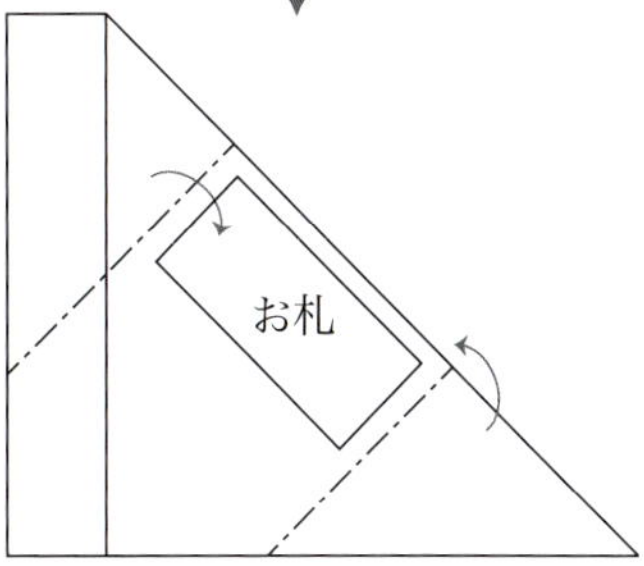

❷ 右側から折る

お札に合わせ、先に地を折り、あとから天を折り下げる

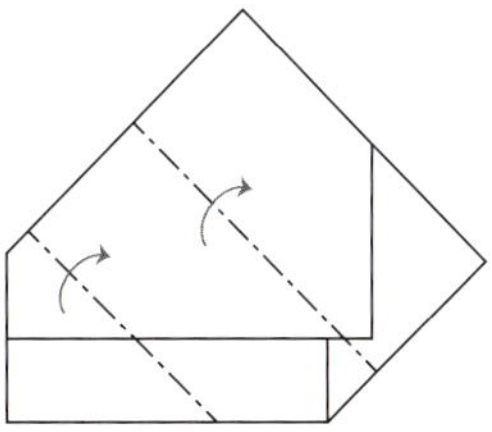

❸ ほぼ同じ長方形になるように折り込んでいく

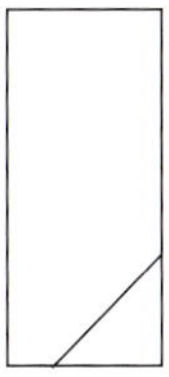

❹ 完成

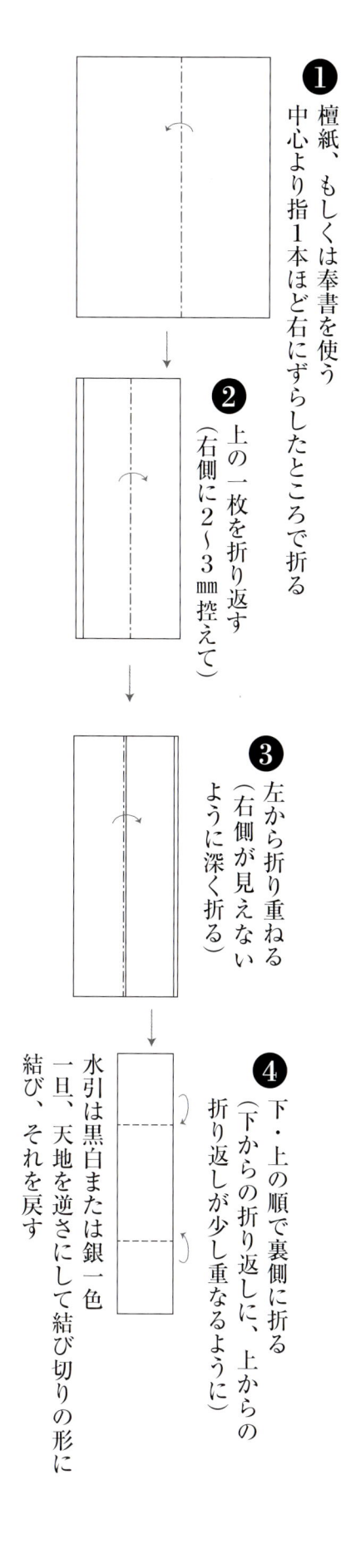

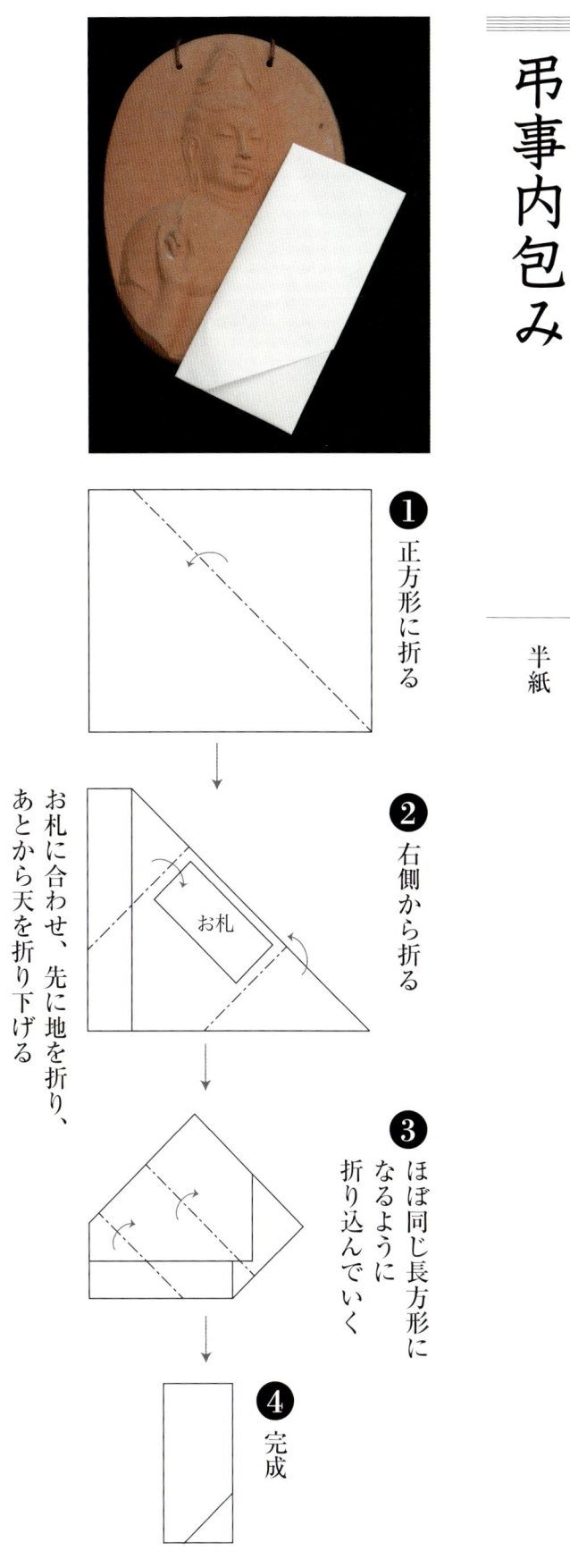

冬

残果《ざんか》包み

半紙

お茶の世界では、この頃に炉開きが行われます。炭とお香の匂いがそこはかとなく漂う茶室で、しゅんしゅんと沸くお湯の音を聞きながらお抹茶をいただいた後は、別室で楽しい語らいがありました。

　先に帰らなくてはならない方には、銘々皿のお菓子を手早く包んで持ち帰ってもらいます。

立冬《りっとう》

◉十月七日ころ

冬の始まり。日脚もぐっと短くなる。

北国からは初雪の便りが。

❶ 半紙を用意して使う
左の地を折り上げる

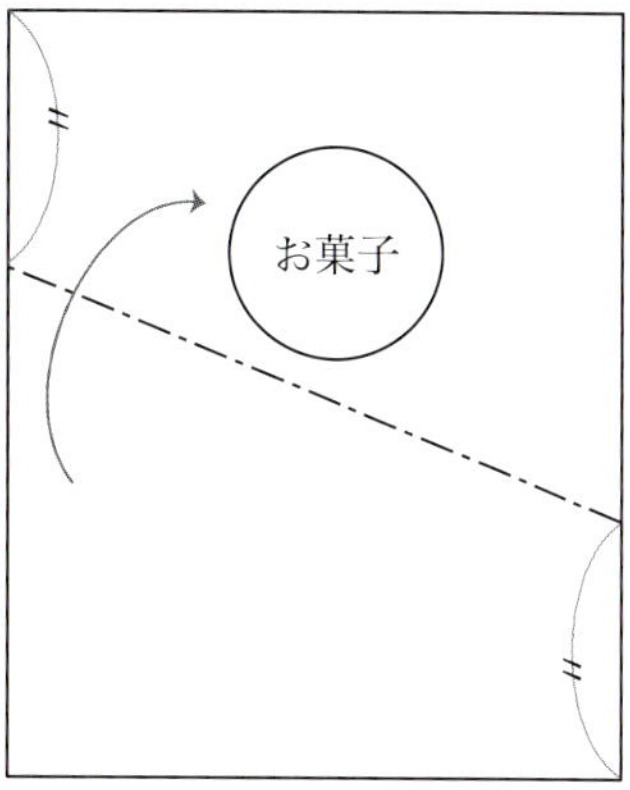

❷ 一度お菓子を持ち上げて
「わ」のところに落ち着かせた後
「わ」を天にして置く

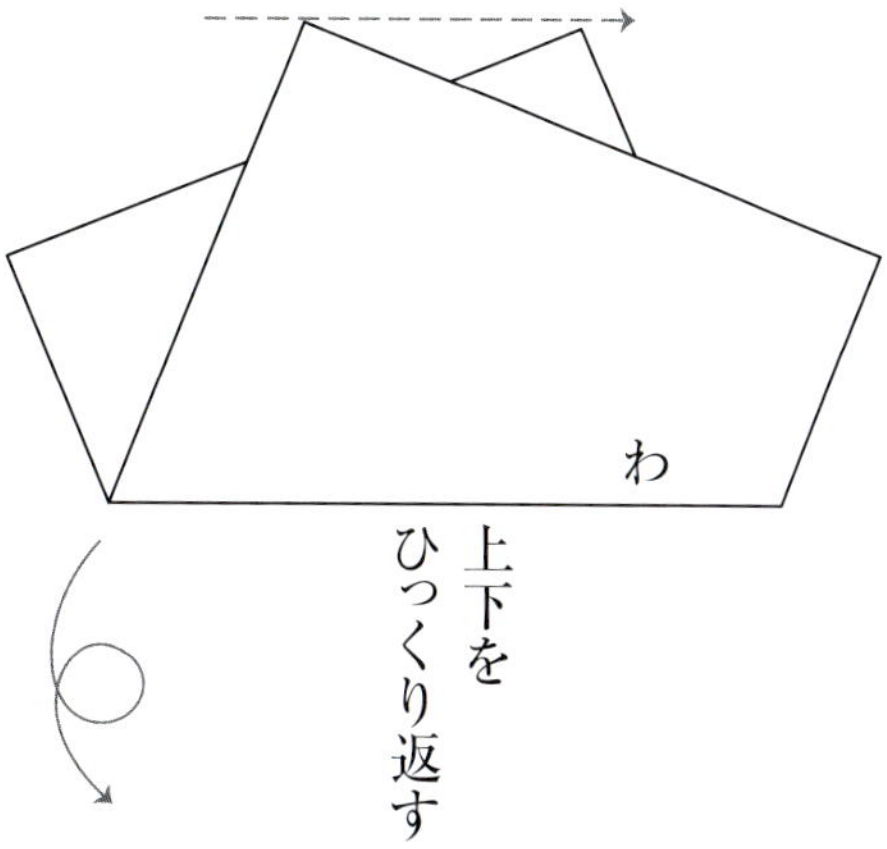

❸

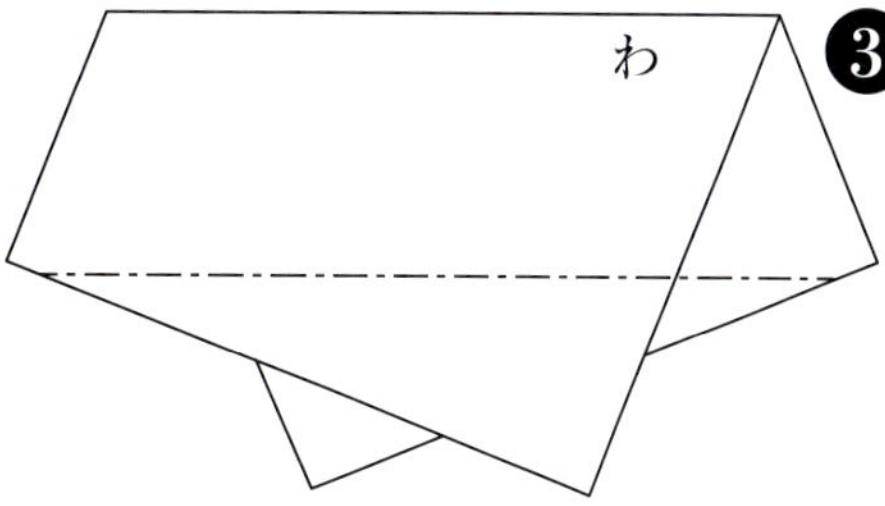

❹ さらに折り上げる

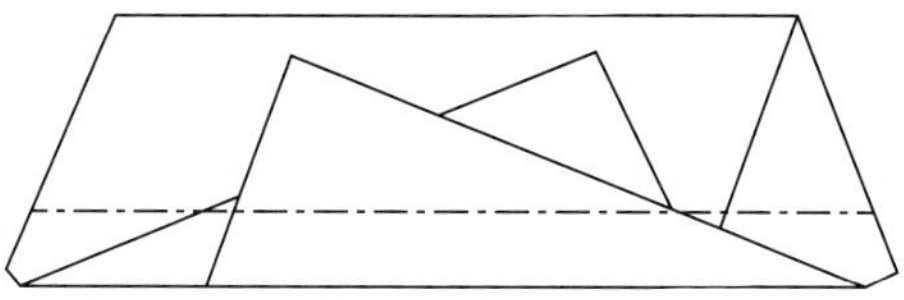

❺ 裏側に折る

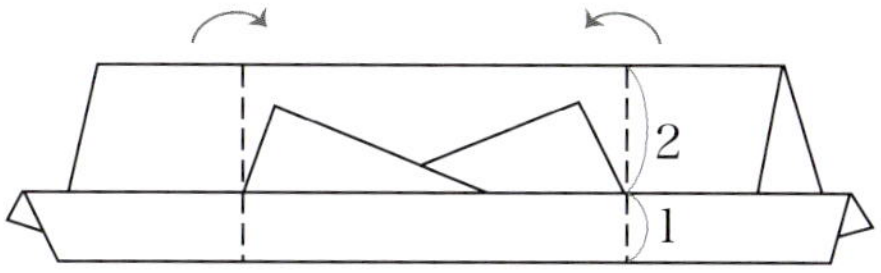

裏

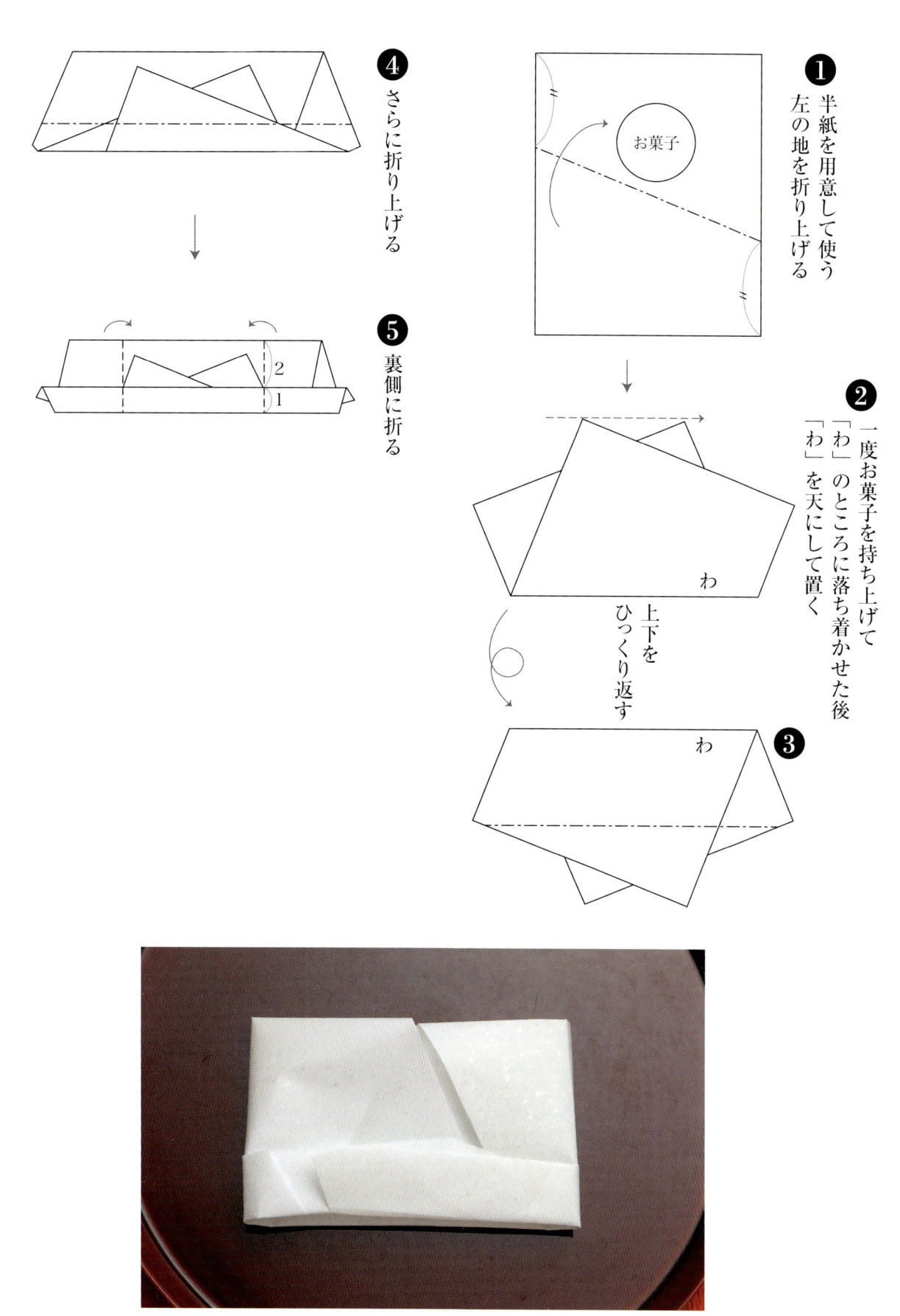

粉包み

［二種］

五～六寸縁紅紙

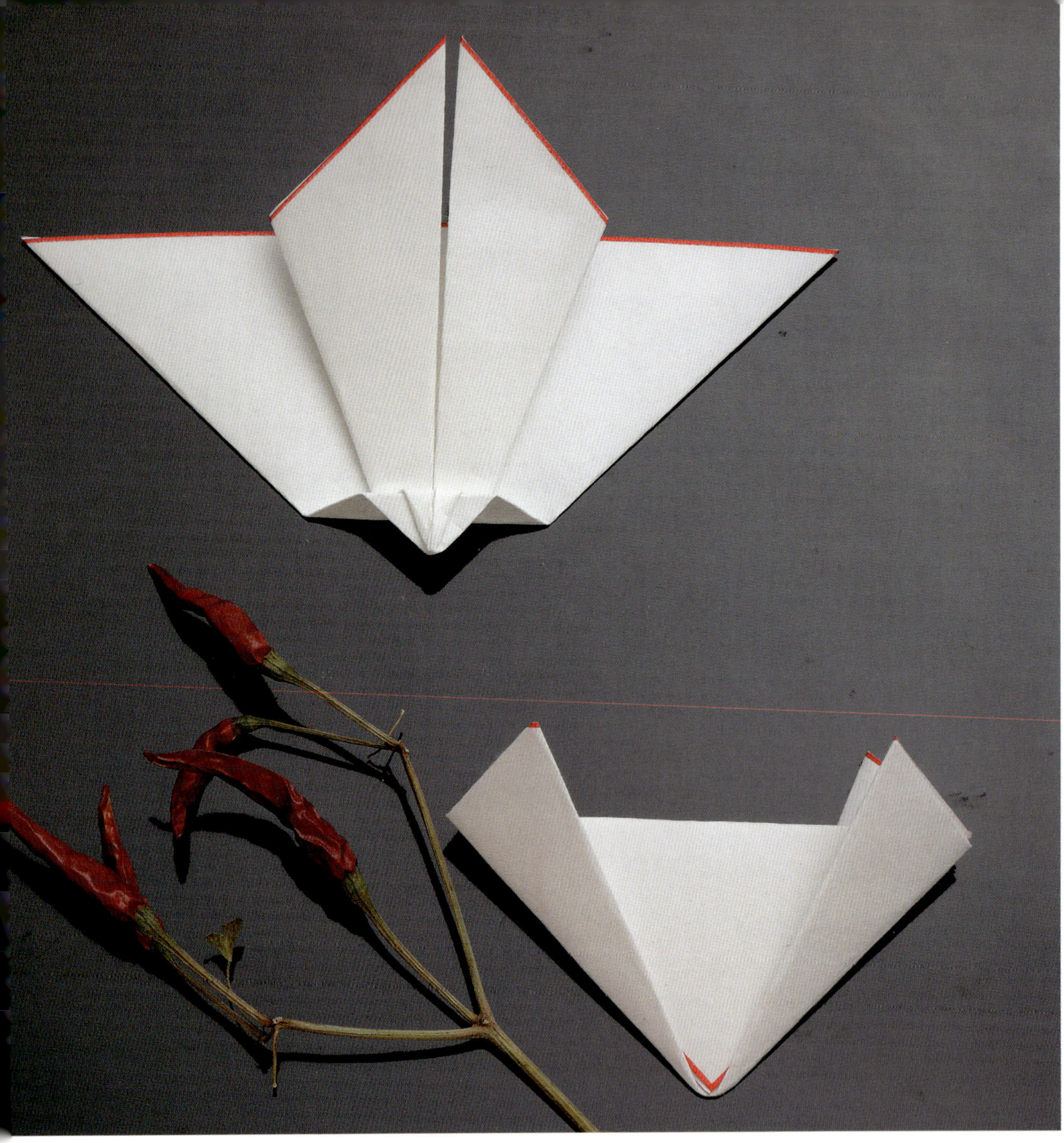

上、萬粉包み
下、唐辛子包み

その昔、香辛料はとても貴重でした。遠い旅を経て日本にやってきたもの、大変な手間をかけて作り上げたもの。どれもお粗末にはできません。

そのようなものを、大切に和紙に包んで先様に差し上げたり添えたり。奥ゆかしいその気持ちは、人と人との間を、どんなにか円満につないでくれたことでしょう。

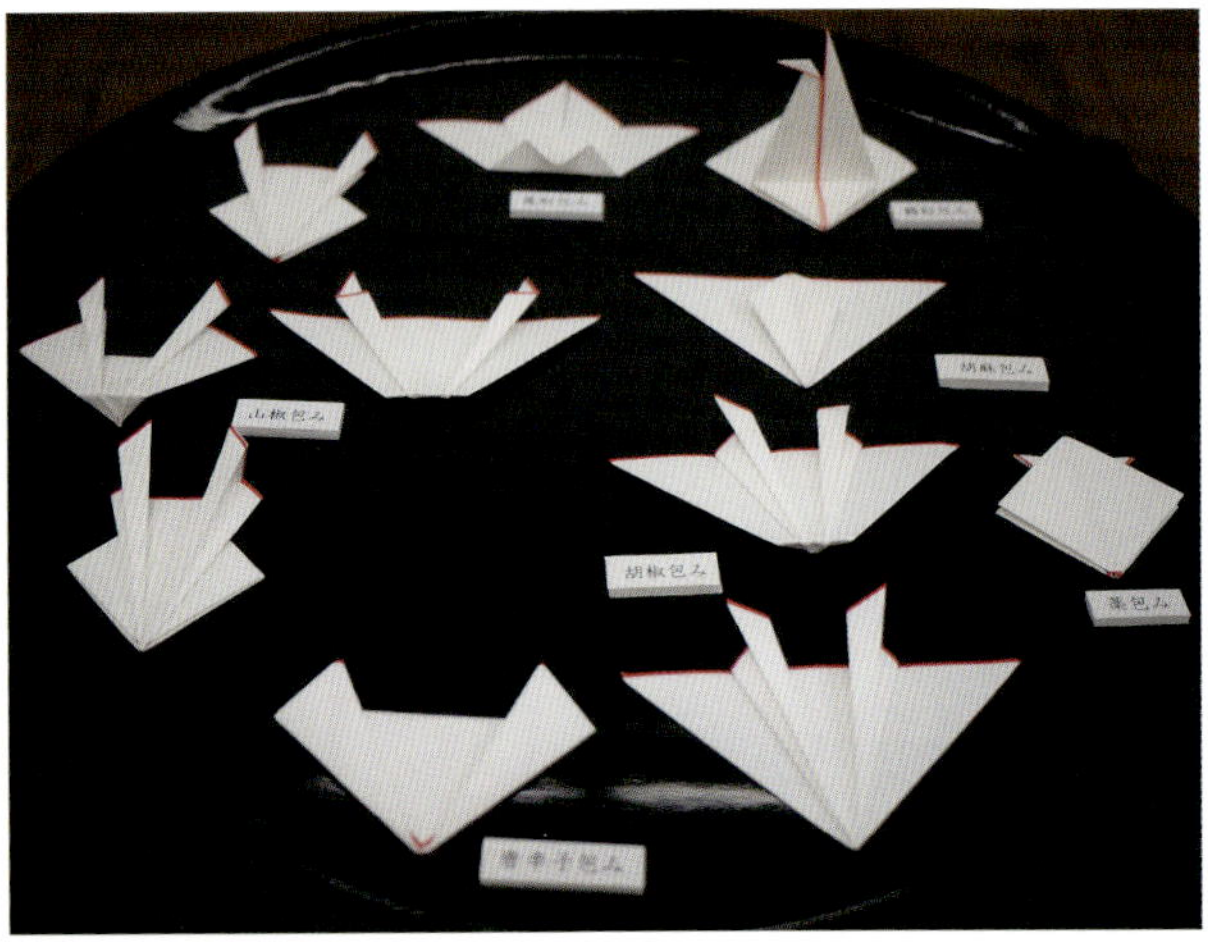

様々な粉包み

【唐辛子包み】

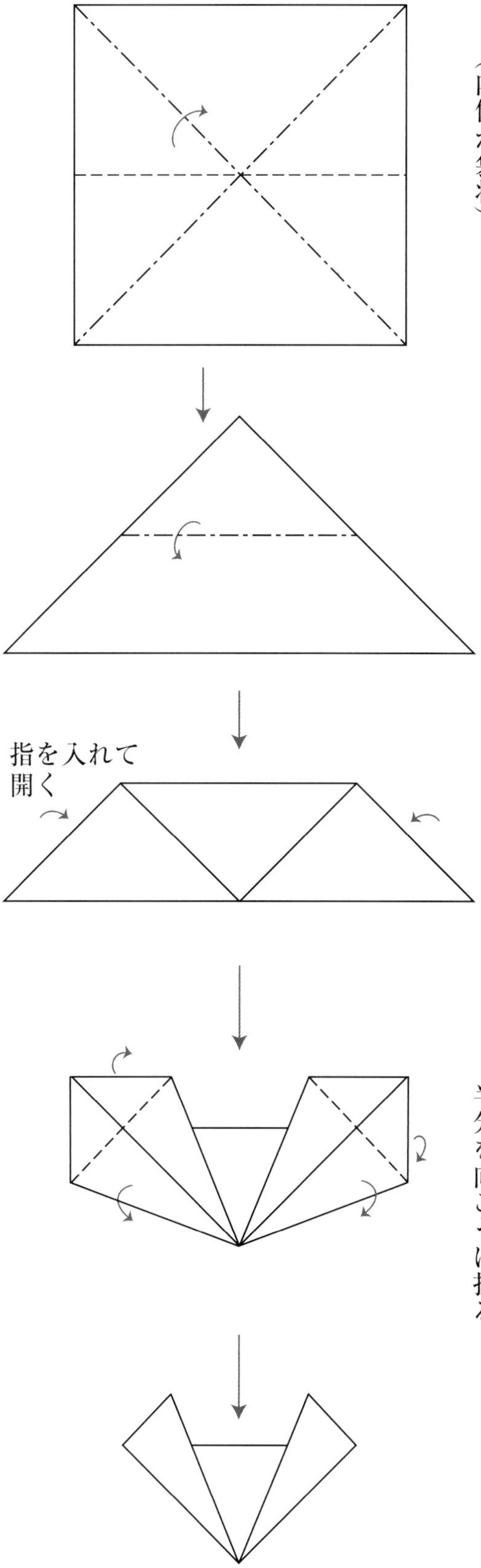

❶ 二重の三角を作る（内側が袋状）

❷

❸

❹ 三角を中に折り込む　半分を向こうに折る

❺ 完成

【萬《よろず》粉包み】

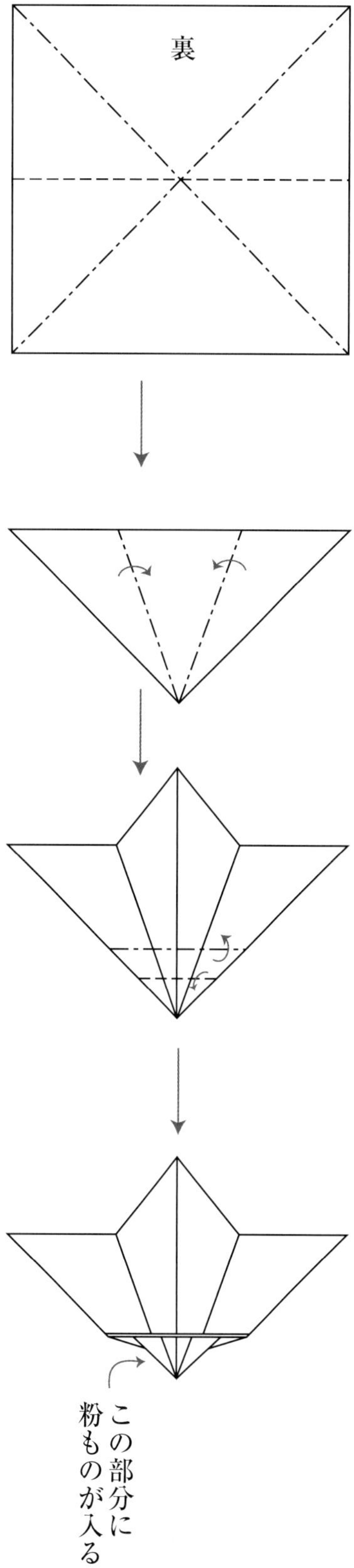

❶ 二重の三角を作る（内側が袋状）

❷

❸

❹ 先が立ち上がる

山椒包み

五～六寸縁紅紙

【山椒包み1】【山椒包み2】

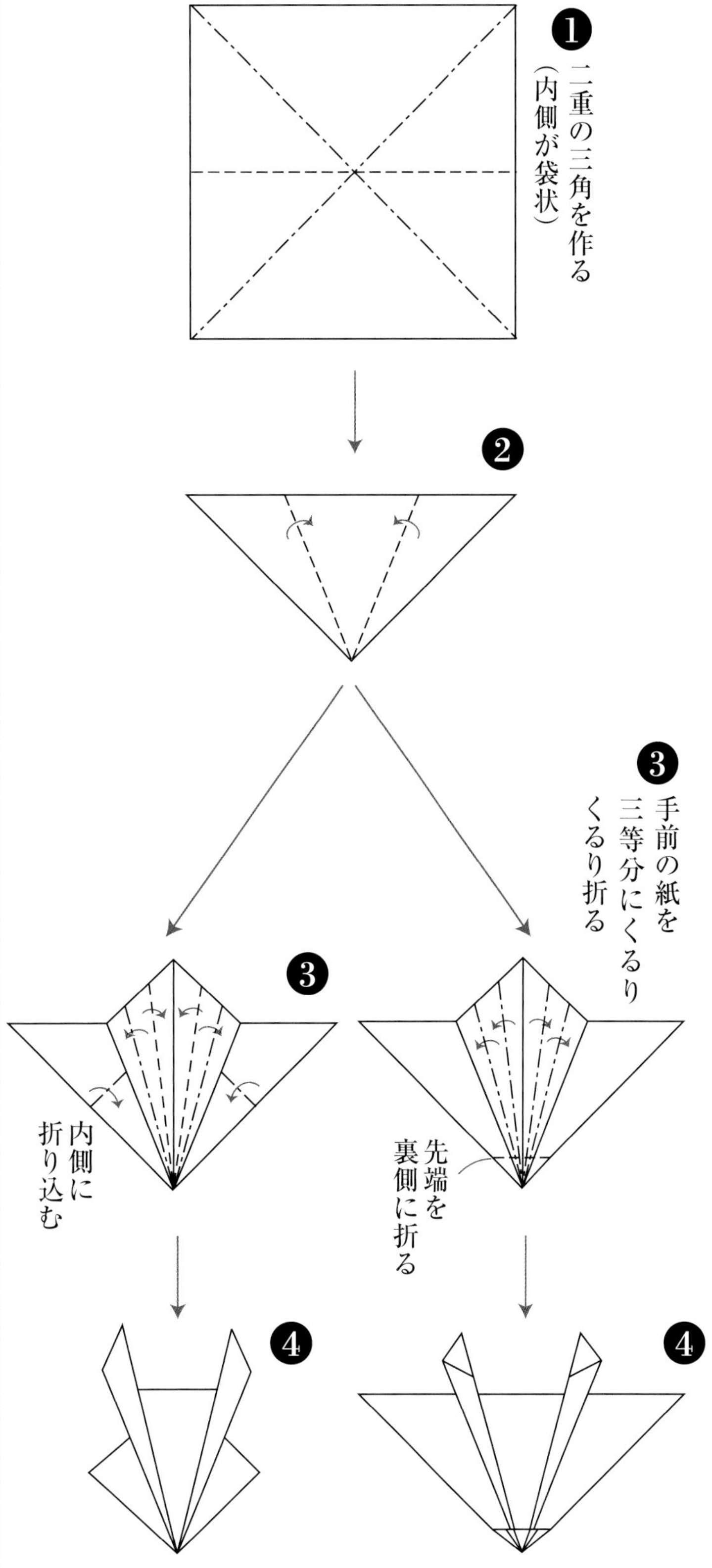

【山椒包み3】

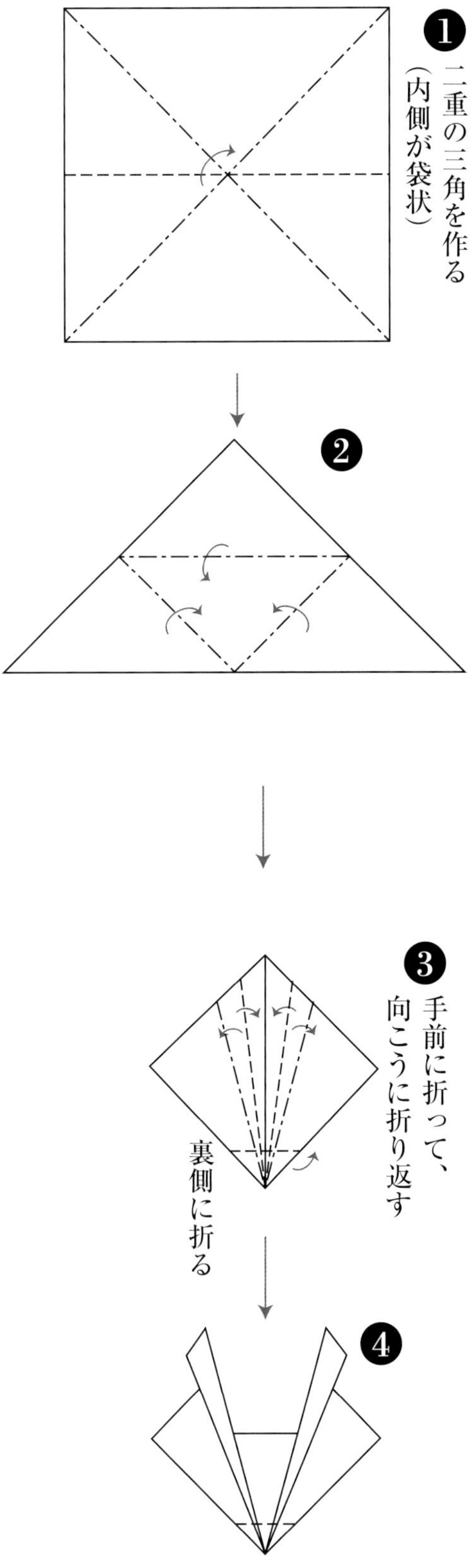

結婚祝い包み【行】

檀紙・別紙（赤の合わせ揉み紙）・水引5本

小雪《しょうせつ》
◉十一月二十二日ごろ

日を追うごとに寒くなり、平地にも雪がチラチラと降ることも。

秋深まるよき季節、結婚式も多くなります。晴れの日のお祝いのために、ご両人のしあわせを願い、時間をかけ、心を込めて丁寧に折りましょう。

できればお祝いは挙式当日ではなく、前もって予定を尋ね、こちらから出向いて直接お祝いの言葉を述べて差し上げたいものです。

多数の方がみえる披露宴会場の受付にあずける場合は、短冊に氏名を書いて水引にはさむとよいでしょう。

水引は、結婚は二度ないようにという意味から先端を結び切りにします。

❶ 奉書を使う
正方形にカット

❷ 指4本分、天地に
余白を取って、折る

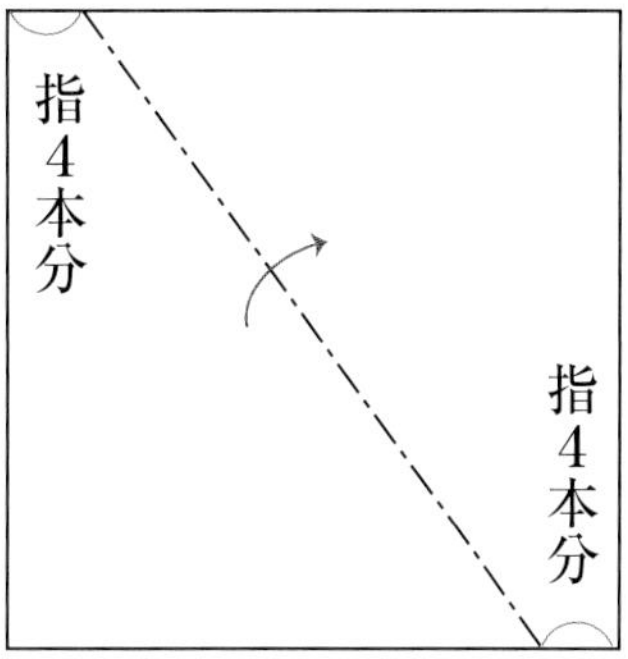

❸

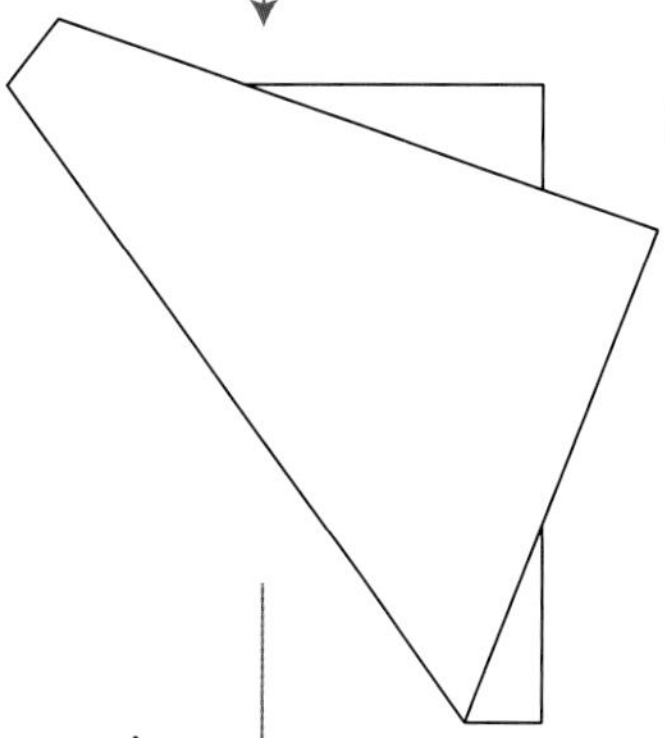

❹ 指1本分空けて、点「ア」
「イ」にそれぞれ折り返す

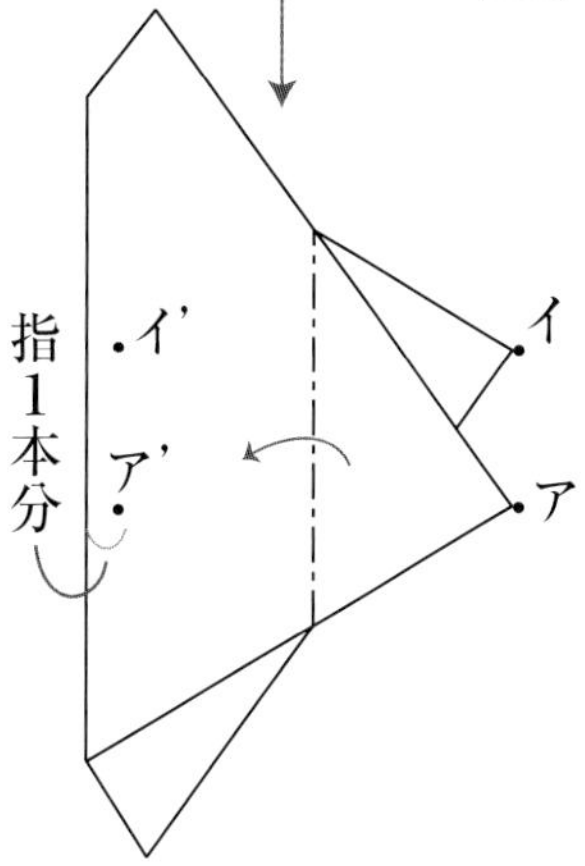

❺ 上の一枚を
手前に開く

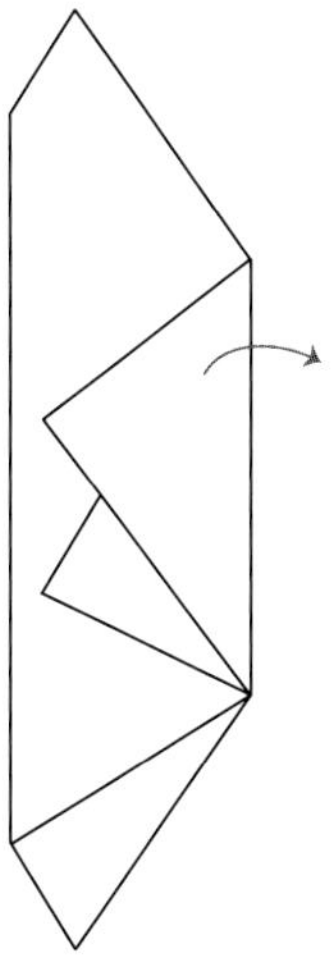

❻ この三角形を1／4の巾のところで
上に折る

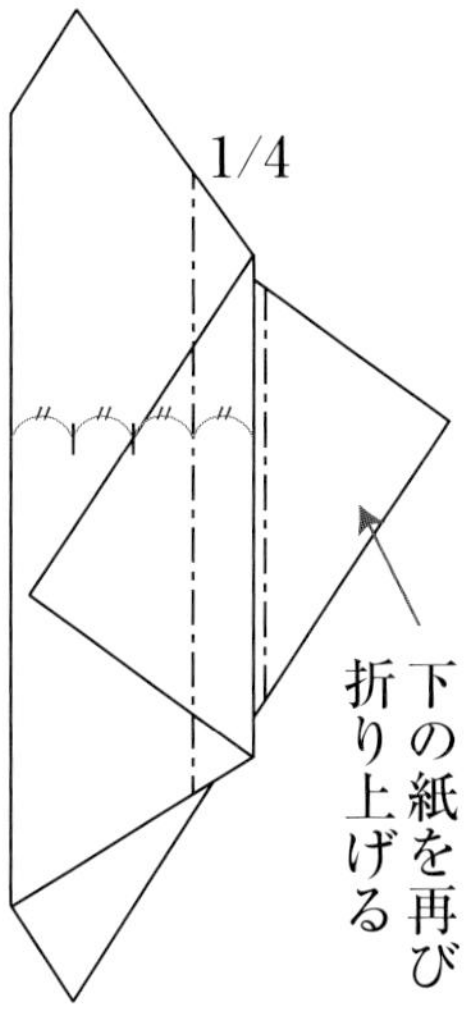

下の紙を再び
折り上げる

❼ いちばん上側の三角形だけ左1／3、
右2／3の線で折り下げる

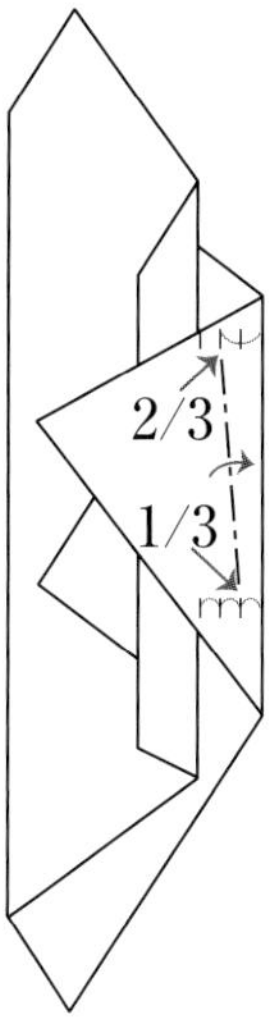

再び、折り下げる

❽ 指1本ずつ間が空くように、
3本のひだを折る

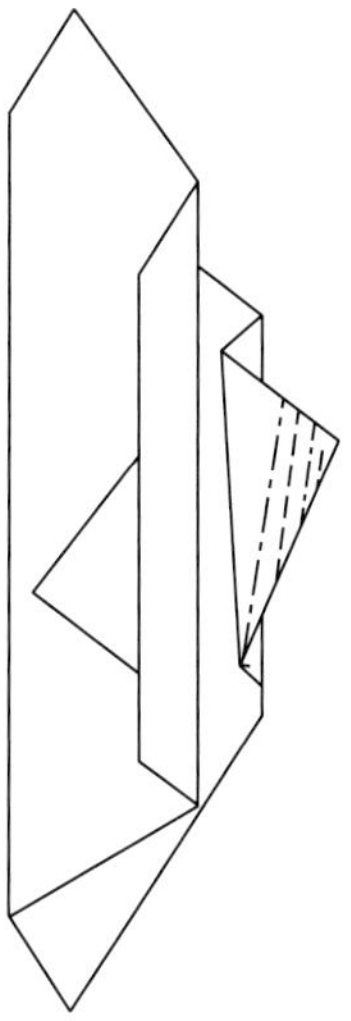

❾

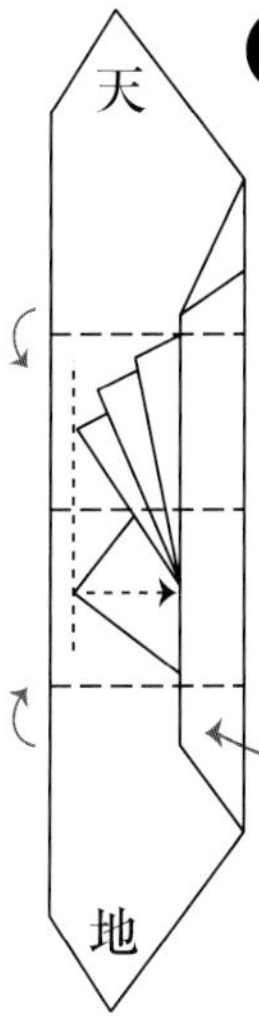

交点が
ほぼ中央に
来るように

左の山の頂点の下に、
扇の要がくるように
バランスを取りながら
ひだをつくる

山の高さがそろうように

＊「天先・地あと」で折って、金銀の水引をかける。輪は作らずに引き抜き、「結びきり」にする。（122ページ参照。）
※縦：横の比率は8：5を目安にするとよい。

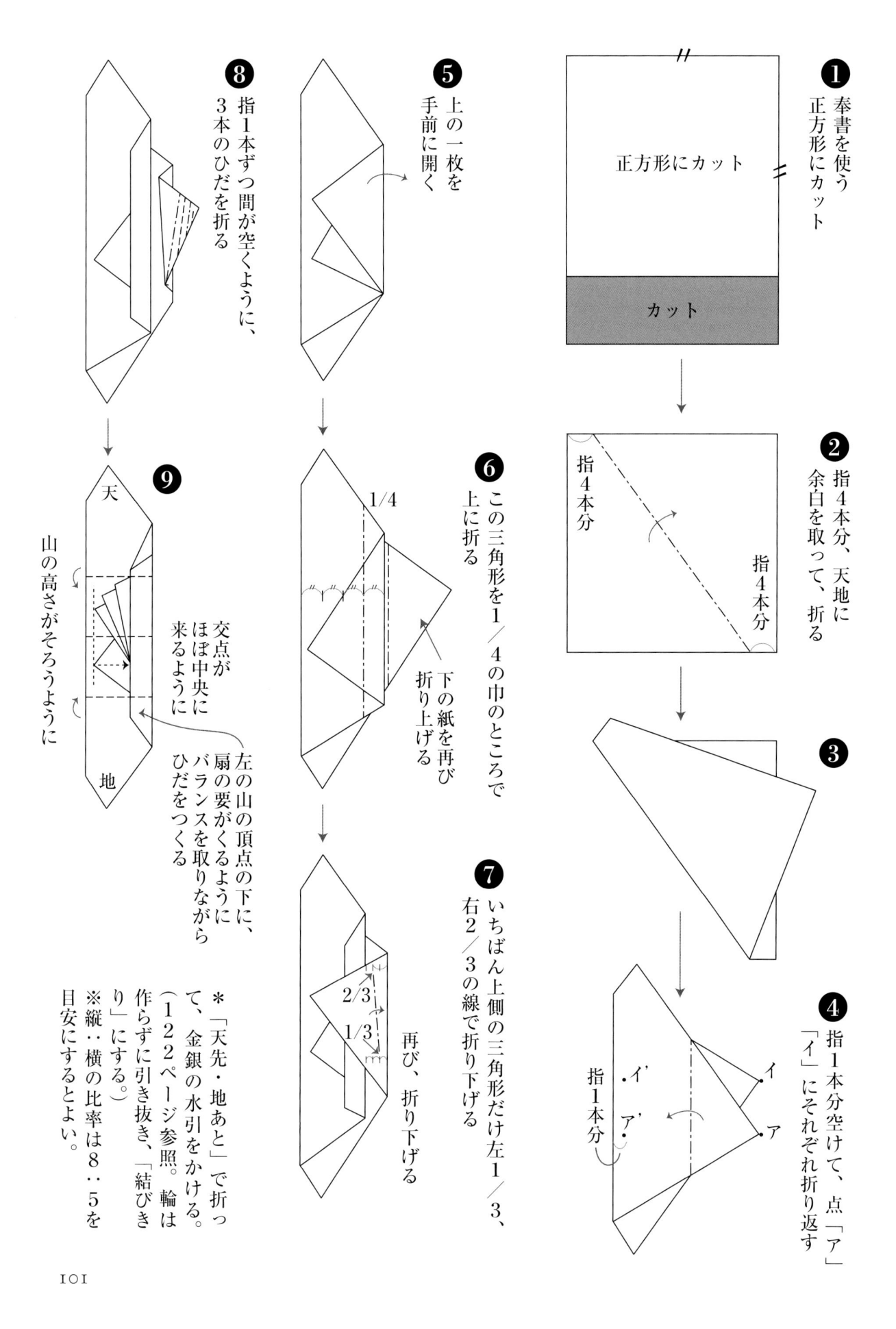

〈参考〉

鶴慶事粉包み

五〜六寸縁紅紙

お祝いのためにお届けする赤飯のごま塩やお餅のきな粉などには、おめでたい鶴を折り出した粉包みを使います。しあわせを願う心がここにも表れ、それは受け取る側にも確かに伝わるはずです。

季語

木枯らし

空気の冷たさが増し、屋敷林の葉が落ちて、枝が青空に根を張るように見える季節。釜の蓋を開けた時のふわりとした湯気の温かさや、熱いコーヒーを入れたマグカップを両手で包んだ時の心地よさ、そんなものがしみじみとうれしく感じられます。

昔祖父が「おおさむこさむ、山から小僧が飛んできた、なーんと言って飛んできた、寒いと言ってとんできた」と、子供のわたしに聞かせてくれたわらべ歌を思い出すのもその頃です。どんな小僧なんだろう、どうやって飛んできたんだろうと、幼心に想像をふくらませたものでした。

木枯らしという言葉にも独特の響きがあります。木々をまるはだかにするような力を持ちつつも、どこか遠い昔の懐かしさを宿すような語感。風も木も、今より人々と仲良しだった頃の言葉のように思えるのです。

戸外の寒さを忘れるような暖房もありがたいですが、祖母が皺だらけの手で作ってくれた綿入れ半纏を着て炭火の掘りごたつにもぐりこみ、ひゅうひゅう鳴る風の音を聞いた昔の暮らしは、いまだに忘れることができません。

そんな北風の吹く日、昔から懇意にしている一家の長男

が遊びに来るという知らせが入りました。九州に転勤となり、しばらく帰れないため挨拶を兼ねて来てくれるのだと。

里芋を薄めに切って大急ぎでけんちん汁を作り、冷凍室のむき栗を解凍して栗ご飯にしました。胡麻を切らしていたので、ごま塩の代わりに藻塩をかけることに。体によいと知って、青年は思いのほか喜んでくれました。

ご両親に持っていってもらう栗ご飯の藻塩用に、おしゃべりをしながら折ったのは慶事粉包み。転勤先での生活が順調でありますように。残ったご家族が元気でありますように。そんな願いを込めて。

優雅な鶴の折形や折り紙は、いつの時代にもしあわせと平和への祈りの象徴です。

この粉包みだけでなく、昔の人は、贈る人への心遣いと貴重な香辛料を大切にする気持ちから、種類別の様々な粉包みを考え出しました。胡椒、山椒、胡麻、唐辛子、そして薬など。

昔、往診に来てくださったお医者様が、重そうな革の鞄から粉薬とパラフィン紙を取り出し、器用に包んで留め、一連に重ねて置いていかれたことを思い出します。

折形は決して特別なものではなく、常に人の暮らしとともに有り、手から手に渡される小さな親善用品でした。

初穂料包み

七寸縁紅紙・檀紙22cm正方形

大雪《たいせつ》

◉十二月七日ころ

本格的な冬の到来。北国では一面の雪景色が見られるころ。

七五三の華やかな空気がおさまり、一年もそろそろ終わりを迎える頃、その年の無事と神様のご加護に感謝し、神社に毎年お参りをする人がいました。
神社にご奉納する紙幣は、神社用の折形に包んでお持ちしたいものです。

季語

霧・雪

わが家から車で少し行ったところにトウカエデの並木があります。そこに霧がたちこめると、たくさんの車が走る大通りもいつもとは趣が変わり、少し幻想的な雰囲気が漂います。汚れた日常が、ちょっと軽くなるとでも言いましょうか。
白いものは、不思議と視界や状況をやわらげます。このような霧の捲く街、冬の夕暮れの靄（もや）のかかった田舎道、懐かしい匂いの煙が漂う落ち葉焚き……。

❶

七寸縁紅紙を使う
左のとおり対角線の長さを
上下、各1／4、さらに
内側を8等分して、
㋐'㋑'の点を打つ

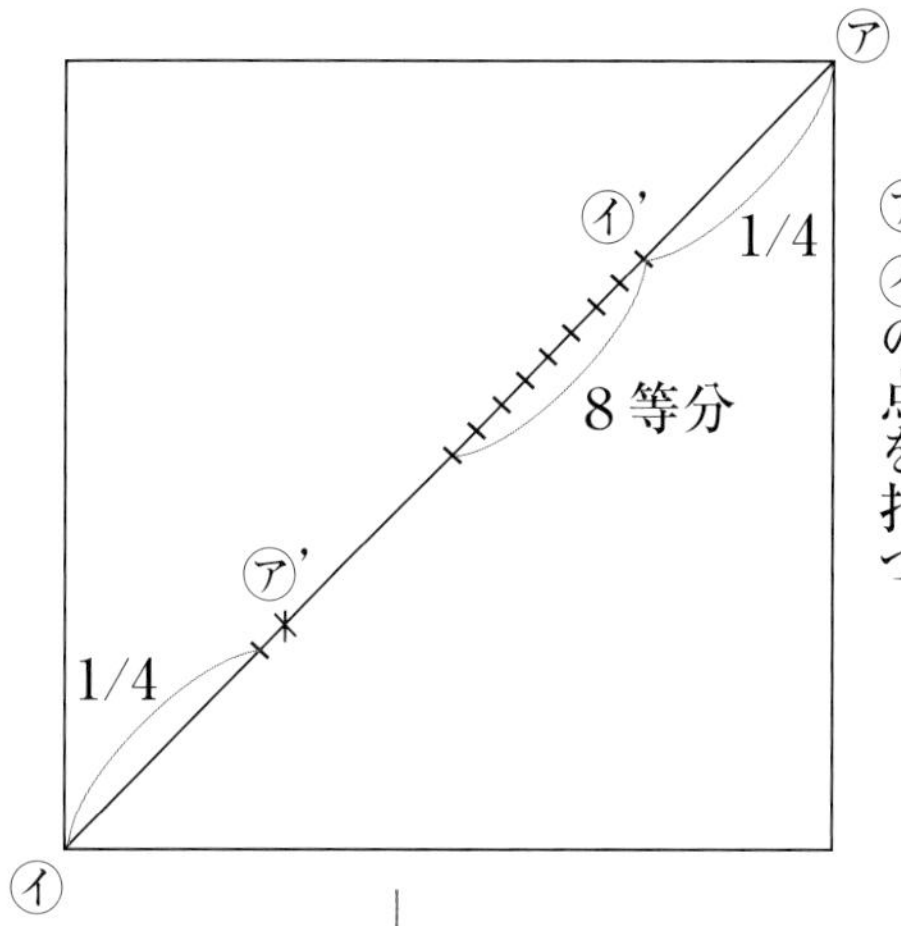

❷

㋑の頂点を㋑'の点まで持っていくように折る
さらに㋑の頂点は㋑''まで折り返す

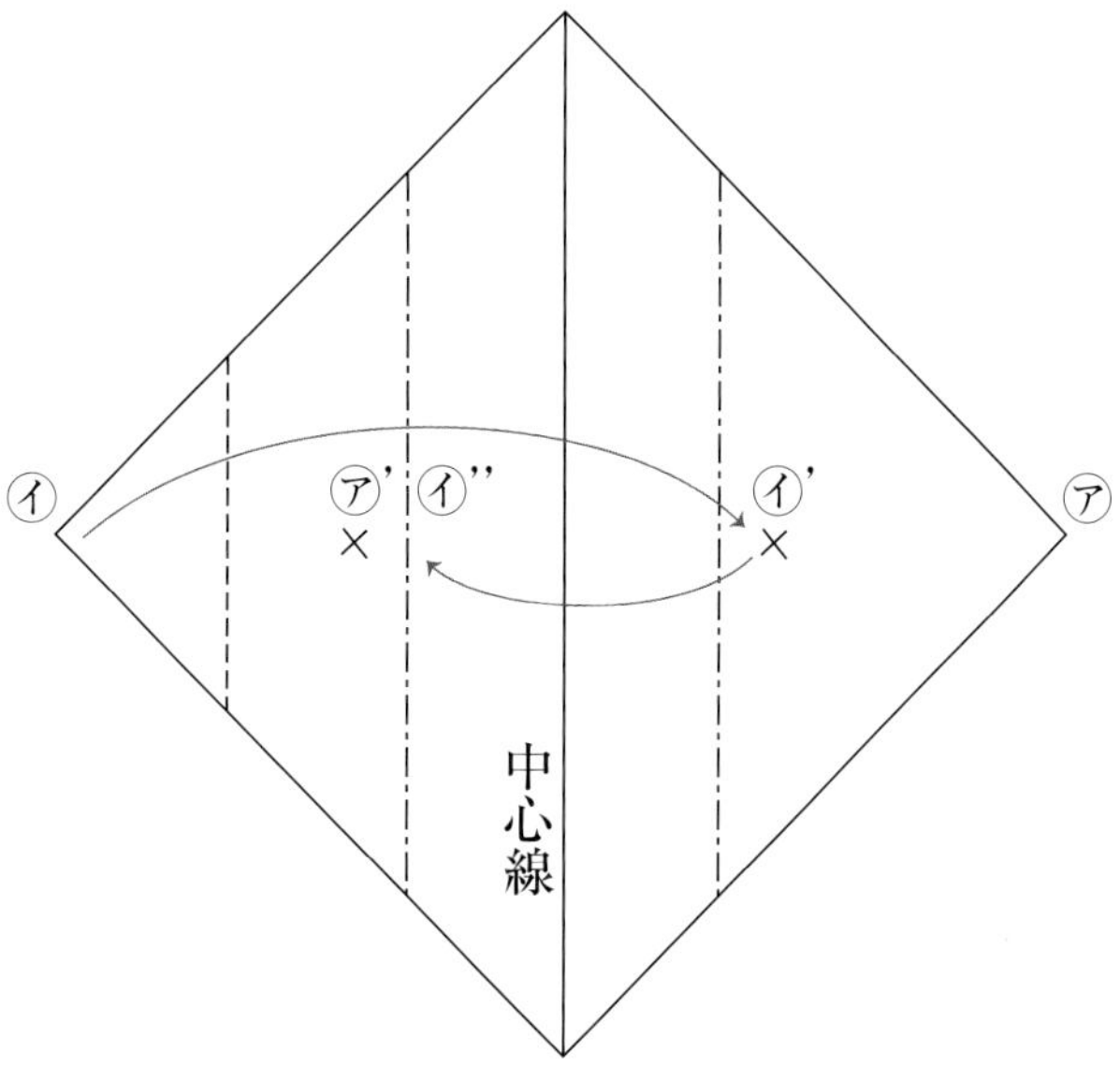

白の魔法の筆頭は、やはりすべてを浄化するような雪でしょう。ただし、空を埋め尽くして落ち続ける雪には、やわらぎなどというやさしい言葉は似合わぬ「力」を感じることがあります。

白いもののうしろには、不思議な意志が見え隠れしているように思えてなりません。

折形礼法でも手つかずの白い和紙を使います。日本古来の白はいわゆる生成りですが、パルプを用いない楮のみの檀紙は、かえって漂白がむずかしいのだそうです。

このような、和紙職人の方の気迫こもる白の前には、襟を正して端座するばかりです。その和紙で神様にお納めするお初穂料を包むのは、当然のことかもしれません。

❸

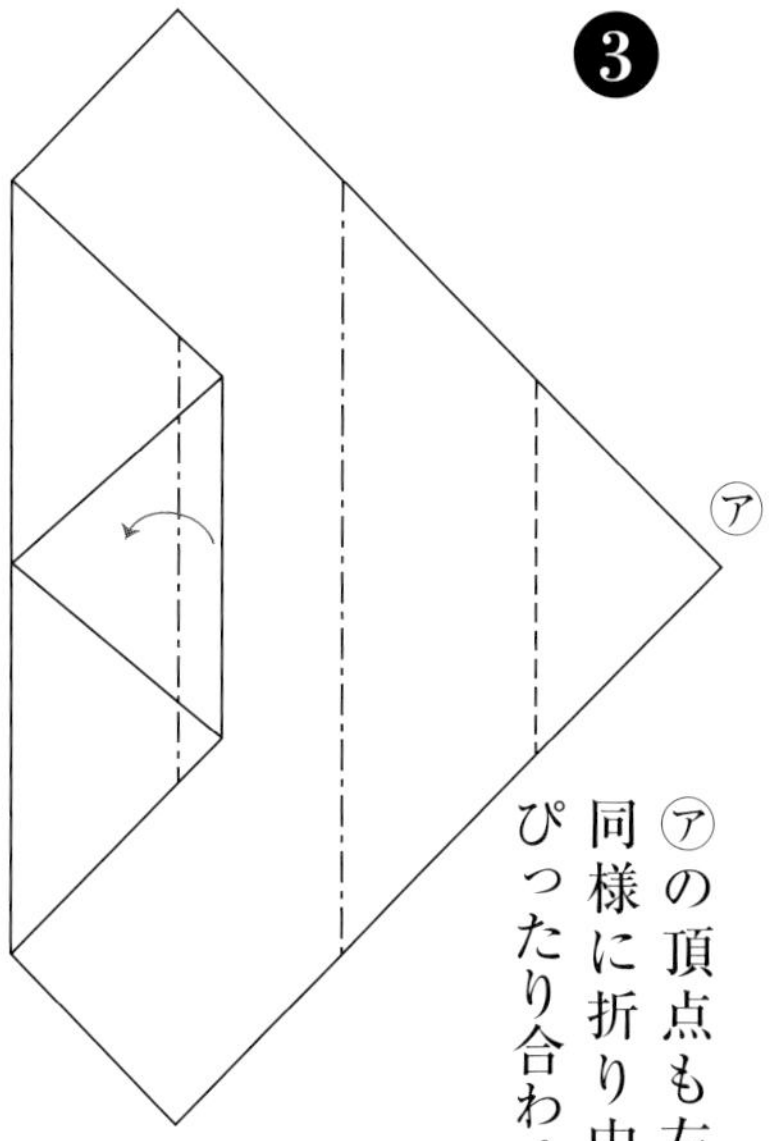

㋐の頂点も左側と同様に折り中心でぴったり合わせる

中心線で折り返して、一旦開く

❹

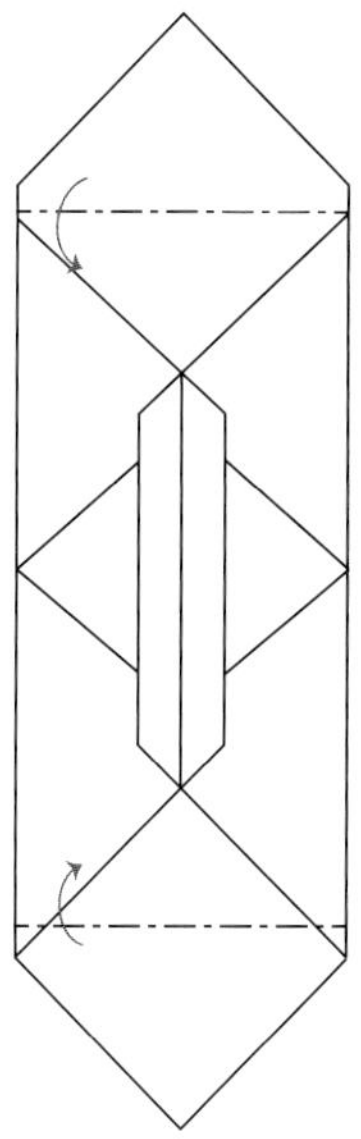

❺

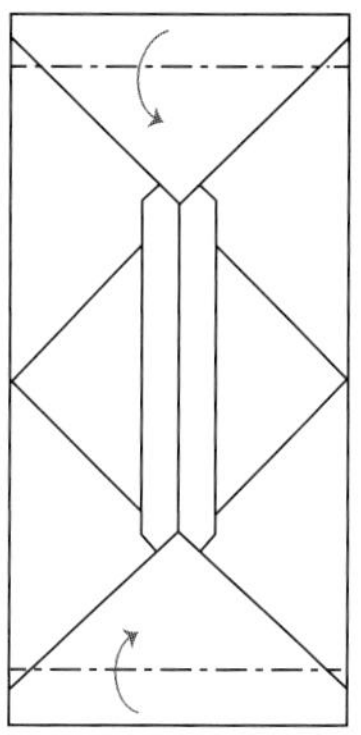

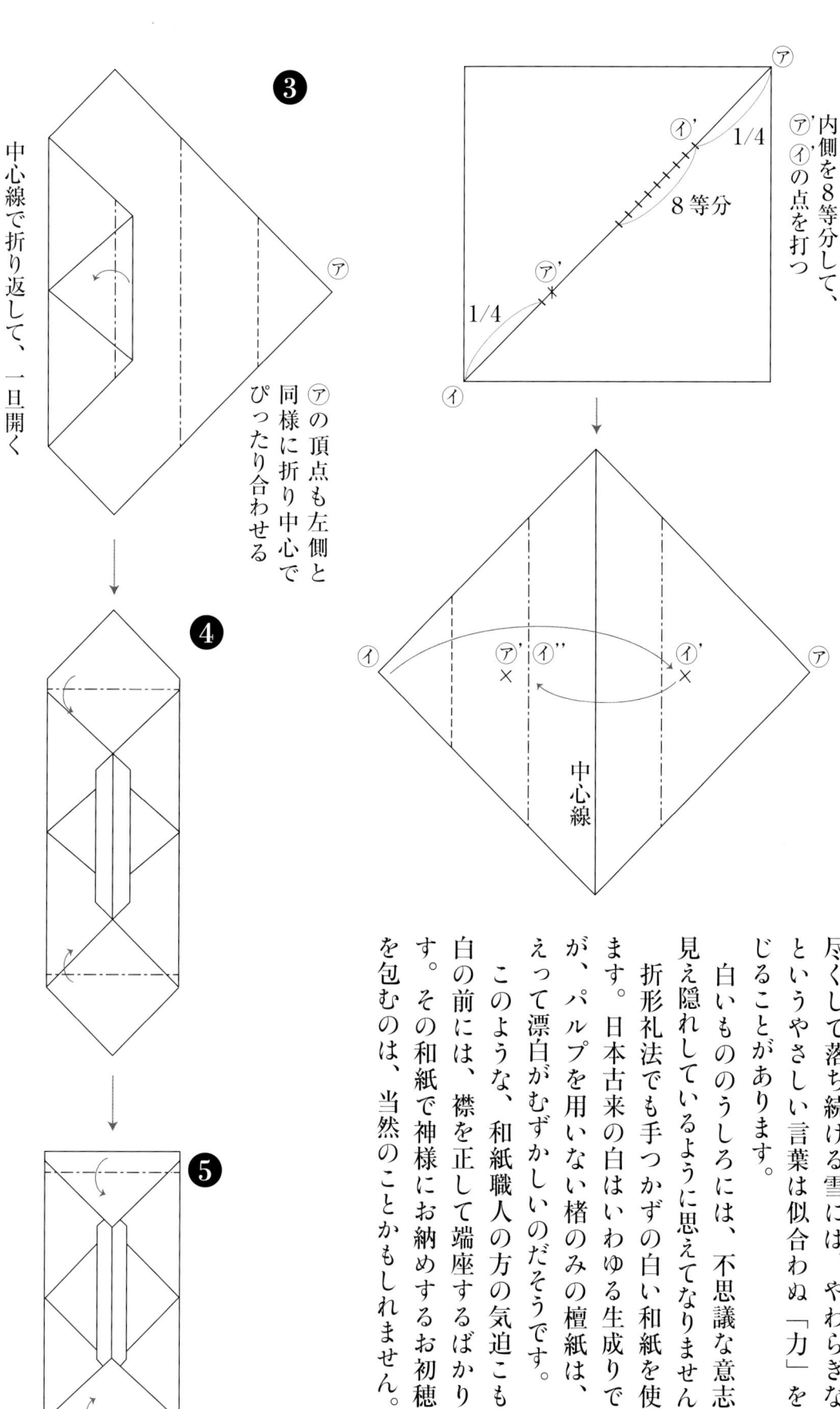

慶事箸包み

［つま楊枝入れ付き二種］

檀紙・奉書4分の1
水引

箸包み（右より、ひだあり２種、ひだなし１種）

空気引き締まる頃、おめでたいお席にお客様をお迎えする時、食卓にこのような箸包みをご用意なさってはいかがでしょう。お正月にも使えます。

現代のお箸は、飯碗や汁椀よりも手前に横に置かれている場合がほとんどですが、武家の礼法であった折形では、右側に縦長にしつらえます。いつもとは少し違った清々しさを感じてもらえることと思います。

❶ 奉書1／4を使う
正方形をとった残りの
下3分の1をカットする

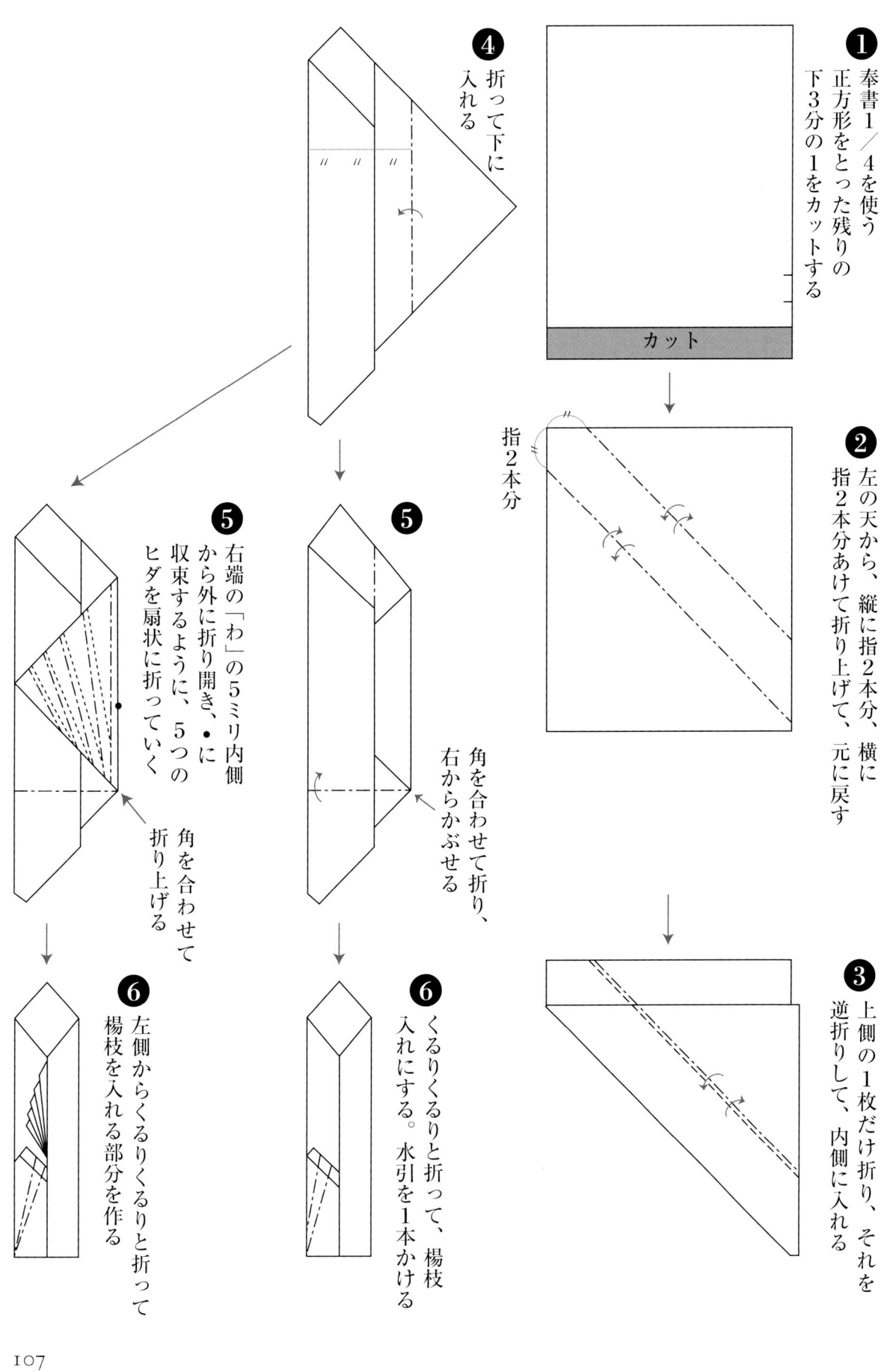

❷ 左の天から、縦に指2本分、横に
指2本分あけて折り上げて、元に戻す

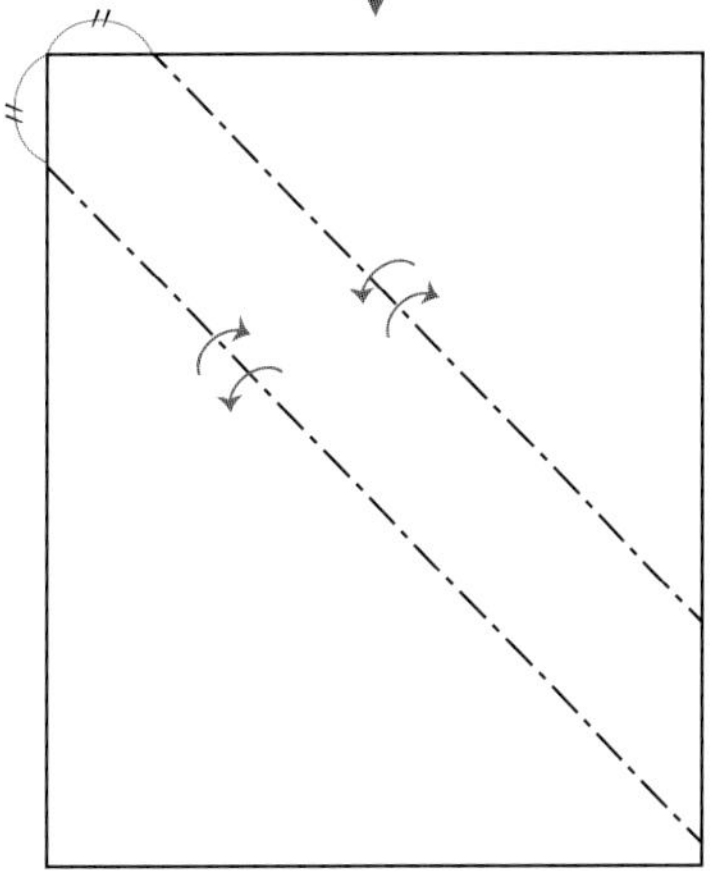

❸ 上側の1枚だけ折り、それを
逆折りして、内側に入れる

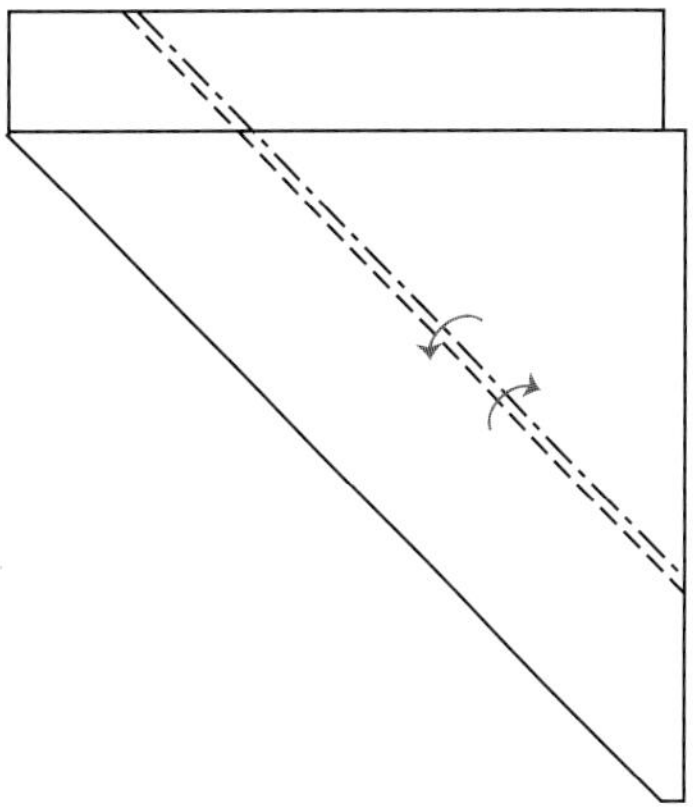

❹ 折って下に
入れる

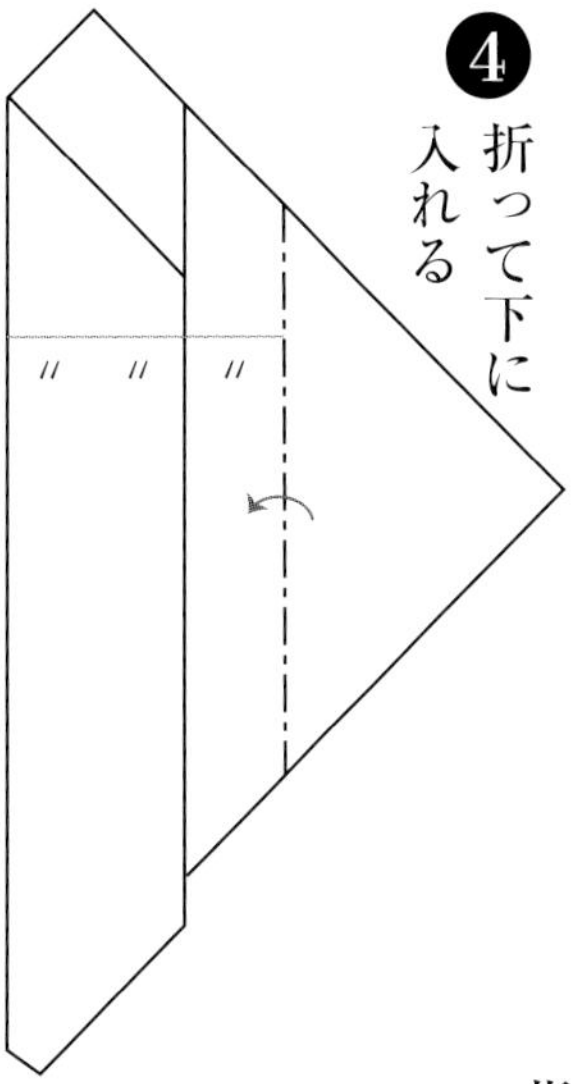

❺ 角を合わせて折り、
右からかぶせる

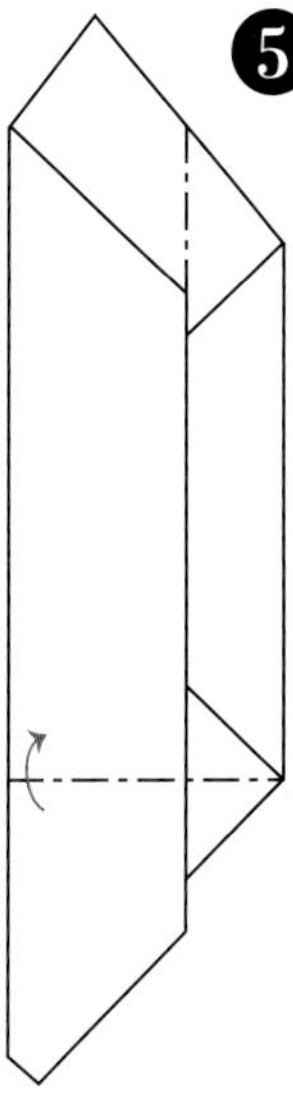

❻ くるりくるりと折って、楊枝
入れにする。水引を1本かける

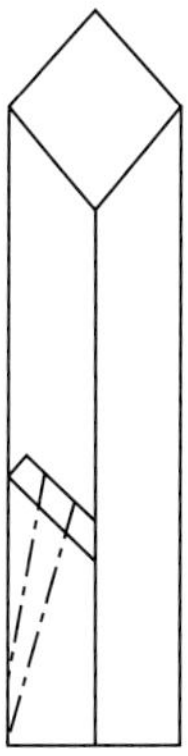

❺ 右端の「わ」の5ミリ内側
から外に折り開き、●に
収束するように、5つの
ヒダを扇状に折っていく

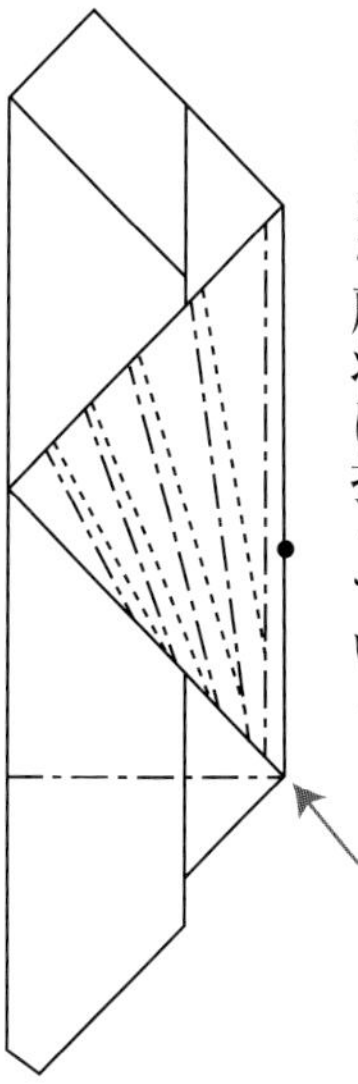

❻ 左側からくるりくるりと折って
楊枝を入れる部分を作る

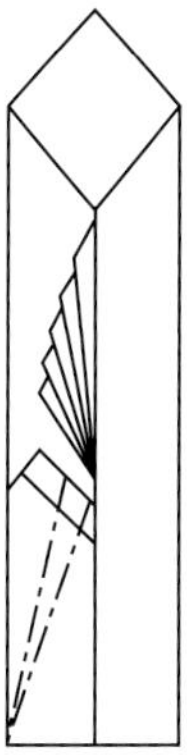

鶴年玉包み

奉書・合わせ揉み紙3分の1

冬至《とうじ》

◉十二月二十二日ころ

一年で一番、昼が短く夜が長い日。以降、徐々に日脚が長くなる。

冬至を過ぎればお正月もすぐそこです。かわいい孫や親戚の子供に、家を離れてがんばっている若者に、その笑顔を思い浮かべながら折りましょう。

折線を反転させる難所がありますが、折り上がった時の嬉しさはひとしおです。いくつも作るうちに慣れていくのは何でも同じです。

❶ 奉書の長辺を3等分して使う
下部に二重の三角を作る

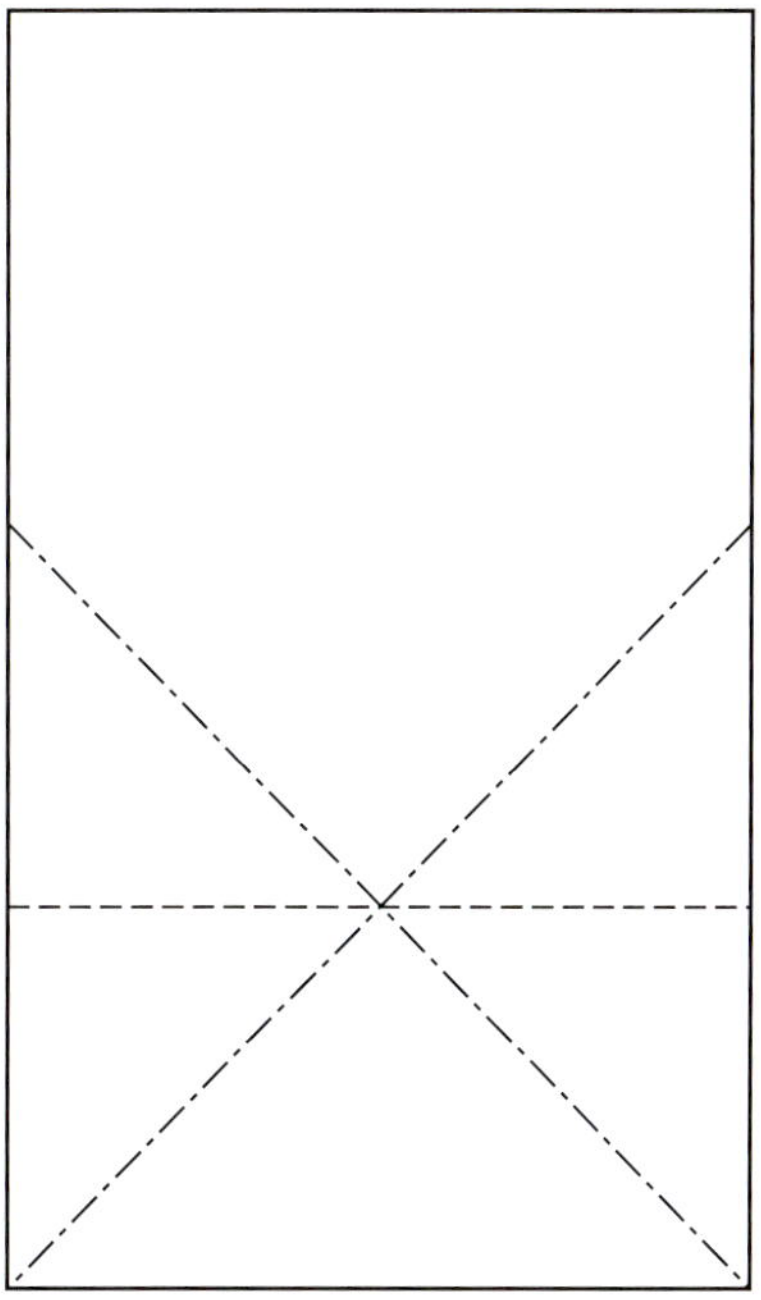

❷ 中心に向って折る
AからBとB'を折る
CからBとB'を折る
2本の線が交わるところで垂直に立てて、
しっかりと折り目をつける

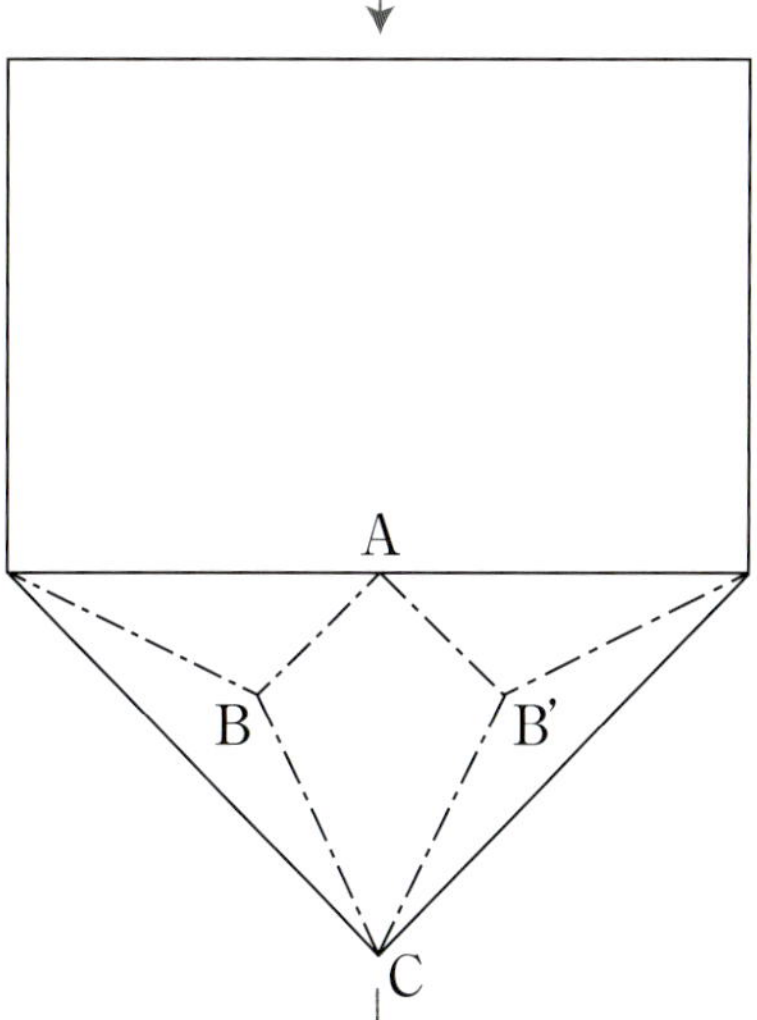

❸ 折り目を逆折りして、
鶴を折り出す

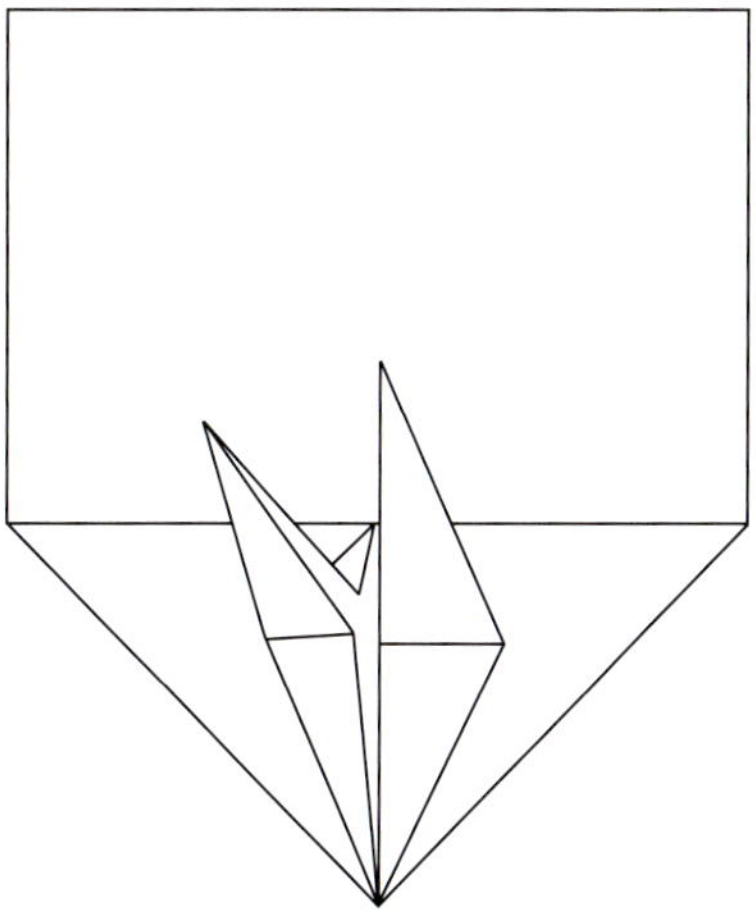

❹ 裏側に2回折る
次に手前に折り、鶴の下に差し込む

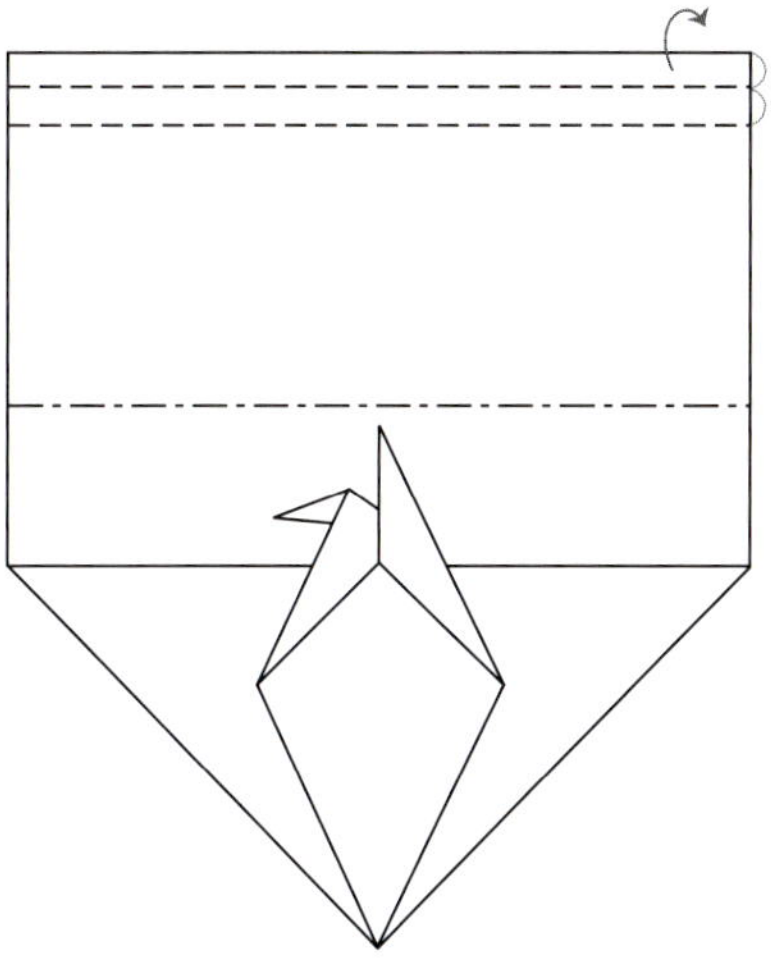

❺ 裏側に折り、左側の帯を、
右側の帯の内側にさしはさむ

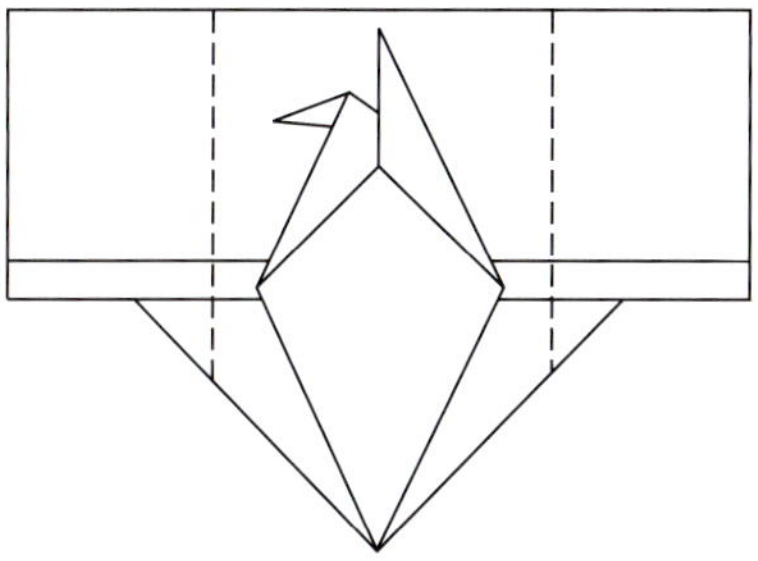

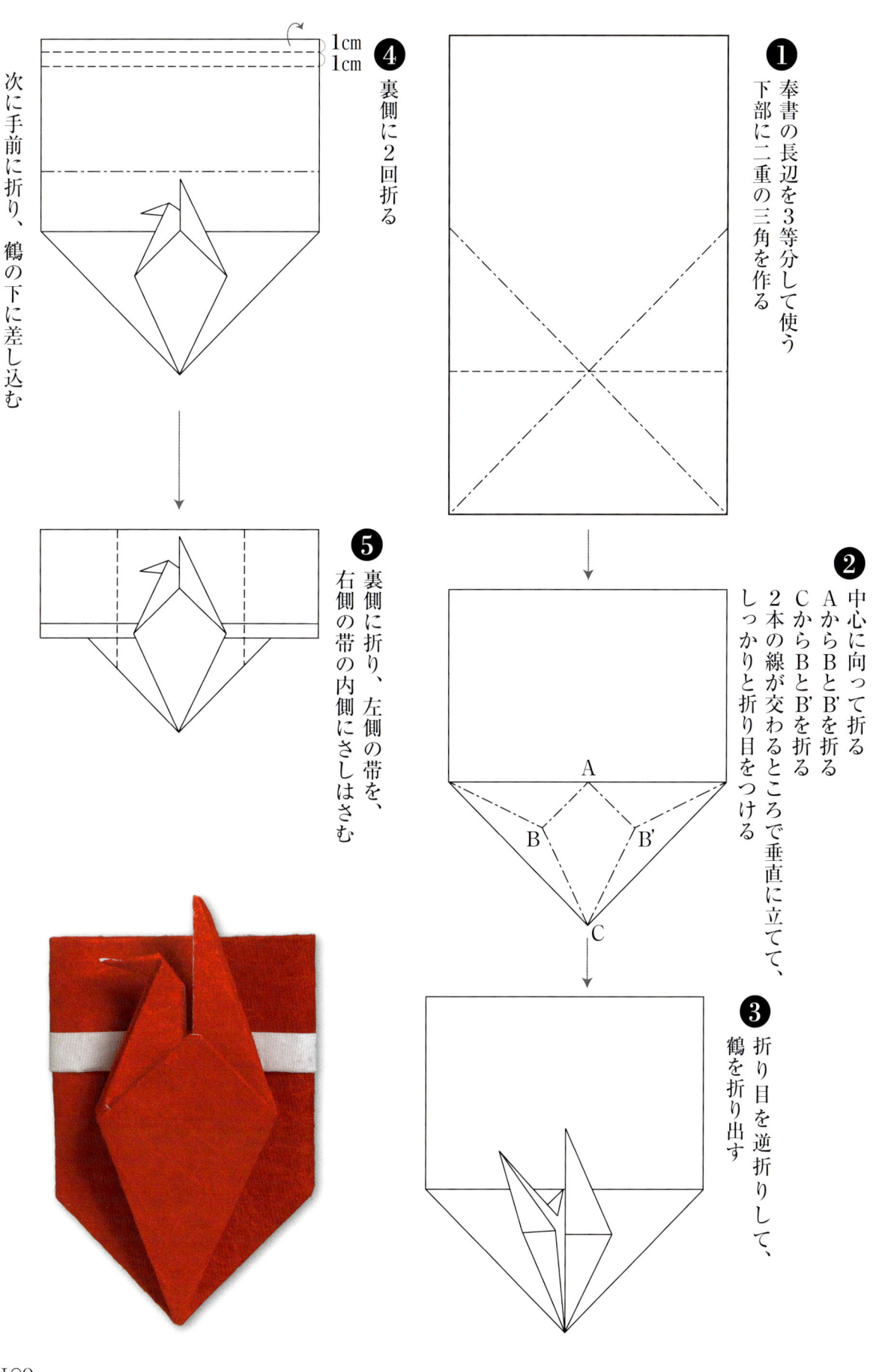

紙《し》垂《で》
［四手］

半紙（約24・3×33・4cm）

紙垂ももちろん手つかずの真っ新な和紙、通常上質の半紙で作ります。それを榊に結べば玉串となり、神様への誠心を示すものとして尊く捧げられます。

また注連縄《しめなわ》に付けると結界を張る意味となり、対称形にしたものを串にさせば、神様の依り代にもなります。それを氏神様や井戸神様の祠に納めると、新年の準備も完了です。

手を浄め、心を落ち着かせて真摯な気持ちで折らせていただきましょう。

❶ 半紙を使う
半紙の短辺を半分に折って、手前を輪にする

❷ 下の図のように、上からと下からと、交互にカットする

❸ A線で裏側にカットする

❹ ㋑→㋺の順に折る（拝むひだ）

❺ 四手をそれぞれ折る

❻ 竹を1cm巾で29cmの長さに切る
上から9cmほど割って、四手をはさむ

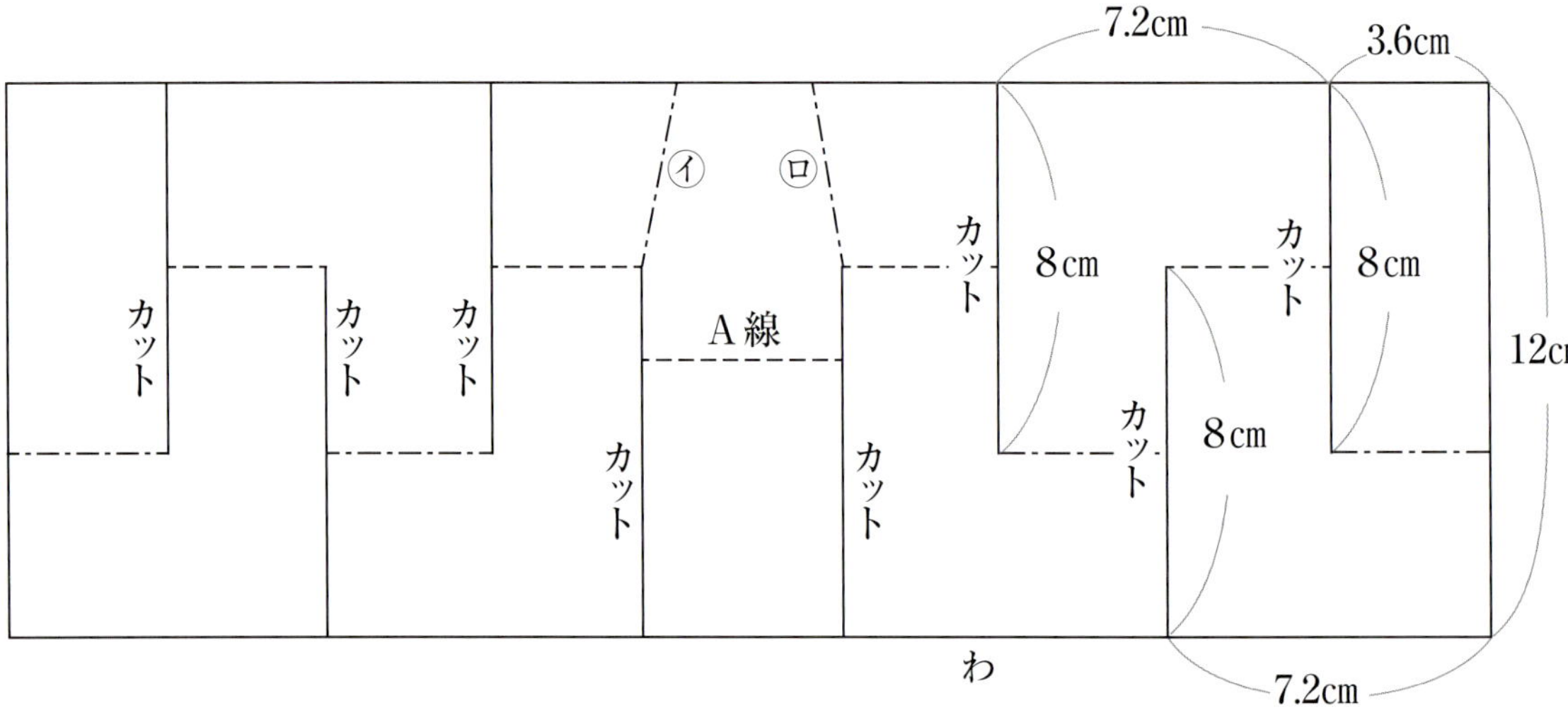

【正月】

古来より日本人は、大晦日に家の内外をくまなく清掃して清浄な空気にした後に、邪気が入らないよう注連縄（しめなわ）で結界し、歳神様の依り代となる門松を立てて新年を迎えました。

元日の朝、武家のお屋敷では、その年の恵方にある井戸に一晩吊るし、吉の霊気を吸い込ませた御屠蘇を家族そろっていただきました。そして家長は、子供たちに、年の初めの賜りもの、即ち年玉を渡すのです。これは元々、将軍が家臣に授けていたものでした。

御馳走を意味する節（せち）つまりお節料理は、神様とともにいただくため、用いる箸の両端が細くなっています。

武家の新年は大変忙しく、一日は夜も寝ずに挨拶まわりに奔走しました。それは二日も続き、その夜やっと眠りに就くことができたので、初夢は二日の夜だったのです。

新年の挨拶の習慣は江戸時代の町人にも浸透し、手拭い等の日用品を持参しました。今でもその名残が見られる地方は多いのではないでしょうか。

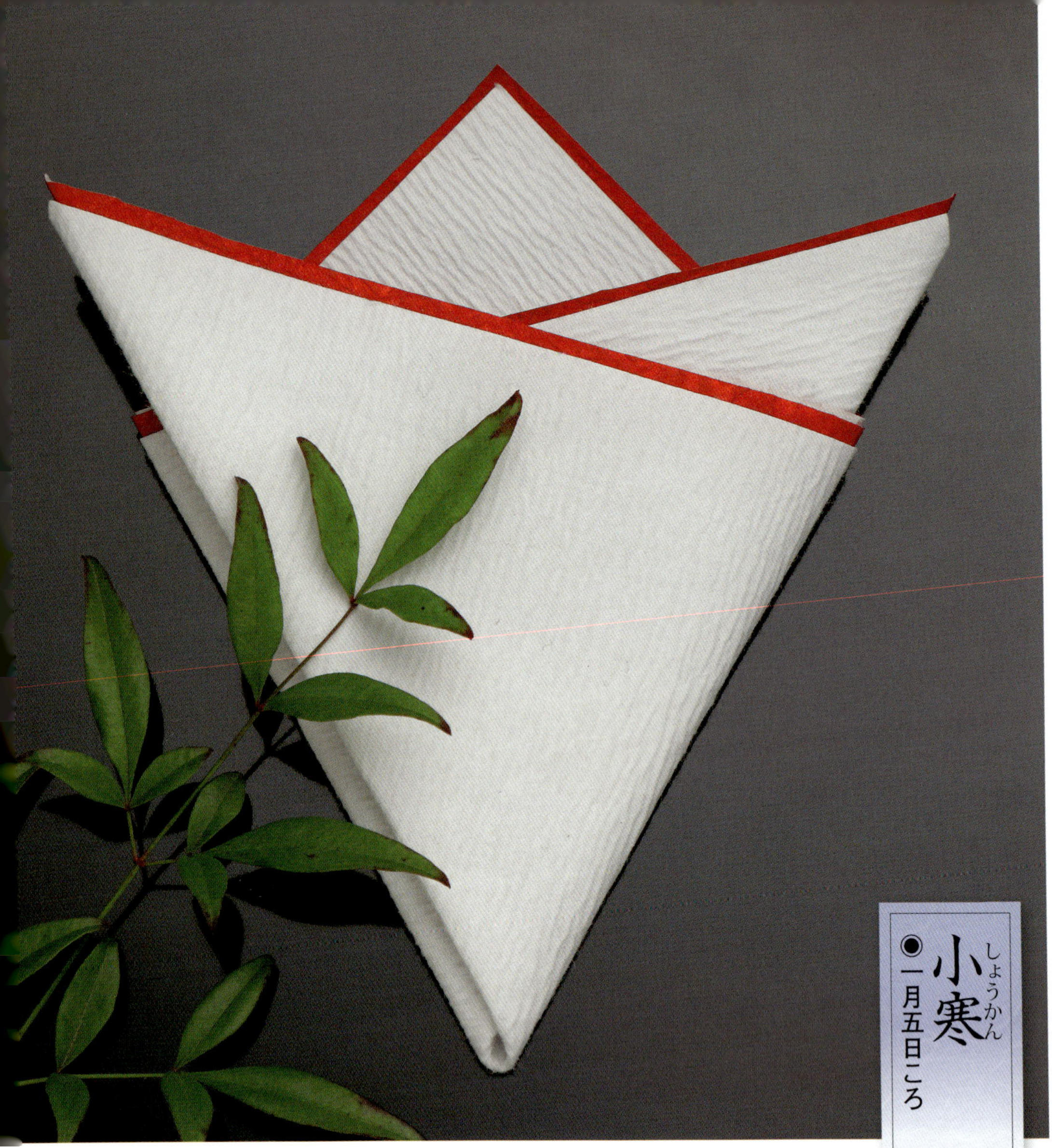

ナイフ・フォーク包み

奉書・檀紙2分の1
別紙両面赤

小寒《しょうかん》
◉一月五日ころ

寒さが日増しに加わり降雪が。この日より寒の入りとなる。

これも元々は箸包みでしたが、上向きの開口部が広く、洋食器を差し込むことが可能なだけの幅があります。現代の食の形態を考えた時、既になくてはならないものになっているナイフとフォークを包める折形があったことは幸いでした。

お正月のお客様向けに赤をのぞかせれば、自然とおめでたさがかもし出されます。

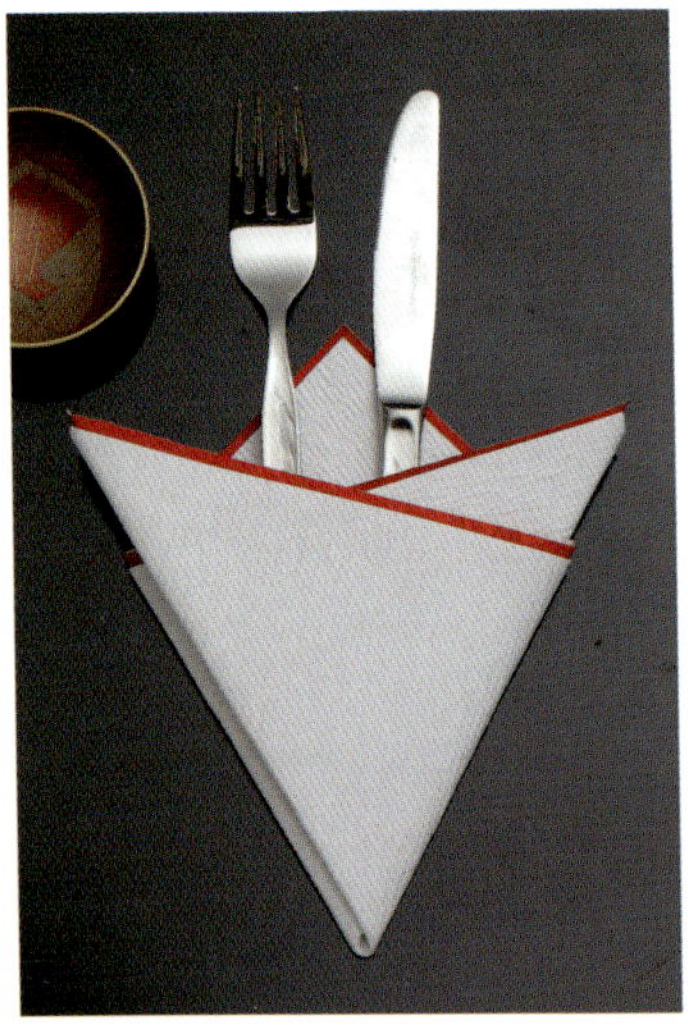

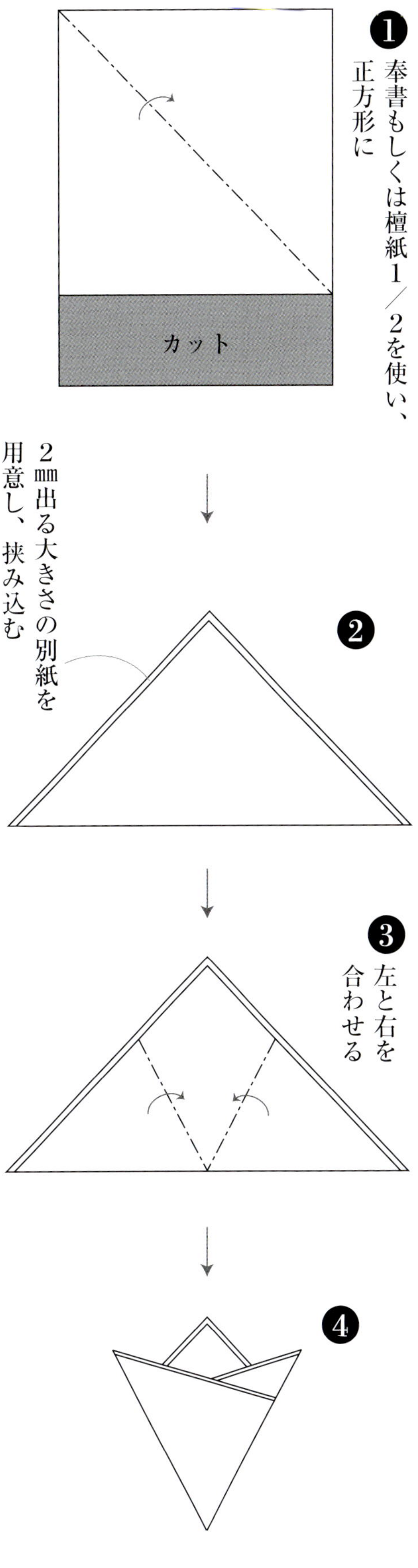
❶
奉書もしくは檀紙1／2を使い、正方形に
カット
2㎜出る大きさの別紙を用意し、挟み込む
❷
❸
左と右を合わせる
❹

季語

浮かれ猫

越前市の山懐に御誕生寺というお寺ができてどのくらい経つでしょう。

ご住職であられる板橋興宗禅師様は、宗門の本山の一つ総持寺の管長職まで務められた方で、その見識の深さとお人柄を慕い、全国から雲水さんが集まっておいでです。

このお寺は、高祖瑩山禅師のご生誕の地に板橋老師が堂宇建立を発願して創建されたもので、そこでは、人間の修行を横目に「お悟りを開いた状態」と禅師様がおっしゃる猫たちが、実にのびのびと暮らしています。

禅師様は猫がたいへんお好きです。言葉であれこれ考え、事態をますます複雑にしてしまう人間に対し、「今」しかない猫たち、「今」に生きる猫たちが、どれほど軽やかに映ることか。

禅師様は、言葉を重用しすぎる人間に警鐘を鳴らします。折形にも言葉はありません。そこにあるのは、思いであり、願いであり、祈りです。

心が込められたものすべてに祈りが宿ります。そしてその祈りは、必ず相手に届きます。

今日も、どこかでだれかが冷たい水の中にチリを取り、繊維を叩き、紙を漉きます。まだ見ぬ人のために。かけがえのない一人のために。

精魂込めて作り上げられた一枚の和紙を用い、ものの形のみならず心までをも包み込んだ折形は、言葉も、国境さえも軽々と超えて、清らかに白く輝くことでしょう。

許状料包み／内包み

檀紙・水引5本
糊入れ奉書（内包み用）

◉大寒《たいかん》
一月二十日ころ

もっとも寒さの厳しいころ。確実に春へと向かう。

許状料包み

糊入れ奉書の内包み

新年を迎えた高揚感が落ち着いた頃、習い事はじめの行事があちらこちらで計画されます。初釜に初稽古。「寒」の時期には厳しい寒稽古や寒修行もなされます。

新年会の席では、お免状が授与されることもあるでしょう。そのお許し料を包む折形がこちらです。格調高い折として、時と場合を選んで使うようにしたいものです。

【許状料包み】

❶ 檀紙を使う
右天を頂点として左天を折り下げる

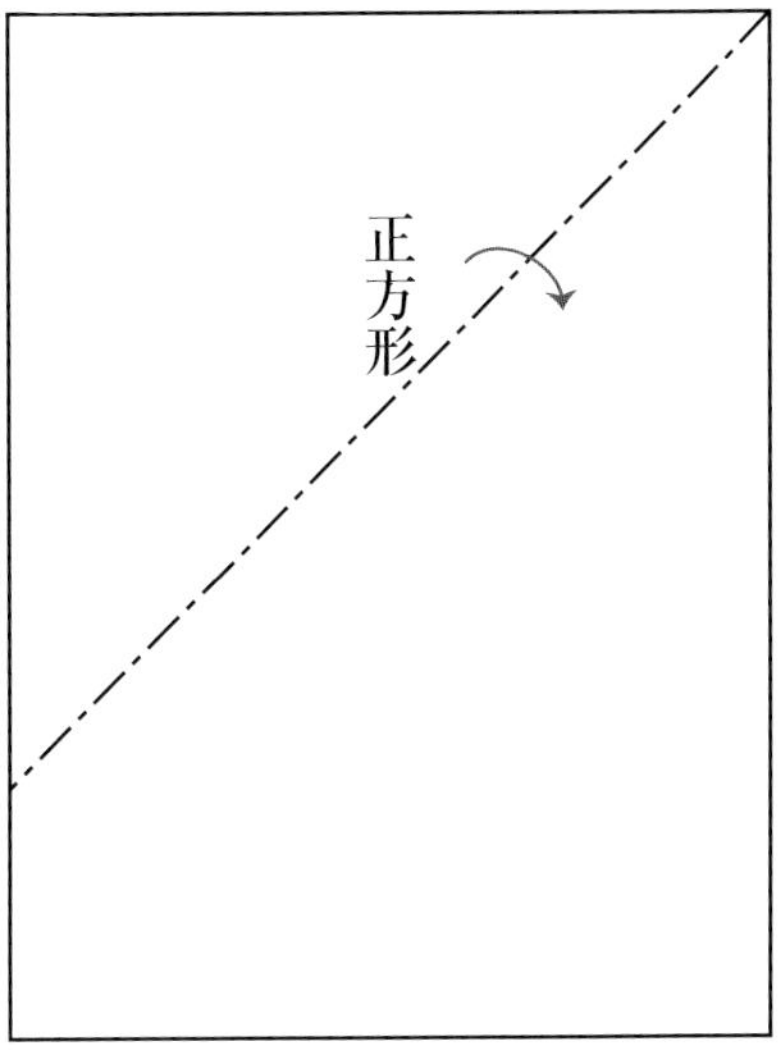

❷ 内包みをはさみ、折り込んでいく

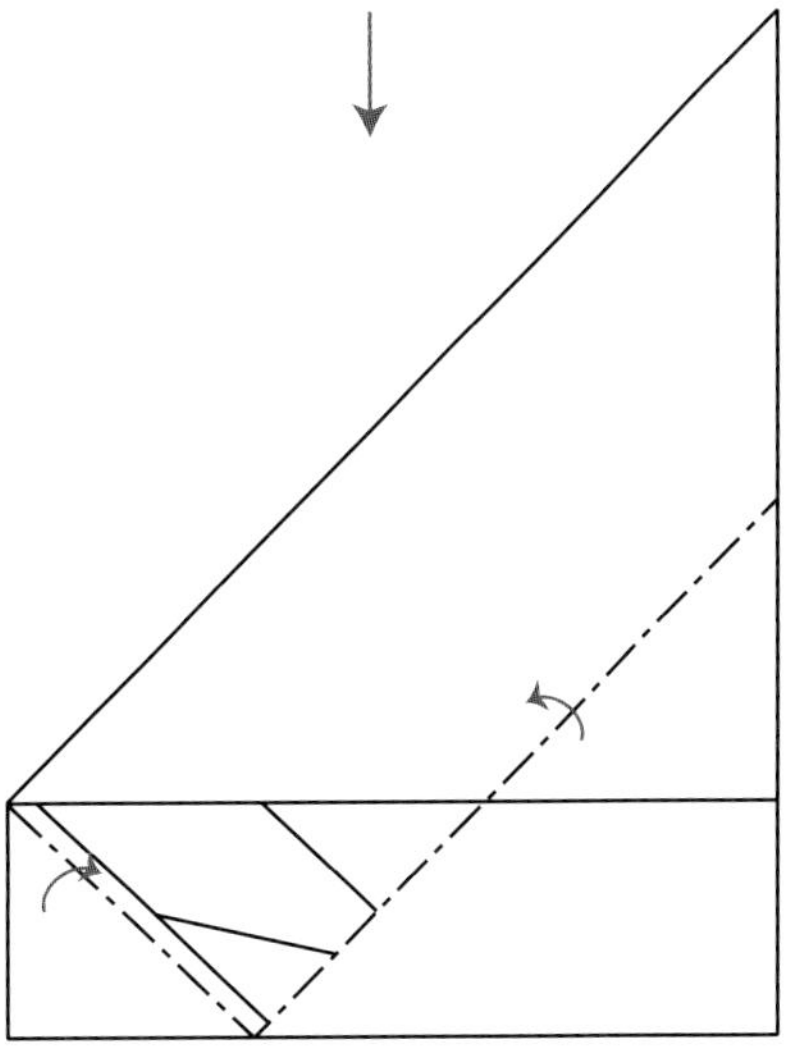

❸

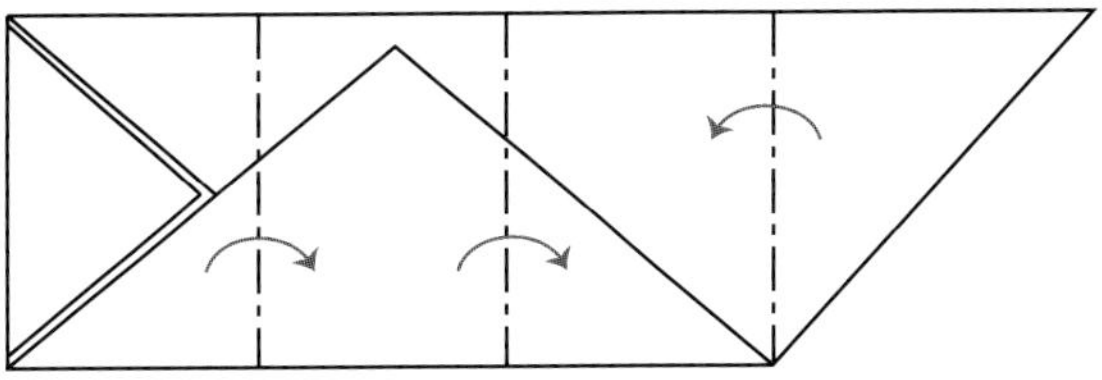

❹

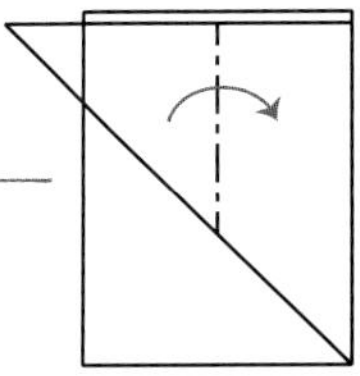

❺ 最後に水引をかける

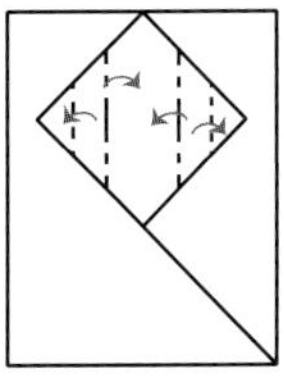

【内包み】

❶ 糊入れ奉書を使う
左天を、地の線につくように折り下げる

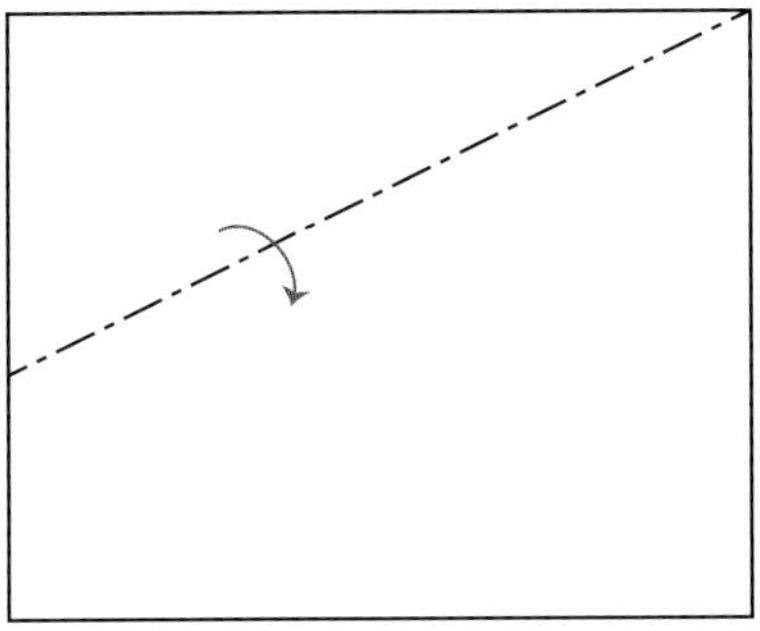

❷

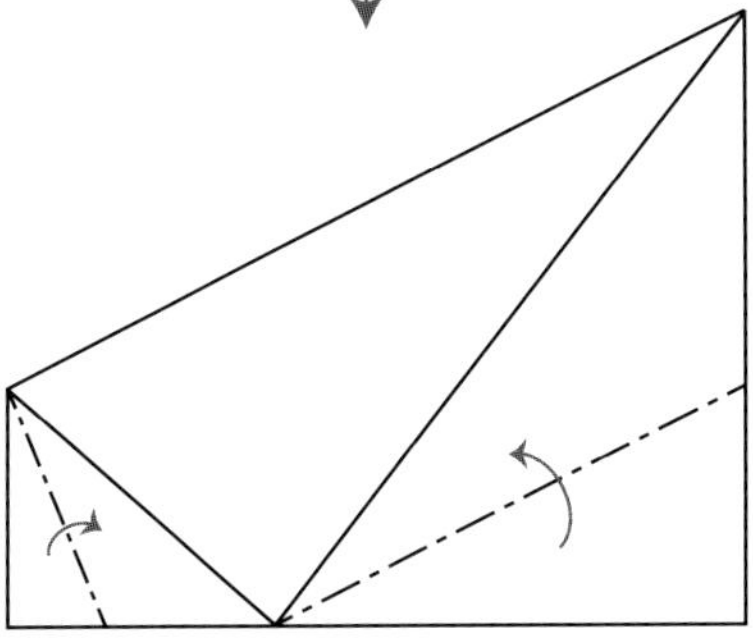

❸ お金を「わ」の内側に入れて、左から巻いていく

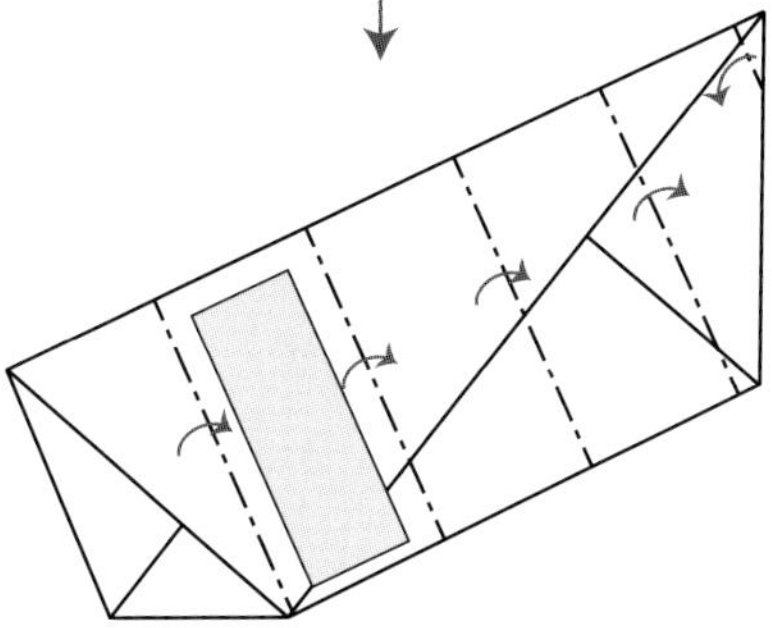

❹ できあがり

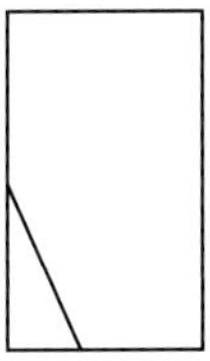

前出の半紙の内包みで包める金額は、五万円～七万円が限度かもしれません。それ以上の金額になる時は、ひとまわり大きい糊入れ奉書を内包みに使います。余裕を持って美しく折り包むことができます。

❖敬老・還暦祝い包み

敬老、還暦も共に年を重ねたことの祝意が込められています。
熨斗がわりにミニの還暦祝い包みを右上に付けてみました。

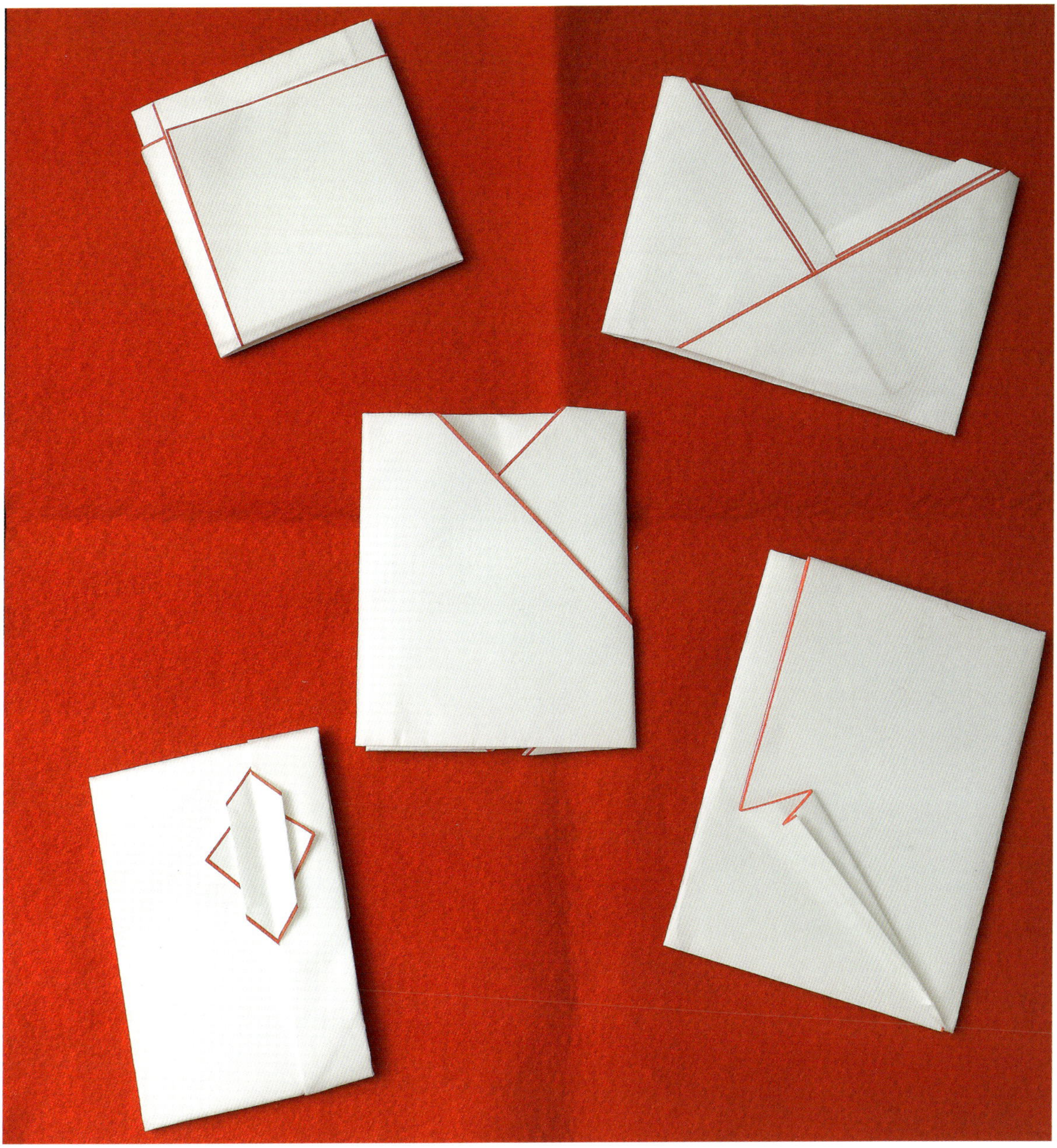

❖小物包み
略式紙幣包み

いつも同じ袋では、と思った時にふとイメージが浮かんで考案したものです。

❖婚礼祝い包み【行】

折形には包む額により折り上がりの形が異なります。用紙も使い分けて、真・行・草と折り分けます。縦に1本の帯と、斜めに3本のひだ。「行」の折りです。

❖婚礼内祝い包み

親しい間柄、少人数での結婚式の返礼品に。左天を指す赤い吉の線。「鶴」も左天に向ってしあわせを願い、「壽」をうたいます。

❖鶴婚礼祝い包み

地に遊び、飛び立つ鶴の優美な姿は誰が目にしても、美しさの極みです。慶事のシンボルとして金封を考案しました。

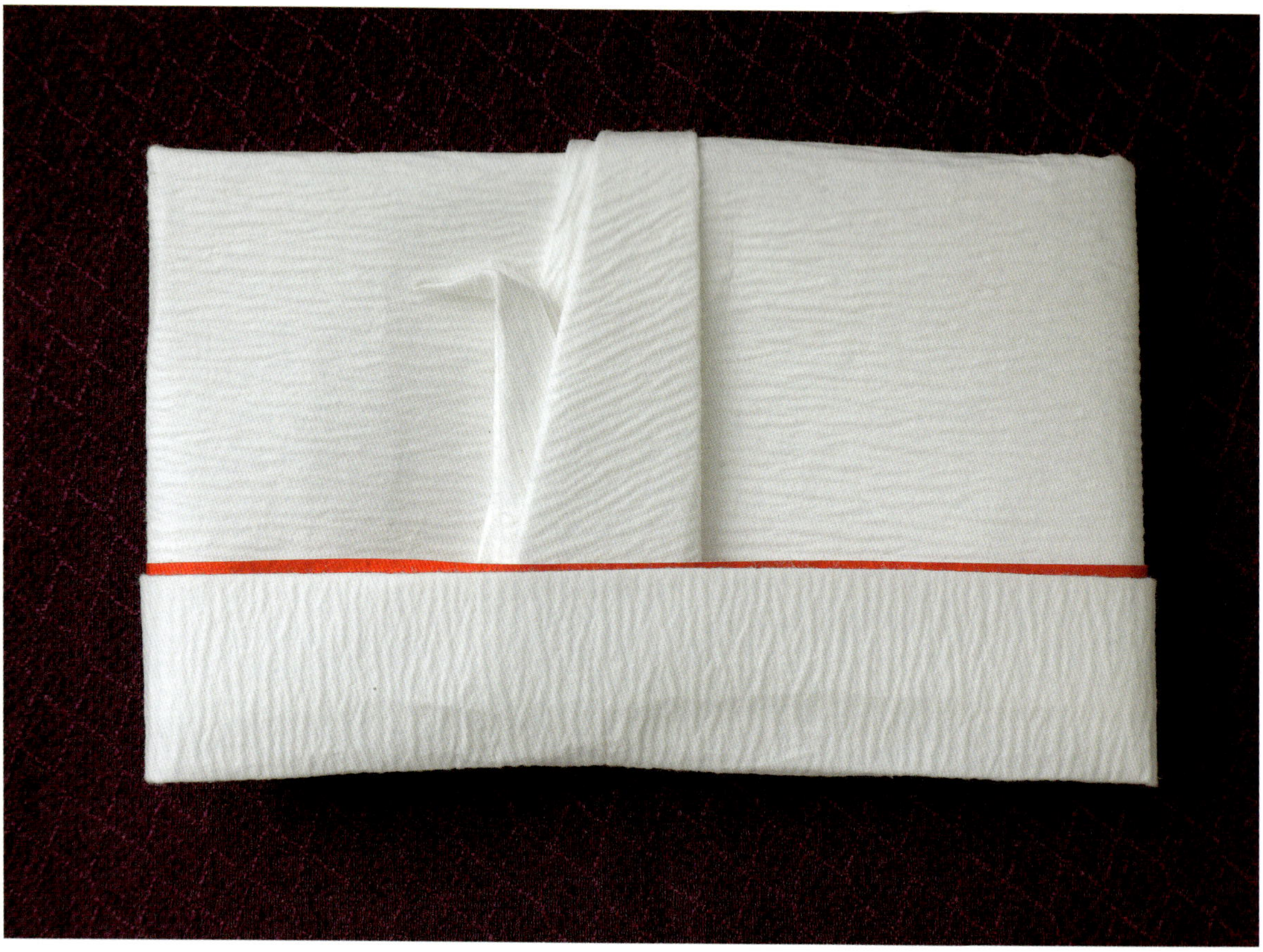

❖門出祝い包み

通例の結婚祝いとは別に、甥や姪など近しい人が新婚旅行に出る時などに持たせてやりたい包みです。中央に帯を通し、これからの人生を表わしました。

水引の結び方

［両輪《もろわな》結び］

地に平らにおけるものを包んだ際の結び方です。

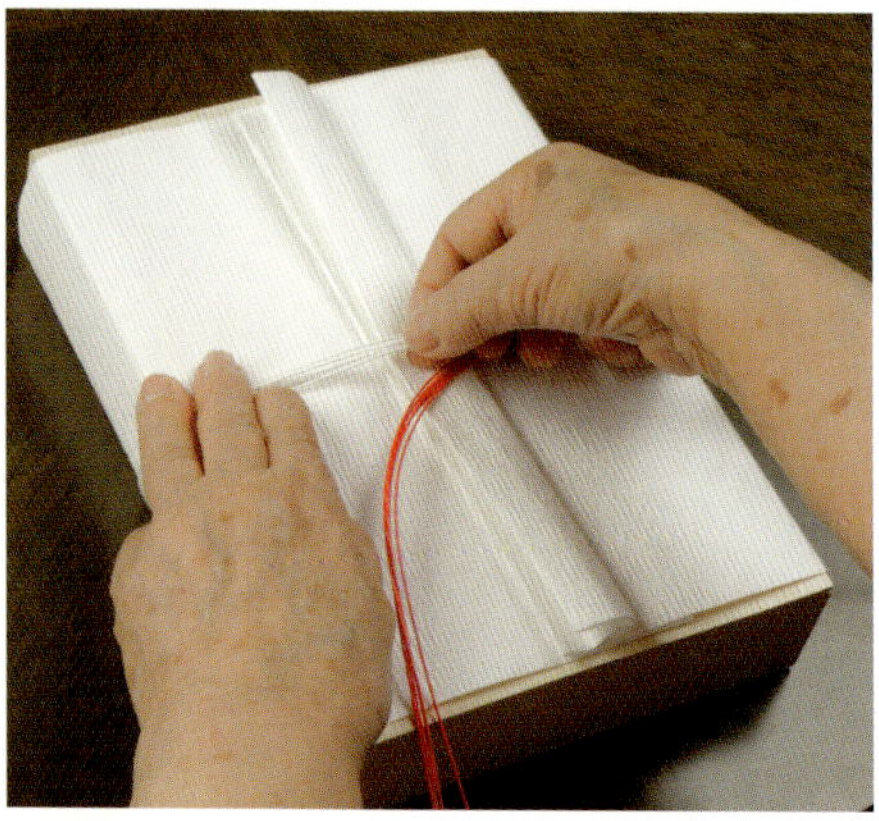

❶ 水引の白のほうを前面の中心に持ってくる。

❷ 赤を右から中心まで。

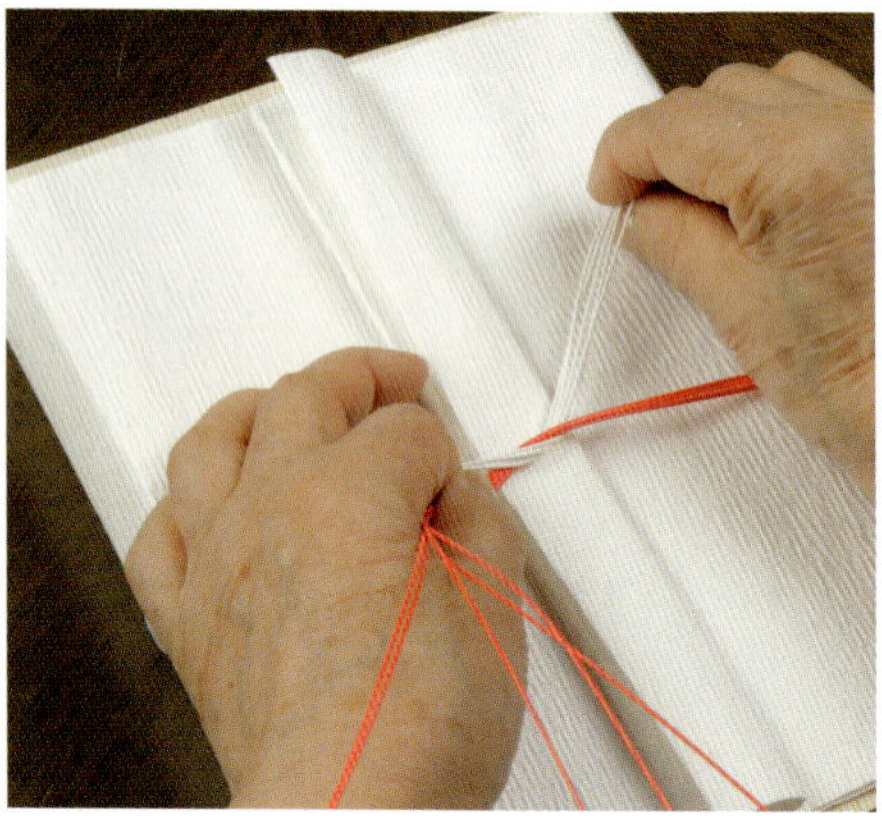

❸ 白が赤をくぐらせて、巻き込む。

❹ 白を上側に、赤を下側に引く。

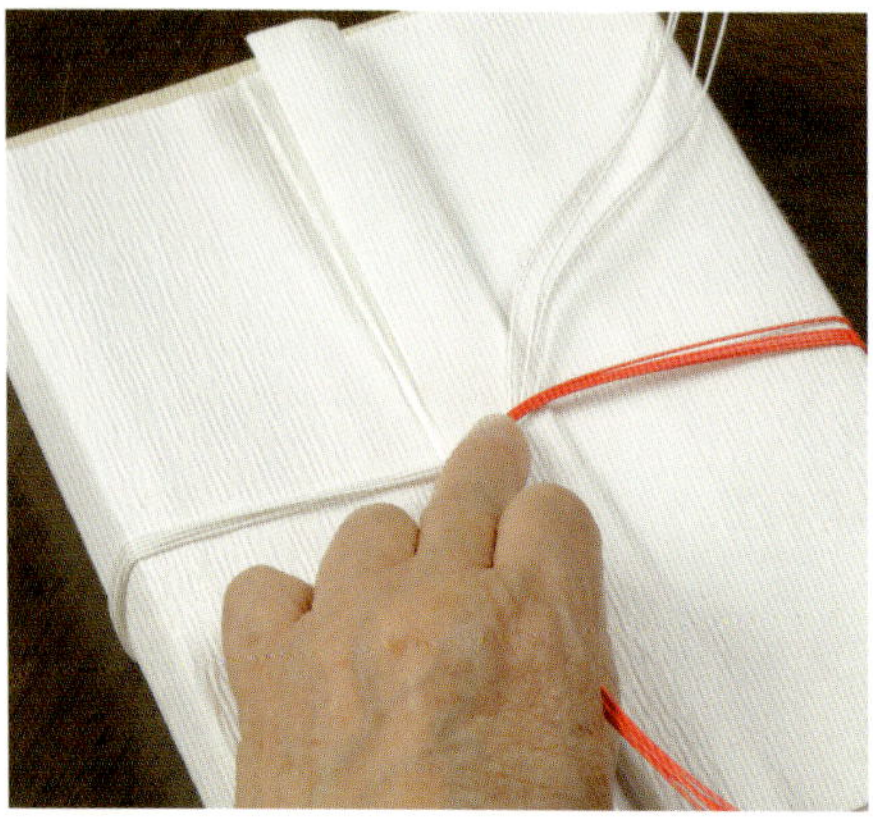

❺ 赤白交差した所を中指で押さえる。

❻ 右指で赤の輪を作る。

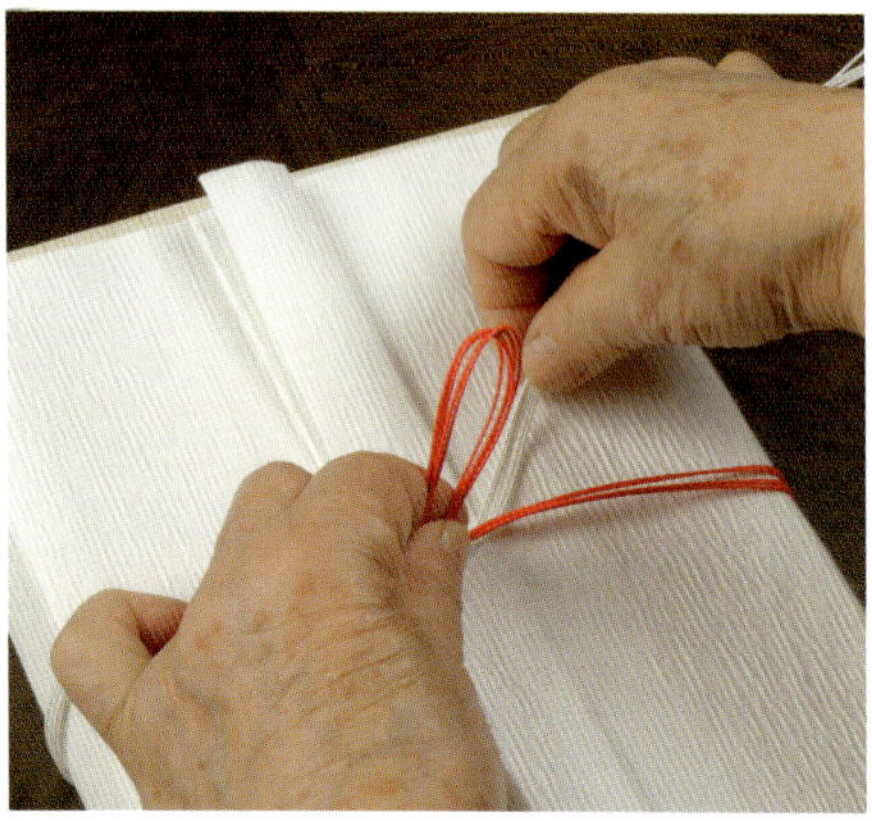

❼ 白の水引を持ち、赤を巻き込む。

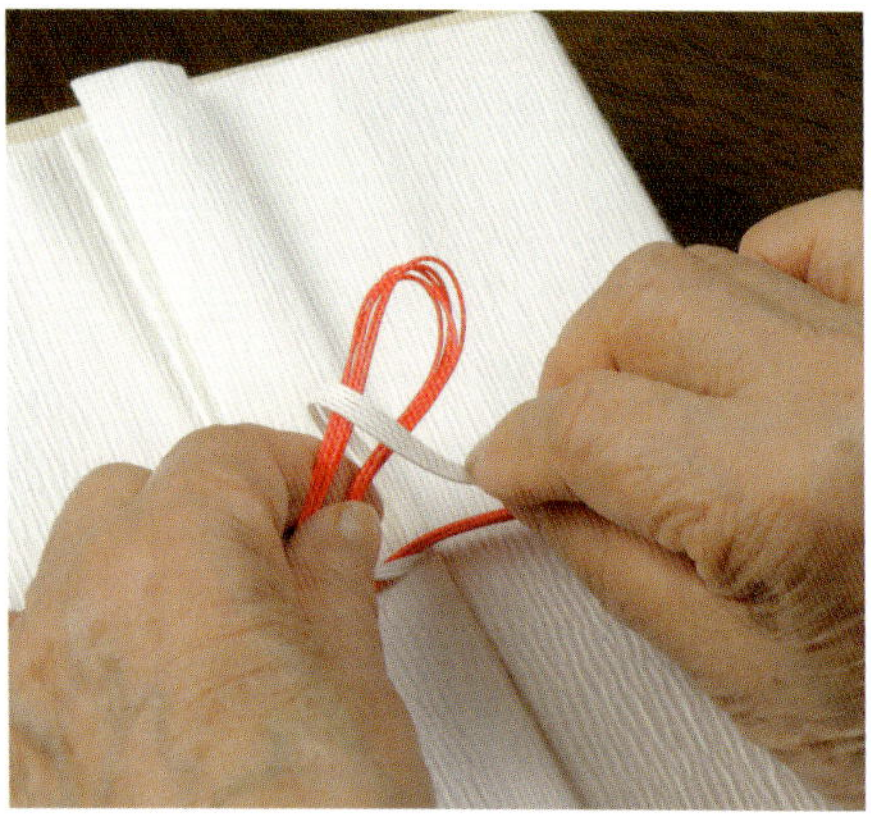

❽ 白で下側から巻き込んで赤の後ろの空間に輪にして入れる。

❾ 赤白の輪を引いて緩みをなくす。

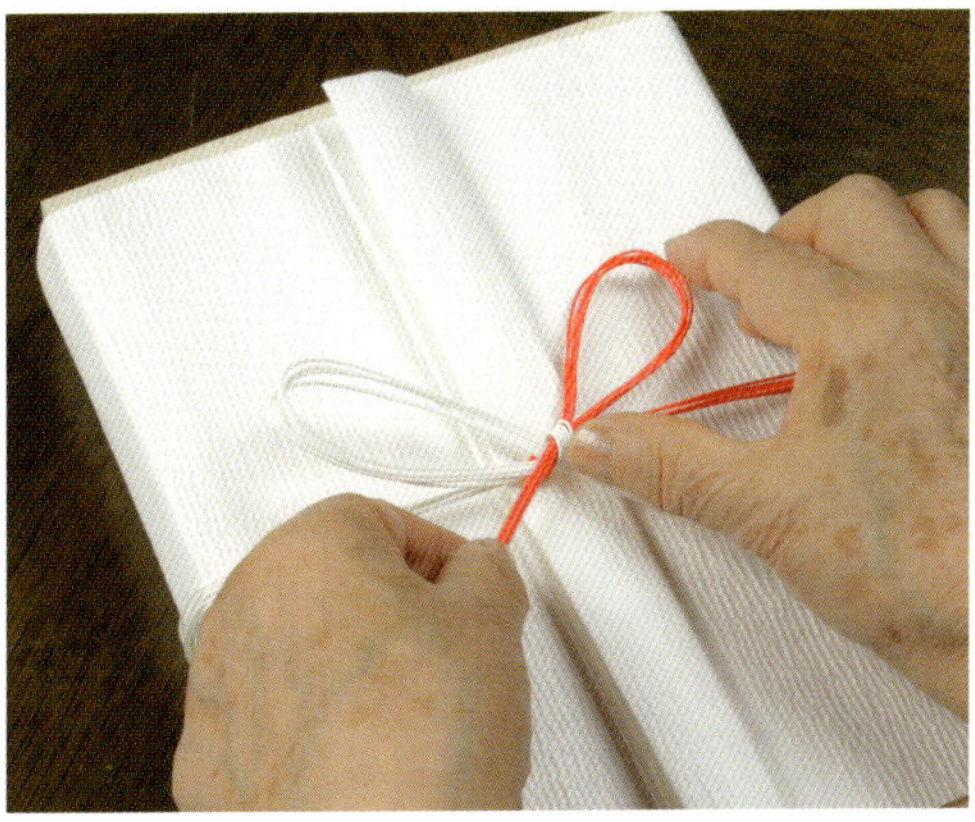

❿ 両方の輪を揃える。

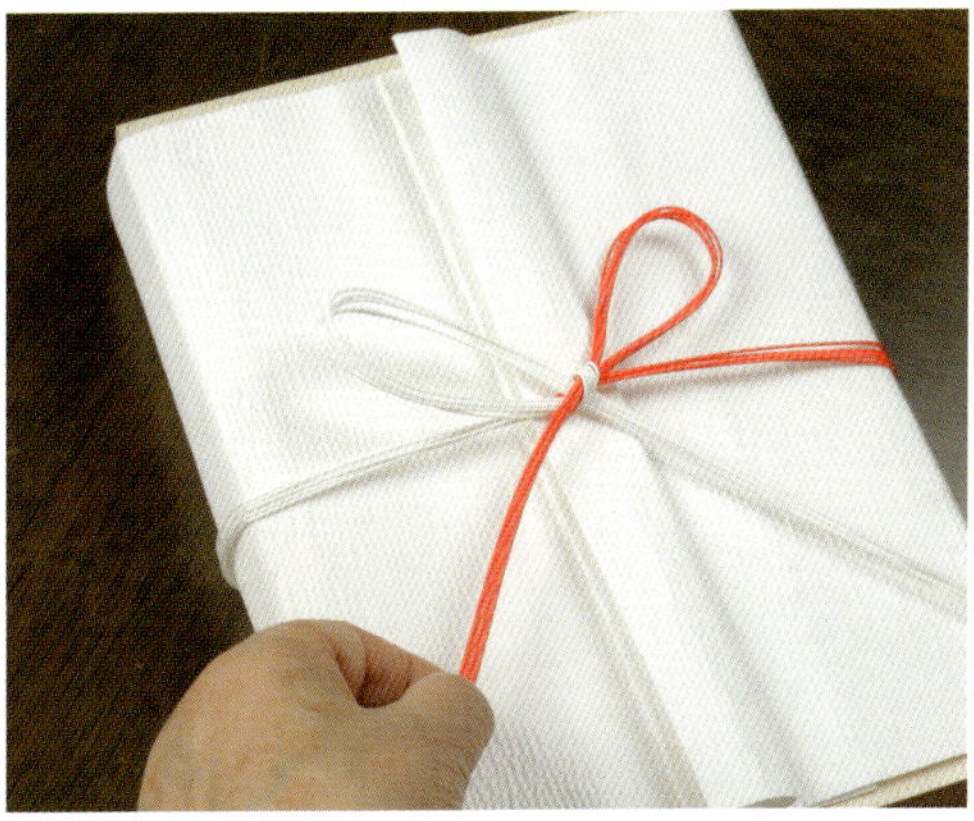

⓫ 直線部を整える。

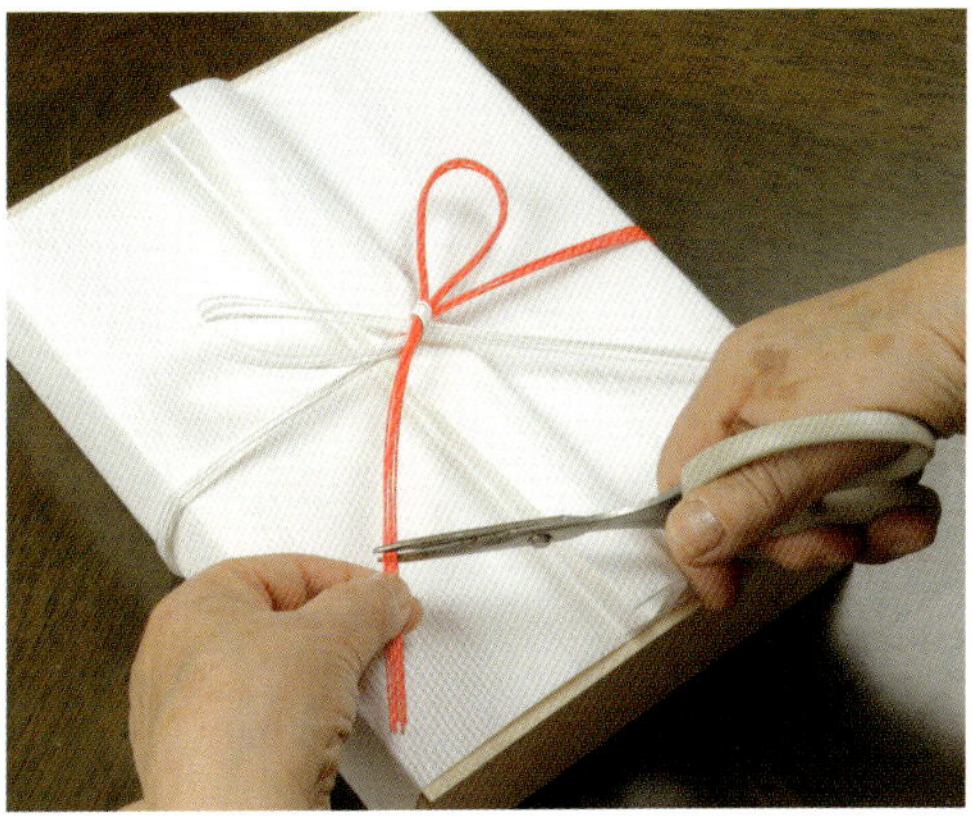

⓬ ハサミで余分な所を切る。

⓭ 白い方もバランスを見て切る。切り方は流れに対して垂直に。

⓮ 結び目が帯の真ん中になるように。

⓯ 上下の中心にあるようにする。完成。

＊片輪（かたわな）結びの場合は、❻で輪を作らずに右上に赤水引を流し、あとは両輪の場合と同様に進めていきます。足の長さは白水引の輪の直径と同等にするとよいでしょう。

内包みの折り

内包みと贈進紙幣包み

半紙で内包みを作った後、檀紙などで贈進紙幣包みを折り、中に内包みを入れます。

❶ 半紙を横置きにする。

❷ 左天角を手前の底辺に揃える。

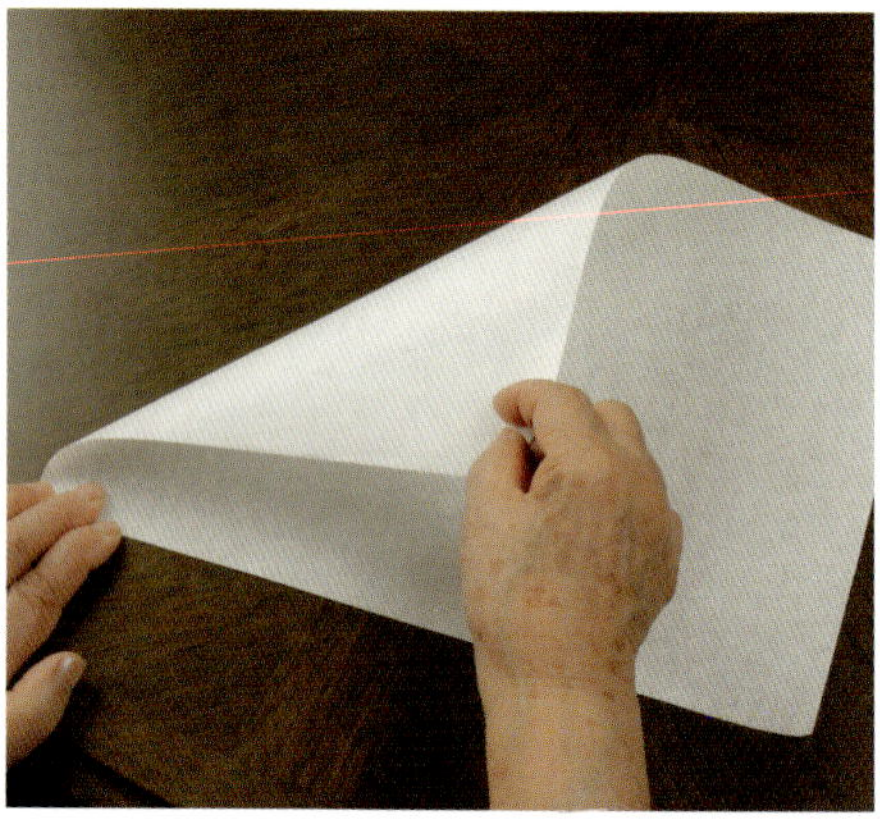

❸ 正方形に折り込む。

❹ 斜線奥にお金を送り入れる（顔が上）。右から折る。

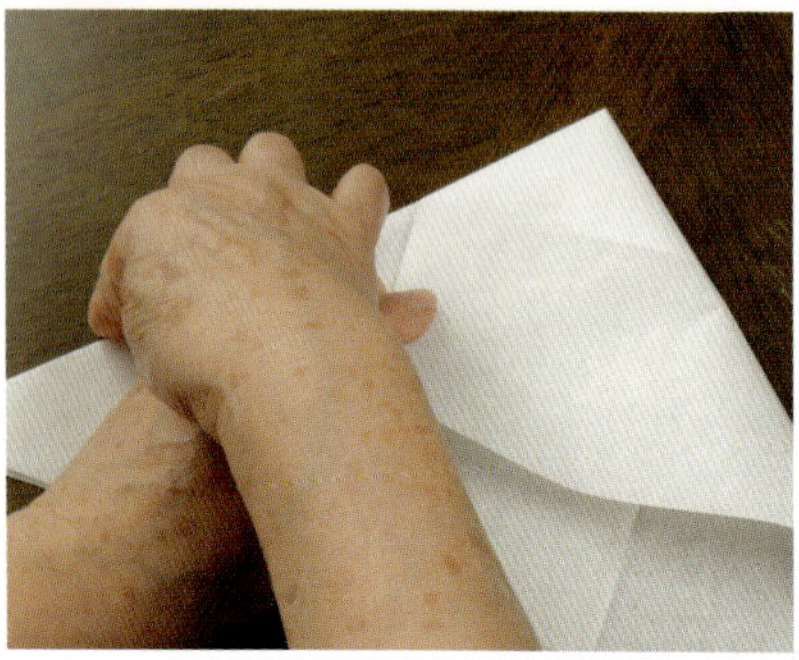

❺ 左の地から折り上げる

❻ 形を整える。

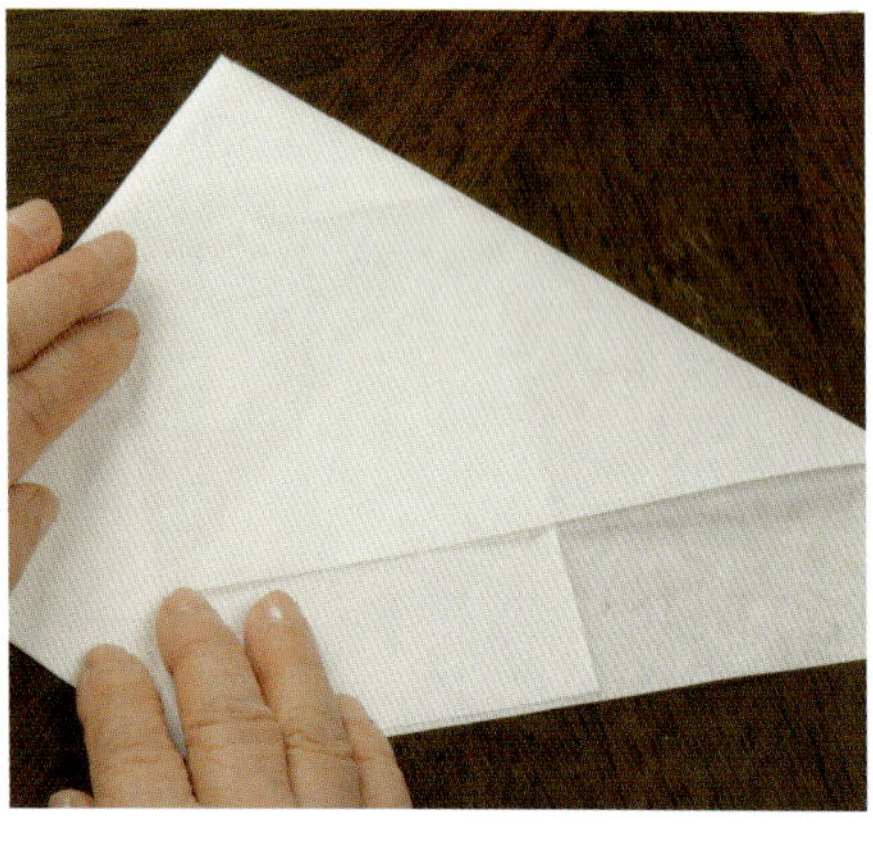

❼ お札に合わせて、右から折り上げる。

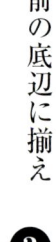

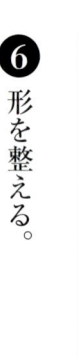

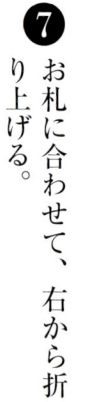

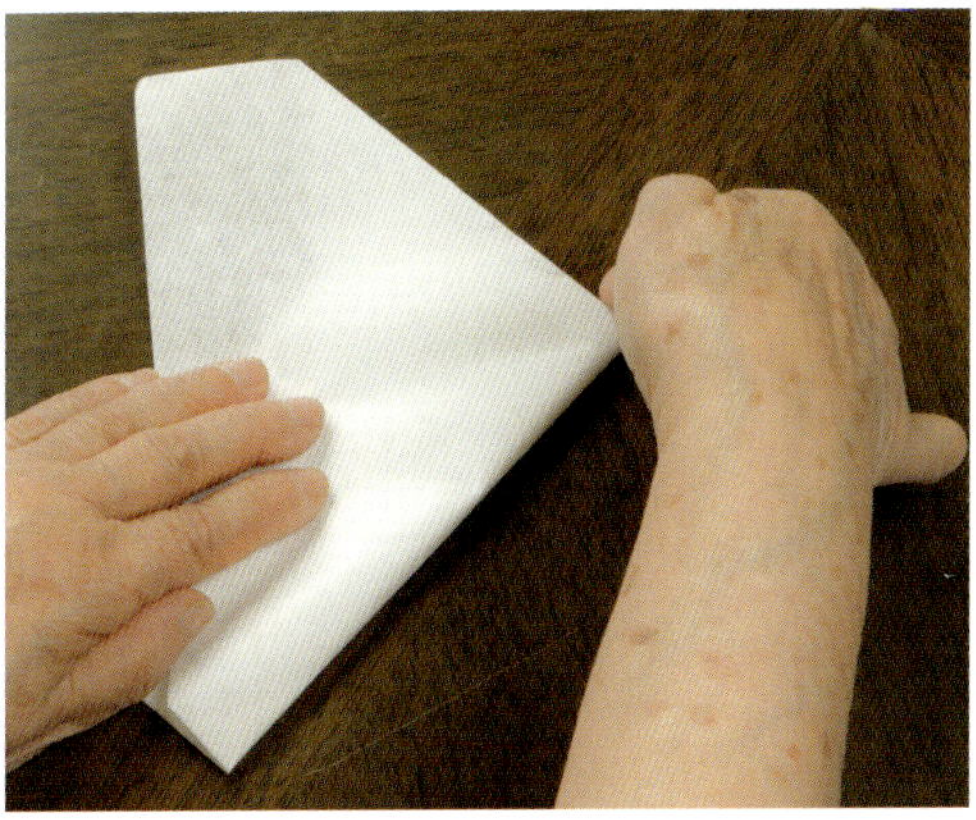

❽ お札に合わせて折ったところ。さらに裏に折り込む。

❾ 形を整えて出来上がり。内包み。

贈進紙幣包みの折り

❶ 檀紙などで贈進紙幣包みを折る。左端は3㎜ほどひかえる。

❷ 上の写真❾の内包みを中央より少し上に入れる。

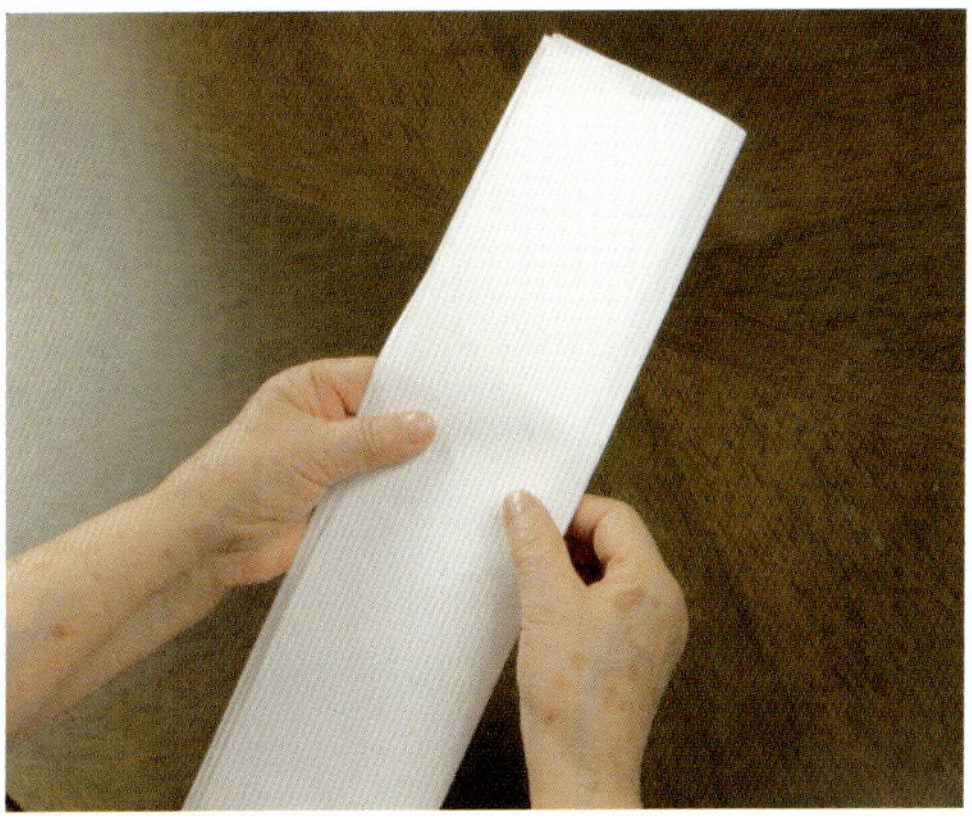

❸ 再び3㎜ほどひかえて折り伏せる。

❹ 天（上部）から折る。

❺ 地（下部）から折り上げる。

❻ 形を整える。

❼ 左が白、赤が右になるよう水引を置く。

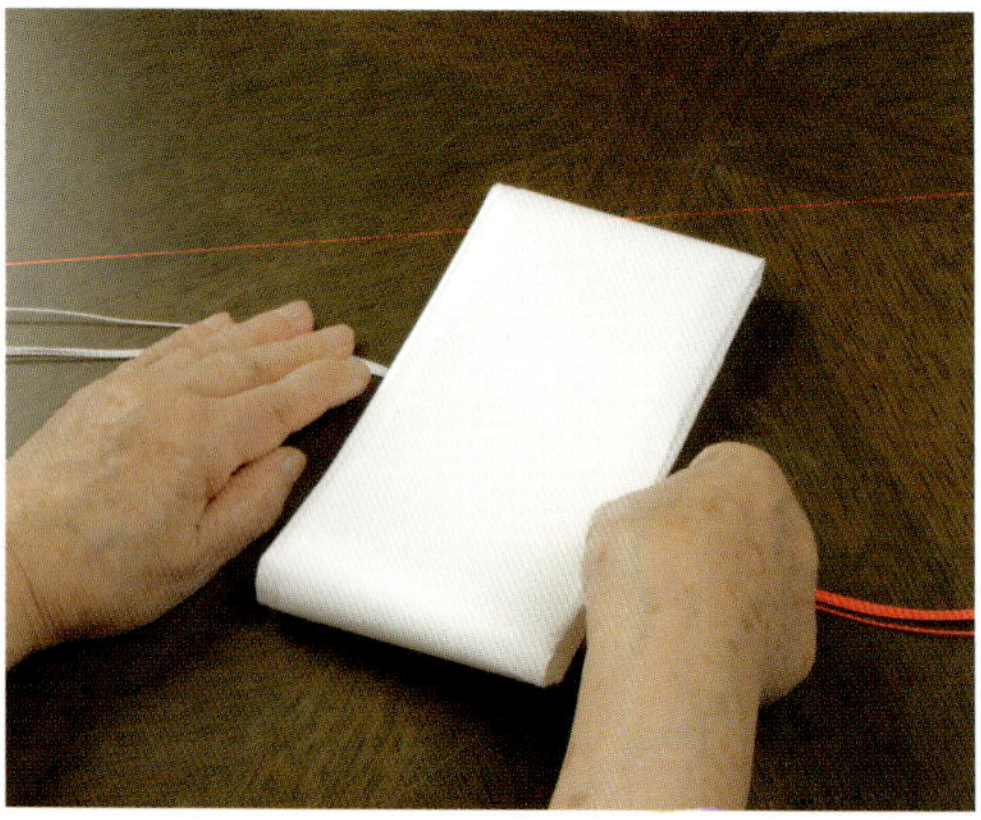

❽ 左から来る白が赤の上になるように交差させる。

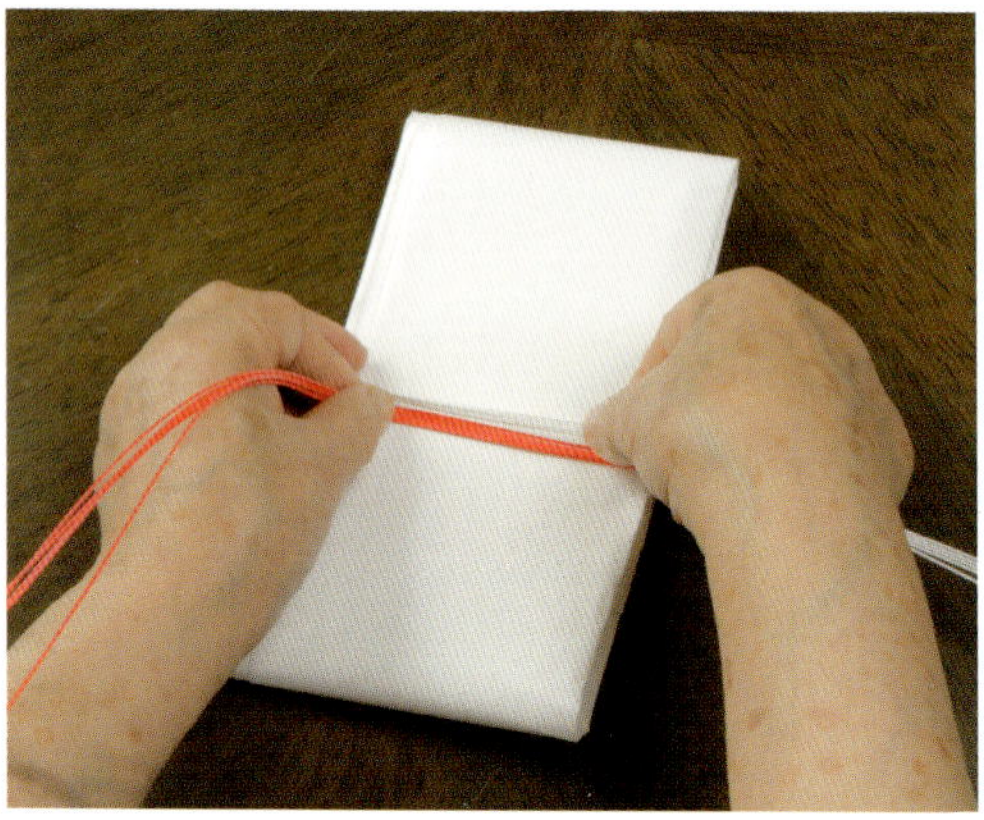

❾ ゆるみがないように、水引を整える。

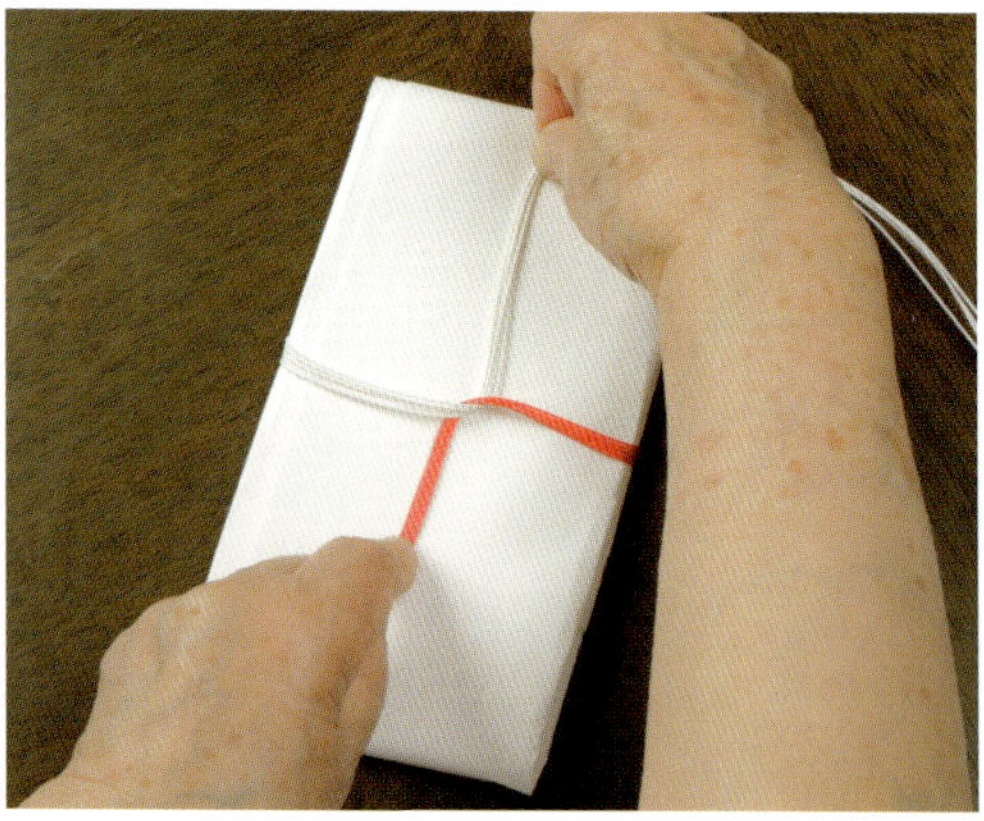

❿ 赤で右側に輪を作る。

⓫ 水引の結び方（１２２～１２３頁）を参照して、きれいに結ぶ。

⓬ 水引の輪の外側を下方にして下ろした辺りで水引の足を流れに対して垂直に切る（１２３頁参照）。

おわりに

折形の本をというお話をいただいてから1年が経ちました。大きな展示会の準備と並行して取り組ませていただき、振り返りますと様々な出来事が思い出されます。持病の不整脈がひどくなり、ペースメーカーを入れるというおまけも付いてまさに山あり谷ありでしたが、お陰様で命長らえ、平穏な今日に至っております。

八十代も半ばを過ぎて両親の年も超えますと、毎日が未知の領域のようなもので、身のまわりのこと全てがかえって新鮮です。今日も目覚めることができたと手を合わせて一日が始まり、神様と仏壇の水を替えます。

今年も新緑を愛で、山桜を楽しむことができました。蕨をいただき、筍を調理することもできました。

そうしてやっとできあがろうとしている本の原稿を前に、感慨もひとしおです。これまで親身になって様々にお世話下さった編集の高戸様、遠方より重い機材を持参して撮影に精魂傾けて下さった糸井様、上梓を楽しみにしてくれている折形関連の皆さん、友人知人たちに、心から感謝申し上げます。

飯田猷子

【著者略歴】

飯田 献子［Iida Michiko］

昭和８年東京都北多摩にある禅宗の古刹に長女として生まれる。母方の実家の跡を継ぐ運命となり、幼少より筑波山麓に住み、敬愛する祖母の薫陶を受けて育つ。生活の知恵を得、自然への畏怖の念を抱く。人間と山野草、歴史をこよなく愛し、花に逢うために国内外の山を歩き、巡った史跡も数知れない。幅広い交友から、自宅にて詩語りの会や音楽会、蛍を見る会などを企画、人と人との心の交流を大切にしてきた。
折形啓発及びその指導における名門教場、山根折形礼法教室にて折形を学ぶ。教授として北関東支部長を務めた。平成25年独立、折形礼法献和会会主となる。大日本茶道学会教授。

【折形作品協力】

荻原葉子、川井里恵子、小松澤功子、澤部玲子、兵藤豊子、吉岡鞠子

【執筆・構成協力】

飯田美和子、白馬睦

礼《れい》の心《こころ》
日本《にほん》の折形《おりがた》歳時《さいじ》記《き》　●定価はカバーに表示してあります

2019年8月22日　初版発行

著　者　飯《いい》田《だ》献《みち》子《こ》
発行者　川内長成
発行所　株式会社 日貿出版社
東京都文京区本郷5-2-2（〒113-0033）
電話　(03) 5805-3303（代表）
FAX　(03) 5805-3307
振替　00180-3-18495

印刷・製本　三美印刷株式会社
撮　影　糸井康友　　イラスト　岡田潤
デザイン　古村奈々＋Zapping Studio

乱丁・落丁本はお取り替えいたします。

ISBN978-4-8170-8259-6　http://www.nichibou.co.jp/